Histoire Communale

DES

ENVIRONS DE DIEPPE.

ROUEN, IMP. DE BERDALLE DE LAPOMMERAYE,
16, rue de la Savonnerie.

HISTOIRE COMMUNALE

DES

ENVIRONS DE DIEPPE

COMPRENANT

Les cantons de Longueville, Tôtes, Bacqueville,
Offranville, Envermeu et Bellencombre;

PAR AUGUSTE GUILMETH,

MEMBRE DE LA SOCIÉTÉ DE L'HISTOIRE DE FRANCE,
DE LA SOCIÉTÉ FRANÇAISE DE STATISTIQUE UNIVERSELLE, DE L'INSTITUT
HISTORIQUE, ETC., ETC.

Seconde Édition.

PARIS.

DELAUNAY, LIBRAIRE, PALAIS-ROYAL.

—

1838.

HISTOIRE

COMMUNALE

DES

ENVIRONS DE DIEPPE.

Bourg de Longueville.

Situé sur la rivière de Scie, à 3 lieues 3/4 (sud) de Dieppe, et 10 lieues (nord) de Rouen, ce bourg était déjà considérable, et honoré même du titre de comté, lorsque Guillaume-le-Bâtard, duc de Normandie, entreprit la conquête du royaume d'Angleterre en 1066.

Il s'appelait alors *Longueville-la-Giffard.*

Quelques auteurs ont prétendu que le nom primitif de Longueville, qu'ils ont probablement confondu avec *Pistœ*, aujourd'hui *Pitres*, près Pont-de-l'Arche, était *Pistis*, et que ce *Pistis* se trouvait dans le comté de Talou. Nous ne partageons nullement cette opinion, qui ne nous paraît fondée sur aucune base raisonnable. L'église paroissiale de Longueville a porté de tout temps le nom de *Sainte-Foi*. Ce nom est également celui d'un village voisin, et *Pistis*, en grec, signifie *Foi*; de là on a conclu que Longueville devait occuper l'emplacement du lieu que nous retrouvons si souvent mentionné dans les documents historiques qui nous sont parvenus des deux premières races de nos rois. Malgré ce qu'en ont dit Dom Toussaint Duplessis et le *Mercure de France* [1], le lieu qu'ils veulent bien appeler *Pistis* n'a jamais été situé dans le comté de Talou.

Le véritable nom de Longueville, pris comme tous les noms de lieux anciens, dans la nature même des localités, est celui que ce bourg porte encore aujourd'hui. La rivière de Scie, sur laquelle il est situé, forme en cet endroit, et dans presque toute l'étendue de son cours, une vallée tellement étroite, que les montagnes qui la bordent ne laissent, pour ainsi dire, entr'elles, que l'espace de terrain nécessaire pour le libre passage des eaux.

---

[1] Voyez la *Description de la Haute Normandie* par D. T. Duplessis, tome Ier, page 121, et le *Mercure de France*, tome Ier, juin 1736, page 1073.

Le bourg, ainsi resserré entre deux côtes très-voisines l'une de l'autre, ne pouvait guère s'étendre que du midi au nord, le long de la rivière, et c'est indubitablement à cette circonstance qu'il est redevable du nom de *Longue Ville*.

Quant à son surnom, ce bourg le devait aux Guiffard ou Giffard, l'une de nos plus illustres familles normandes, qui a long-temps possédé cette terre.

Gaultier Guiffard, Ier du nom, était fils d'Osbern de Bolbec, et d'une sœur de la duchesse Gonnor. Il vivait en 992.

Gaultier Guiffard, son fils, IIe du nom, fut comte de Longueville. En 1066, il suivit Guillaume-le-Bâtard à la conquête de l'Angleterre, et se couvrit de gloire à la tête des bataillons normands, à la terrible journée d'Hastings. Il reçut, en récompense de ses services, le comté de Buckingham. Ce fut lui qui fit construire, à Longueville, le prieuré connu sous le nom de *Sainte-Foi*, et qu'il ne faut pas confondre avec le village du même nom, situé à peu de distance. Suivant la Chronique de Fécamp, cette fondation eut lieu en 1093 [1]. Le comte de Longueville plaça cet établissement sous la dépendance des religieux de Charité-sur-Loire.

---

[1] Et non pas 1084, comme l'a dit le bénédictin Duplessis, tome Ier, page 125.

Le père Dumoutier, dans son précieux *Neustria Pia*, s'est éga-

Ce fut également Gaultier Guiffard qui fit construire, sur le sommet de la montagne qui domine le bourg de Longueville à l'orient, le château fort dont nous parlerons plus bas, et dont on voit encore les ruines au milieu d'un charmant paysage.

Gaultier Guiffard mourut en Angleterre, le 15 juillet 1102. Son corps fut rapporté en grande pompe en Normandie, et enterré dans le prieuré de Longueville. Agnès de Ribemont (ou de Ribolcourt), sa femme, fut enterrée auprès de lui, ainsi que Gaultier Guiffard, leur fils, IIIe du nom, comte de Buckingham et de Longueville. A l'époque de la révolution, on voyait encore leur tombeau. Il se trouvait au bas de la nef, près du grand portail, et à gauche en entrant. Ce mausolée était en pierre. Le fondateur du prieuré et sa femme étaient représentés couchés sur le couvercle du sépulcre. Un jeune seigneur était étendu à leurs pieds : peut-être était-ce un frère cadet de Guiffard III.

Originairement, il y avait dans le prieuré de Longueville six offices claustraux. Ce prieuré possédait le patronage de vingt-deux cures et de cinq chapelles.

---

lement trompé en assignant à la fondation du prieuré de Longueville la date de 1012. Il est probable qu'il a confondu ce prieuré, qui était de l'ordre de Cluny, avec celui de Saint-Pierre de Longueville près Vernon, diocèse d'Évreux, lequel dépendait de l'abbaye de Jumiéges.

En 1204, lors de la conquête de la Normandie par Philippe-Auguste, le château et le comté de Longueville furent confisqués et réunis au domaine de la Couronne. L'administration civile et judiciaire de ce comté fut annexée à la vicomté d'Arques, sous la dépendance du grand bailliage de Caux.

Philippe-le-Bel donna le comté de Longueville à Enguerrand de Marigny, son célèbre et infortuné ministre.

Après la fin tragique d'Enguerrand, en 1315, cette terre passa dans la maison des comtes d'Évreux, rois de Navarre.

Après la mort de Philippe de Navarre, Charles V réincorpora d'abord le comté de Longueville au domaine de la Couronne, et le donna ensuite, à titre de récompense militaire, à son *bon connestable* le magnanime Du Guesclin.

Le connétable n'ayant pas laissé d'enfants, ce fut Olivier Du Guesclin, son frère, qui hérita de toute sa fortune. C'est à ce dernier que le roi Charles VI racheta le comté de Longueville en 1391.

A l'époque de l'invasion anglaise, en 1419, le comté de Longueville fut confisqué au profit de nos ennemis d'outre-mer.

Cependant, en 1443, Charles VII le donna, avec le comté de Mortain, au fameux Jean d'Orléans, comte de Dunois, lequel était fils naturel de Louis de France, duc d'Orléans. Les lettres-patentes, datées du mois de septembre 1443, furent confirmées par d'autres lettres du 15 janvier 1444 et du mois de mars suivant.

En 1472, Charles-le-Téméraire, duc de Bourgogne, venant de brûler Neufchâtel, se présenta devant Longueville. Cette place, comme le Fay, *et aultres plusieurs lieux et villaiges du bailliage de Caulx*, fut pillée et dévatée par les Bourguignons, qui, après y avoir commis des excès inouïs, la livrèrent aux flammes en se retirant.

Le comte de Dunois s'empressa de réparer le désastre, et, dix ans après, Longueville avait complètement oublié ses malheurs.

Le comte de Dunois laissa pour héritier François d'Orléans, Ier du nom, qui fut comte de Longueville, de Tancarville, etc. Ce dernier épousa Agnès de Savoie, et mourut en 1491.

François II d'Orléans, son fils, comte de Dunois, de Longueville, de Tancarville et de Montgommery, grand-chambellan de France, etc., se couvrit de gloire dans la campagne d'Italie, où sa mère et lui avaient volontairement accompagné Charles VIII, l'un pour aider le roi de son épée, et l'autre de son argent.

De retour en France, Charles VIII récompensa peu les services que le jeune comte de Dunois et ses ancêtres avaient rendus à la patrie. Louis XII, plus généreux, érigea en sa faveur le comté de Longueville en duché. Les lettres-patentes contenant cette érection furent signées à Blois au mois de mai 1505, et enregistrées à l'échiquier de Rouen le 18 novembre de la même année. La baronnie d'Auffay fut réunie à ce duché [1].

Le duc de Longueville accompagna aussi Louis XII en Italie. Il mourut en 1513, sans laisser de postérité. Ce fut son frère, Louis d'Orléans, Ier du nom, qui lui succéda.

« Depuis long-temps, dit M. Achille Deville, les Français avaient transporté le théâtre de la guerre en Italie. L'empereur Maximilien, voulant opérer une diversion, engagea le roi d'Angleterre, avec lequel il s'était ligué, à se jeter sur le nord de la France. Henri VIII descendit à Calais avec trente mille hommes, auxquels ne tardèrent pas à se joindre vingt mille impériaux : l'alarme se répandit en France. »

Les châteaux de Longueville et de Tancarville

---

[1] Suivant Duplessis, cette érection eut lieu *à charge de reversion à la Couronne au defaut d'hoirs mâles; et que tant que ledit François d'Orleans et ses descendans mâles jouiroient dudit duché, leurs sujets du comté de Tancarville, et des seigneuries de Gournay, Varanguebec, Gaille-Fontaine, Etrepagni et Monville, ressortiroient devant les Juges dudit duché; et qu'au cas de reversion, ils ressortiroient devant les Juges par devant lesquels ils avoient coutume de ressortir.*

furent mis en état de défense, et l'on s'empressa de les approvisionner.

Cependant, en 1513, les Français se rencontrèrent à Guinegate avec l'armée anglaise, unie aux impériaux. Dans cette affaire, qui fut si justement nommée *la Journée aux Éperons*, les Français s'enfuirent épouvantés. Le duc de Longueville, le brave La Palisse, et le chevalier sans peur et sans reproche, le célèbre Bayard, luttèrent seuls contre l'ennemi. Accablés par le nombre, tous trois furent faits prisonniers. « Et à cette affaire, dit le vieux Brantôme, M. de Longueville fut pris les armes au poing, en brave seigneur et chevalier. Et il étoit impossible de voir prince moins hypocrite en guerre, tant homme de bien et d'honneur du reste. »

Le duc de Longueville fut mis à une rançon de cent mille écus, somme immense pour l'époque. Pendant la captivité du duc, ce fut l'archevêque de Toulouse, son frère, qui administra les domaines de Longueville et de Tancarville. Cet archevêque de Toulouse était en même temps évêque d'Orléans et abbé du Bec. Il fut créé cardinal en 1533 et mourut en 1534.

Le duc de Longueville, après avoir engagé plusieurs de ses domaines pour compléter sa rançon, sortit précisément de prison assez à temps pour combattre à Marignan. Ce fut un des chevaliers français qui aidèrent le plus à fixer la victoire sous l'étendard de François Ier.

Enfin, tombé malade à son retour d'Italie, il mourut à Baugency-sur-Loire, le 1er août 1516. Il laissait trois fils, Claude d'Orléans, Louis II d'Orléans et François III d'Orléans. Les deux premiers, l'un après l'autre, lui succédèrent dans la possession du duché de Longueville et du comté de Tancarville.

Claude d'Orléans mourut glorieusement en ouvrant la tranchée au siége de Pavie, en 1524. Il ne laissait qu'un fils naturel, qui épousa Marie de la Boissière.

Louis II d'Orléans mourut en 1537, laissant de Marie de Lorraine, sa femme, François IV d'Orléans-Longueville, né en 1535.

Ce dernier mourut à son tour en 1551, âgé de seize ans, et ses biens retournèrent à son cousin germain Léonor d'Orléans, fils de François III d'Orléans et petit-fils de Louis Ier.

Léonor d'Orléans, uni, par les liens du sang et les intérêts aristocratiques, aux chefs du parti protestant, mit en 1562, à la disposition de ce parti, ses châteaux de Tancarville et de Longueville ; mais, effrayé bientôt des ordres de Charles IX, il ordonna, quelques semaines après, de livrer les deux places aux officiers du roi : ce qui eut lieu immédiatement.

Léonor d'Orléans, duc de Longueville, s'était couvert de gloire à la funeste bataille de Saint-Quentin et à celle de Montcontour. Il mourut à Blois, au mois d'août 1573. Il avait épousé, en 1563, Marie de Bourbon, dame de Saint-Pol et d'Estouteville. Cette princesse mourut à son tour en 1601, et fut enterrée dans l'abbaye de Valmont, que ses ancêtres maternels avaient fondée.

Henri Ier d'Orléans, leur fils, fut duc de Longueville, gouverneur de la Picardie, etc. Ce fut lui qui conduisit, en 1589, un secours de quatre mille hommes à Henri IV, que les Ligueurs tenaient comme assiégé dans la ville de Dieppe. Il mourut à Amiens, le 29 avril 1595. Il avait épousé, en 1588, Catherine de Gonzagues, dame de Coulommiers, de laquelle il eut Henri II d'Orléans, duc de Longueville.

Ce dernier vint au monde quelques jours avant la mort de son père. Henri IV voulut être son parrain, et lui donna son nom. Il fut duc de Longueville, comte de Tancarville, gouverneur de la Picardie, puis de la Normandie, etc. Marié en 1617, à Louise de Bourbon-Soissons, morte en 1637, il épousa en secondes noces, en 1642, Anne-Geneviève de Bourbon-Condé. Cette dernière fut, pour ainsi dire, le héros de la Fronde, dont son mari n'était que l'un des chefs. Le duc, qui était gouverneur de la Normandie, fit déclarer le Parlement de Rouen contre la cour, et livra en même temps au parti mécontent ses forteresses de Longueville et de Tancarville. Quelque temps après, le cardinal Mazarin le fit arrêter au Palais-Royal, lui, le grand Condé et le prince de Conti, et les envoya sous bonne escorte, dans la citadelle du Hâvre. Le jeune roi vint visiter la Normandie; dès qu'il parut, toutes les places du duc de Longueville se rendirent.

Le duc sortit de prison en 1651, après neuf mois de captivité. Il rentra en grâces auprès de la cour. On lui rendit toutes ses places, Tancarville, Longueville, etc. Renonçant désormais aux intrigues et aux orages politiques, pour lesquels il n'était pas né, il vécut paisiblement dans ses domaines, et s'y fit chérir de ses vassaux.

Quant à sa femme, *n'ayant plus de Frondeurs à gouverner*, dit M. Achille Deville, *elle se mit, faute de mieux, à la tête des beaux esprits. Ne pouvant plus conspirer contre l'état, elle se mit à conspirer pour le sonnet d'Uranie.*

Le duc de Longueville mourut à Rouen, le 11 mai 1663. Il laissait deux fils : 1°, Jean-Louis-Charles d'Orléans; et 2°, Charles-Paris d'Orléans.

L'aîné de ces deux frères, faible et imbécile, se fit abbé. Il céda à son puîné tous les droits que lui assurait l'ordre de sa naissance. Ce fut donc à

Charles-Paris que revinrent le duché de Longueville et les comtés de Tancarville et de Saint-Pol.

Charles-Paris d'Orléans, vif, impétueux, voyait la fortune lui sourire. Au moment où les Polonais lui offraient une couronne, il se fit tuer au passage du Rhin, le 12 juin 1672. Tous ses biens retournèrent alors à celui-là même qui les lui avait cédés.

L'abbé d'Orléans redevint donc duc de Longueville. Il mourut le 4 février 1694, dans l'abbaye de Saint-Georges de Boscherville, où il faisait sa résidence. Avec lui s'éteignit l'illustre lignée des Dunois. A sa mort, le duché de Longueville, faute d'héritiers mâles, fut déclaré éteint.

Toutefois, il lui restait, du côté paternel, une sœur, Marie d'Orléans, veuve de Henri de Savoie, duc de Nemours, et fille de Louise de Bourbon-Soissons. Ce fut à elle que passèrent les riches et nombreuses terres de la maison de Longueville, dont l'immense apanage s'était encore accru par tant d'alliances accumulées [1]. Cette princesse aimait beaucoup les lettres. « Les mémoires qu'elle a laissés, dit M. Achille Deville, prouvent qu'elle aurait pu les cultiver avec succès. »

---

[1] On dit encore aujourd'hui, dans le pays, que les princes d'Orléans pouvaient aller de Longueville en Savoie sans sortir de leurs terres.

La duchesse de Nemours, dernière tige du sang des Longueville, mourut le 16 juin 1709, à l'âge de 82 ans.

Sous les princes de la maison d'Orléans, la justice était administrée, dans tout le duché de Longueville, par un bailli, dont il y avait appel immédiat au Parlement de Normandie. Dans l'origine, ce bailliage étendait sa juridiction sur cent seize paroisses, parmi lesquelles nous remarquons celles de Ry, Vascœuil, Grainville-la-Teinturière, Auffay, Bacqueville-en-Caux, Bellencombre, Torcy-le-Grand, Tôtes, etc., etc.

Après la mort de l'abbé d'Orléans, Longueville fut de nouveau réuni au domaine royal, et le bailliage de ce duché, qui a subsisté, dans presque toute son intégrité, jusqu'au milieu du XVIIIe siècle, forma toujours, sous la dépendance du grand bailliage de Caux, une espèce de vicomté nouvelle, égale aux quatre grandes vicomtés anciennes, qui étaient Caudebec, Montivilliers, Arques et Neufchâtel. Celle-ci portait le nom de *Bailliage royal et vicomtal de Longueville.* Cette vicomté comprenait cent douze paroisses. Les ducs de Longueville avaient le droit de nommer les curés et desservants de vingt-deux églises et de quatre chapelles du voisinage.

Sur la colline qui domine Longueville à l'orient,

s'élèvent toujours, d'une manière pittoresque et gracieuse, les ruines importantes de l'antique forteresse de Guiffard, des Du Guesclin et des Dunois. On y jouit d'un ravissant point de vue sur toute la contrée environnante. Il y a peu d'années, on y remarquait encore, à l'un des angles et à l'intérieur de la cour, les dernières traces d'un ancien oratoire, qui, suivant Duplessis, était en titre en 1526, et portait le nom de *Chapelle du Roi*. Tout ce qui reste aujourd'hui du château de Longueville date de la fin du XVe siècle et du commencement du XVIe. Toutefois, du côté du septentrion, le mur d'enceinte présente encore, sur une assez grande étendue, une portion de la construction primitive. Dans ce mur du XIe siècle, les cailloux sont presque partout rangés en épi ou arête de hareng. On voit aussi de ce côté les traces d'une voûte à plein-cintre.

En 1657, quatre dames pieuses du bourg de Longueville, nommées Marthe Doullé, Catherine Patin, Marie de Baumetz et Éléonore de Baumetz, avaient fondé dans ce bourg, sous le patronage de la duchesse de Longueville, une espèce de société maternelle, ayant pour but de secourir les malades et les pauvres honteux. Malheureusement cette philantropique institution, inspirée, comme on le voit, par la charité chrétienne, bien long-temps avant les stériles déclamations des Rousseau et des Voltaire, n'existait plus dès le milieu du siècle dernier. Espérons qu'elle sera rétablie un jour.

Nous avons vu précédemment que l'église du prieuré de Longueville était dédiée à Sainte-Foi ; l'église de la paroisse était sous l'invocation du prince des Apôtres. Le patronage de cette église, comme toutes les dîmes de la paroisse, appartenait au prieur[1].

---

[1] L'église actuelle de Longueville date des XIe et XVIe siècles. Autour du portail, on lit l'inscription suivante, en lettres gothiques : *Domvs mea domvs orationis vocabitvr*. Math. 21. *Per me quis introierit salvabitvr*. Ion. 10. *Ioannes de Montfort L qvestor œrarivs Hvivs basilicæ*. Au côté droit, en haut : *N. Blondel Coratvs*, et plus bas : *Erat Anno* 1582. Tout le côté septentrional de la nef est du XIe siècle. Le mur est percé de quatre grandes arcades cintrées, surmontées chacune d'une fenêtre romane. Le mur méridional n'offre rien de semblable ; seulement le croisillon de ce côté présente des corbeaux romans, une fenêtre romane et une porte à plein-cintre, bouchée. Le croisillon du nord est percé de deux grandes arcades romanes, également bouchées. A côté des deux croisillons, le mur du sanctuaire présente deux petites fenêtres du XIe siècle. Tout le reste de l'édifice est du XVIe siècle. Le grand autel, orné d'une Ascension, offre de chaque côté Saint-Pierre et Saint-Paul. Ces trois tableaux, ainsi que deux Anges adorateurs, et tous les ornements qui décorent le contre-rétable, sont dus au pinceau d'un artiste de campagne, nommé Drouet, qui, dit-on, n'a jamais étudié le dessin. Ils ont été peints en 1812. Le chœur est pavé d'antiques carreaux faïencés, offrant plusieurs têtes de femmes et d'empereurs romains. Ces pavés, où dominent les couleurs bleu-ciel, vert-pré et blanc, sont fort curieux. On trouve dans l'église plusieurs pierres tombales du XVIe siècle. La plus grande est celle qui se rencontre dans le chœur, au pied de l'autel. L'inscription tumulaire est presque entièrement effacée. Seulement

Quant à l'église du prieuré, elle offrait un magnifique assemblage des différents types d'architecture, qui, depuis le XIe siècle jusqu'à nous, se sont succédé dans notre pays. Ce curieux monument, sauf quelques portions, est détruit aujourd'hui. Quelques-unes des sculptures qui le décoraient ont été transférées au Musée d'antiquités de la ville de Rouen.

Outre ces deux églises et la chapelle du château, il y avait encore autrefois, à Longueville, sur un antique hameau, appelé alors *le Bois-du-Héron*, et depuis *le Bos-Therou* ou *Bosc-Theroulde*, village situé du côté de la paroisse des Cent-Acres, une chapelle dite *de Sainte-Madeleine*, dont les biens et revenus, en 1738, avaient été réunis à l'hôpital de Dieppe. Cette chapelle avait été fondée par les titulaires de l'hôpital de Vaudreville.

Longueville était aussi le chef-lieu d'un doyenné

on y lit encore que le haut et puissant seigneur, ou le vénérable abbé, dont elle recouvre les cendres, *trespassa le IX jo^r de nov. l. mil. V^c XXXVIII* (1538). *Pries Dieu po^r luy*. L'écusson, dont il est impossible de reconnaître les émaux ou couleurs, est chargé de trois étoiles, deux en chef et une en pointe, coupée par une fasce chargée de trois croisettes. Au bas de l'église se trouvent de charmants fonts baptismaux en pierre du XVIe siècle, fort délicatement sculptés. Malheureusement la piscine est privée de ses supports. A l'intérieur, la tour du clocher repose sur quatre arcades romanes de grande dimension. Les piliers offrent des chapiteaux évasés. Sur le piédestal de la croix du cimetière, on lit l'inscription suivante, en lettres gothiques : *L̄a m. V^c XXXIX Me Char:es Parmentier ptre dōna ceste † Pries Dieu pour luy*. La croix qui surmonte ce piédestal vient de Saint-Crespin.

rural, renfermant cinquante paroisses du voisinage, parmi lesquelles nous remarquons celles d'Arques, de Bellencombre, du Grand et du Petit-Torcy, de Saint-Saëns, une partie des deux paroisses de la ville de Dieppe, etc.

Longueville était également le siége des officiers des eaux et forêts : ces officiers étaient appelés tous les ans devant le Parlement de Rouen, pour rendre compte de leur gestion.

L'ancienne paroisse de Vaudreville, aujourd'hui supprimée, n'était originairement qu'un hameau dépendant du bourg de Longueville. Son véritable nom, dont on retrouve l'analogue dans Verclives près Écouis, qu'une charte du VIIe siècle appelait *Wadrelocus*, devait être en latin, suivant Duplessis, *Wadrevilla*. En 1177, il y avait, sur ce hameau, un hôpital, dont le prieur de Longueville était obligé de faire desservir la chapelle par un de ses religieux. Cette chapelle, détruite à la suite d'un incendie en 1247, fut reconstruite et dédiée de nouveau le 1er août 1249, sous l'invocation de *sainte Madeleine*, par Eudes Rigault, archevêque de Rouen. En 1419, c'était encore un des religieux du prieuré de Longueville qui desservait cette chapelle. Cent ans après, l'hôpital avait été supprimé, mais la chapelle était encore en titre. Les registres de l'archevêché de Rouen, des années 1398, 1600 et

1602, lui donnent le nom de *Saint-Éloi*. A cette époque, c'était encore à l'office d'aumônier dans le monastère de Longueville qu'étaient affectés les biens et revenus de cette chapelle et ceux de tout l'établissement dont elle avait fait autrefois partie. Ces biens ayant été destinés par les fondateurs pour concourir au soulagement des pauvres et des malades, et non pour satisfaire la cupidité et les caprices de moines fainéants, Louis XIV, *attendu qu'ils avoient été detournés du veritable emploi et de l'unique but pour lequel ils avoient été consacrés*, les retira, en vertu d'un arrêt du conseil daté du 22 décembre 1694, des mains des religieux de Longueville; et, par lettres-patentes du mois de novembre de l'année suivante, les donna à l'Hôpital-Général de la ville de Dieppe[1]. Toutefois, les moines de Longueville restèrent en possession de l'église et des dîmes de la paroisse de Vaudreville. Cette église était dédiée à la sainte Vierge, et, de temps immémorial, appartenait au monastère dont nous parlons. D'un autre côté, le fief du prieuré s'étendait aussi sur cette paroisse, aujourd'hui réunie au bourg de Longueville, dont,

---

[1] C'est à tort que les lettres-patentes de Louis XIV appellent la chapelle de l'hôpital de Vaudreville, du nom de *Sainte-Foi :* c'est *Saint-Éloi* qu'il fallait dire. Dans la cour de cet hôpital, on trouve une motte ronde, entourée d'un fossé : la propriété de M. d'Assonvilliers renferme également une motte, de forme à-peu-près semblable, mais moins étendue.

ainsi que nous venons de le dire, elle faisait anciennement partie

Il se tient à Longueville un marché tous les dimanches, et une foire le lundi de Pâques. Il s'y tenait aussi une foire le 16 novembre; le principal commerce de cette foire consistait en bestiaux, toiles, étoffes et merceries.

La population du bourg de Longueville est de 581 habitants.

Canton de Longueville.

Ce canton renferme 23 communes, et 8,510 habitants.

Le Catelier-Pelletot, à 5 lieues (sud) de Dieppe, et 1 lieue 1/4 (sud-est) de Longueville, se trouve sur un ancien chemin romain qui, partant de *Ritumagus*, aujourd'hui Radepont (*département de l'Eure*), traversait la rivière d'Andelle, et venait par Auzouville, la Vieux-Rue, Morgny, Pierreval, la Rue Saint-Pierre, Cailly, Motteville, les Autels, Bosc-le-Hard et Cropus, gagner le Catelier; de là elle s'en allait par Sainte-Foy, le Bois-Hulin, la Chaussée, etc., se rendre à Arques, puis à la ville d'Eu. La paroisse du Catelier, aujourd'hui réunie à Pelletot, était donc une des plus antiques de la contrée. Son nom, qui n'est qu'un diminutif de celui de *Castel*, rappelle, comme celui de *Castelon*, *Castillon*, etc., que cette paroisse était redevable de son origine à un de ces *castella* gallo-romains dont on retrouve tant de modèles dans toute la contrée voisine [1]. Indubitablement, ce *castellum* était destiné à protéger la voie dont nous venons de parler.—Quant à Pelletot, il possédait, en 1439, une église dédiée à la *sainte Vierge*, et une chapelle dédiée à *saint Laurent*. A peu de distance de cette église, on voit une motte ronde, entourée d'un fossé. On a découvert sur le sommet de cette motte des traces de constructions. — Le Catelier-Pelletot renferme 419 habitants. Entre cette commune et celle des Cent-Acres [2], on remarque le beau domaine de Bellemare, ancienne résidence du chancelier d'Ambray.

[1] Dans la plupart des communes qui avoisinent le Catelier, on a recueilli soit des médailles, soit des poteries, des briques ou des tuiles romaines. Cressy, Heugleville-sur-Scie, Muchedent, etc., sont surtout riches en objets de ce genre. Sur Saint-Crespin, entre Longueville et le Catelier, dans une pièce de terre appelée *la Queue Baigneresse*, M. d'Imbleval, maire de Longueville, a trouvé, il y a environ dix ans, de nombreux débris de tuiles antiques et plusieurs hachettes gauloises, dont une en pierre verte. Cet emplacement, assez vaste, présente encore beaucoup de traces de constructions anciennes.

[2] La paroisse des Cent-Acres, comme celle de Notre-Dame du Parc, celle de Heugleville-sur-Scie, etc., etc., appartenait, dès le commencement du XIe siècle, aux sires d'Auffay. Les églises et les dîmes de ces paroisses avaient été données par cette famille au

BERTREVILLE-SAINT-OUEN, sur la grande route de Rouen à Dieppe, à 3 lieues 1/2 (sud) de cette dernière ville, et 1 lieue 1/4 (ouest-nord-ouest) de Longueville, est appelé dans les anciens titres *Bertrilville*; depuis, on a dit *Bertreville-sous-Venise* : Venise est un hameau situé sur le bord de la route de Rouen, lequel doit son nom et son origine à un antique cabaret, autrefois très-fréquenté. Vers l'an 948, Richard Ier, duc de Normandie, rendit à l'abbaye de Saint-Wandrille les églises de Norville, Gonneville, Bertreville, Fontaine-en-Bray, Brendiancourt, Eclavelles, Bethencourt, Grainville-la-Teinturière, etc., qui, avec leurs dîmes, terres, droits et priviléges, avaient appartenu à cette abbaye dès avant l'arrivée des hommes du Nord : *Nothuilla, Gonneuilla, Bertreuilla, Fontes in Brayo, Brendiancourt, Esclaueles, Betencourt, ecclesiam de Greinuilla, cum decimis, terris et hospitibus*. En 1024, le duc Richard II confirma solennellement cette restitution. L'église de Bertreville portait pour titre de dédicace *l'Apparition de Saint-Michel*.

prieuré d'Auffay, qu'elle avait fondé. Ce prieuré ayant été cédé à son tour à l'abbaye de Saint-Évroult avec tous ses biens, dépendances et appartenances, Richard d'Auffay confirma, vers l'an 1060, à cette abbaye, la possession des églises et des dîmes dont nous parlons. L'abbaye de Saint-Évroult en jouissait encore peu d'années avant la révolution.

CANTON DE LONGUEVILLE.

En 1256, c'étaient les sires de Tancarville, grands-chambellans de Normandie, qui nommaient les curés de Bertreville. En 1495, ce patronage était attaché à la baronnie de Manéhouville; en 1677, il appartenait aux ducs de Longueville, probablement comme dépendance de la baronnie dont nous parlons[1].

---

[1] Manéhouville, sur la rive gauche de la Scie, à deux lieues 1/2 (sud-est) de Dieppe, et 1 lieue 1/4 (nord-nord-ouest) de Longueville, est appelé, dans les anciens titres, *Manechildis Villa*, nom dont on retrouve l'analogue dans celui de la petite ville de Sainte-Ménehould en Champagne. Les habitants du pays prononcent *Manourille*. Cette paroisse et son église dépendaient du doyenné de Bacqueville, tandis qu'un de ses hameaux nommé *Charles-Mesnil*, situé sur la rive droite de la rivière, relevait du doyenné de Longueville. Dans l'origine, l'église de Manéhouville appartenait aux religieuses de l'abbaye de Saint-Amand de Rouen, qui, dans la suite, l'échangèrent contre l'église et les dîmes de la Chaussée-sur-Longueville, paroisse voisine de celle dont nous parlons. Outre cette église, il y avait anciennement à Manéhouville, au hameau de Charles-Mesnil, connu alors sous le nom de *Mesnil-Haquet*, une chapelle dédiée à *sainte Catherine*. Ce hameau appartenait aux riches et puissants sires d'Estouteville. Ce fut Jean d'Estouteville, sire de Torcy et d'Estoutemont, qui fit construire, tout auprès de l'ancienne chapelle que nous venons de mentionner, la forteresse dont on voit encore aujourd'hui les derniers vestiges. Durant les guerres du roi Charles VI avec les Anglais, cette forteresse servit plusieurs fois de refuge aux troupes françaises, et ce fut ce prince lui-même, si nous en croyons le bénédictin Duplessis, qui, *en mémoire d'un avantage considérable qu'il remporta près de là contre les Anglois*, donna à la châtellenie du Mesnil-Haquet le nom de *Charles-Mesnil*. Après la construction de sa forteresse, Jean d'Estouteville fit considérablement agrandir la chapelle *Sainte-Catherine*, qui se trouvait sur son fief, et qui avait sans doute été fondée par ses pères. En 1399, il plaça dans cette chapelle trois prêtres ou desservants auxquels il donna pour leur entretien, *le tiers du poids aux laines de la ville de Rouen, qui lui appartenoit*. Cette fondation fut l'ori-

C'est à Bertreville-sous-Venise que naquit, le 31 décembre 1727, Simon-Sylvestre-Clément Le Moyne, auteur de plusieurs ouvrages d'économie politique. Cet écrivain mourut à Bertreville, le 28 juillet 1806. — L'ancienne paroisse de Saint-Ouen, aujourd'hui réunie à Bertreville, portait autrefois le nom de *Saint-Ouen-Bren-en-Bourse*. Les vieux titres de la cathédrale de Rouen disent *ecclesia sancti*

gine d'une riche et belle collégiale qui existait encore à la fin du siècle dernier. Cette collégiale fut établie en 1402, par Colart d'Estouteville, fils aîné de Jean, dont nous venons de parler. Le fondateur y plaça huit chanoines ; mais les guerres des Anglais, du Protestantisme et de la Ligue ayant considérablement diminué la fortune de cette maison, ces huit chanoines avaient été réduits à six en 1727. Le château de Charles-Mesnil, pris en 1422 par Talbot, qui s'en allait mettre le siège devant Dieppe, fut en partie détruit en 1472, par Charles-le-Téméraire, duc de Bourgogne. Louis XI, par lettres-patentes du 16 janvier 1473, donna à Jean d'Estouteville, sire de Torcy et de Blainville (arrière petit-fils du Jean d'Estouteville dont nous avons parlé plus haut), cent arpents de bois pour lui aider à rebâtir cette châtellenie. — Quant à la baronnie de Manéhouville, une information dressée en 1495, nous apprend qu'elle faisait partie à cette époque du duché de Longueville. Elle donnait à ses possesseurs le droit de nommer non-seulement les curés de Manéhouville, mais encore ceux de Bérengrevillette et de Bertreville-sous-Venise. La nomination des chanoines de la collégiale était attachée à la châtellenie. Plusieurs années avant l'extinction du duché de Longueville, la baronnie de Manéhouville, ainsi que la châtellenie de Charles-Mesnil, était devenue propriété de la maison de Manneville. Ces deux seigneuries, comme les terres de Manneville, Anneville-sur-Scie, Sauqueville, Offranville, etc., furent réunies ensemble et érigées en marquisat par lettres-patentes de Louis XIV, données au mois de décembre 1660, en faveur de François-Bonaventure de Manneville. Le nouveau marquisat porta le nom de *Manneville-Charlesmesnil*. — La population actuelle de la commune de Manéhouville est de 272 habitants.

Audoeni de Bruenenbosc ; un aveu de l'an 1392 porte simplement *Lambusc*. Cette double circonstance prouve que, dans la curieuse expression *Bren-en-Bourse*, dont on a expliqué le sens d'une manière si bizarre, le mot *Bourse* est pour *Busc* ou *Bosc*, c'est-à-dire *bois* ; il est donc certain que *Bren-en-Bourse* a la même étymologie que *Bornenbusc* ou *Bornambuse*, dont nous avons parlé ailleurs ; ce serait en latin *Limes in Bosco*. Cette étymologie, purement gauloise, prouve aussi l'antiquité de cette paroisse, dont l'église, depuis les temps les plus reculés jusqu'à l'époque de la révolution, appartint toujours aux chanoines de la cathédrale de Rouen. Plusieurs seigneurs voulurent disputer au chapitre les droits qu'il possédait, mais toutes leurs protestations furent inutiles. *Guillaume de Saint-Ouen, fils de Flandine de Saint-Ouen,* dit le bénédictin Duplessis, *exerça de grandes violences sur cette eglise, et fut excommunié pour ce sujet par l'archevêque de Rouen, puis livré au bras seculier, entre les mains de Jean de Rouvrai, chatelain d'Arques, qui en fit justice. Il vint enfin a resipiscence, et ceda en 1206, aux chanoines de Rouen, tout le droit et toute l'avoûrie qu'il pretendoit sur cette eglise* (archives du chapitre de Rouen). — La population actuelle de Bertreville-Saint-Ouen est de 457 habitants.

Torcy-le-Grand, sur la rivière d'Arques et à peu

de distance de la route de Dieppe à Paris, se trouve à 4 lieues (sud-sud-est) de Dieppe, et 1 lieue 1/4 (est) de Longueville. Le nom de cet ancien bourg, comme celui de *Tourny*, *Tourville*, etc., paraît venir d'une divinité scandinave appelée *Tur*, *Tor* ou *Tour*, à laquelle ses fanatiques adorateurs sacrifiaient des victimes humaines : Robert Wace en parle dans son *Roman de Rou*. Ce nom fut donné probablement à la commune dont nous parlons par *Torff* ou *Tourf*, sire de Pont-Audemer, de Tourville, de Torcy, de Tourny et de Pont-Authou, l'un des chefs de la race normande, qui lui-même l'avait incontestablement reçu de l'affreuse divinité dont nous parlons; on sait que chez ces peuples le titre de prêtre s'alliait presque toujours avec celui de prince ou de guerrier. Après avoir long-temps appartenu à la maison de Pont-Audemer, sires de Brionne, de Beaumont-le-Roger, de Meulan, etc., la terre de Torcy entra, à titre de dot, dans l'illustre maison d'Estouteville, par le mariage d'Alix de Meulan, fille d'Amaury II de Meulan et de Marguerite du Neubourg, avec Estout d'Estouteville, le deuxième des fils de Robert IV d'Estouteville, sire de Valmont, baron de Cleuville, etc. Cet Estout d'Estouteville, que mentionnnent différents actes des années 1302 et 1303, laissa entr'autres enfants, Jean d'Estouteville, sire de Torcy et d'Estoutemont, qui combattait pour le roi en

1349 et 1350. Colart d'Estouteville, fils aîné de ce dernier, fut également sire de Torcy, d'Estoutemont et de Beyne, chevalier, etc. Le fameux Charles-le-Mauvais, roi de Navarre, s'étant approché à la tête de son armée pour assiéger le château de Torcy, Colart d'Estouteville, au moyen d'une assez grande quantité d'arbres qu'il envoya abattre dans la forêt voisine, s'empressa de réparer ce château et de le renforcer de bastions et de palissades. Le roi de Navarre fut obligé de se retirer. Quelque temps après, le sire d'Estouteville fut condamné à payer une amende au roi pour avoir abattu dans la forêt *trois chens arbres de grande venue à l'effet de remparer et palissader son fort et chastel de Tourcy.* Mais le roi de France lui fit remise de cette amende par ordonnance datée du 6 septembre 1364. Dix ans après, le 2 juin 1374, Charles V lui fit don de *six cens francs d'or, pour ses bons et agreables services.* Le 1er septembre suivant, le sire de Torcy *fit sa montre* à la Réole, accompagné de cinquante hommes d'armes, de trois chevaliers-bacheliers et de seize écuyers, tous ses vassaux. En 1378, on le voit, d'après les ordres du roi, assiéger, à la tête de *cent soixante* hommes d'armes, le *chastel de Mortaing* en Basse-Normandie. Il touchait alors, suivant une ordonnance, datée du bois de Vincennes, le 30 avril, cent cinquante francs d'or par mois *pour l'etat de sa personne*. Le 12 mai suivant, il était encore *aux bastides deuant Mortaing* ; il avait sous ses ordres deux chevaliers et dix-huit écuyers, *à luy appartenans* [1]. Guillaume d'Estouteville, son frère, évêque de Lisieux, ayant fondé à Paris, en 1414, le célèbre collége de Lisieux, dit *de Torcy*, Colart d'Estouteville contribua beaucoup, ainsi que ses autres frères, à la fondation de ce collége [2]. Ce seigneur mourut vers 1416. Il avait épousé Jeanne de Mauquenchy, fille de Jean de Mauquenchy, sire de Blainville, maréchal de France. Charles d'Estouteville, l'aîné de ses fils, seigneur de Blainville, premier panetier du dauphin, étant mort sans enfants vers l'an 1407, c'était à Guillaume d'Estouteville, son deuxième fils, qu'étaient retournées les terres et seigneuries de Torcy, de Blainville, d'Estoutemont, de Beyne, etc. Ce dernier, *grand-maître des eaux de France*, fut

[1] Le roi Charles V ayant nommé le sire de Torcy gouverneur du château d'Arques, ce seigneur, comme Regnault des Isles, bailli de Caux, ne touchait que *cinq sols parisis par jour*, et *cent sols parisis pour robe par an* ; cette somme ne suffisant pas pour solder les *gens d'armes et arbalestriers qui y devoient estre pour la yarde et seurete de ce chasteau sis près la mer*, Charles V, par des lettres-patentes du 20 mai 1379, augmenta de 300 francs d'or le traitement annuel de Colart d'Estouteville. Sept ans après, au mois de mai 1386, le roi Charles VI lui donna encore, à titre de récompense militaire, cinquante acres de bois dans la forêt de Magny.

[2] Dans la plupart de ses actes, soit publics, soit privés, le sire de Torcy prend alternativement les titres de *conseiller*, *chambellan du roi*, *senechal de Toulouse et d'Ayen*, *capitaine des chastels et villes de Cherbourg*, *d'Arques*, etc., etc.

fait prisonnier par les Anglais en 1419, dans la ville d'Harfleur, qu'il défendait contre eux; ses terres de Torcy, de Blainville, etc., furent confisquées par le roi d'Angleterre. Cependant, il parvint à racheter sa liberté au moyen d'une énorme rançon; il mourut le 19 novembre 1449, et fut enterré à Torcy. Jean d'Estouteville, son fils aîné, seigneur de Torcy, de Blainville, d'Ondeauville, etc., grand-maître des arbalétriers de France, conseiller et chambellan du roi; chevalier de l'ordre de Saint-Michel, grand-prévôt de Paris, capitaine du château de Caen, etc., fut un des hommes les plus illustres de son temps. Il n'avait que dix-sept ans lorsque le roi d'Angleterre lui rendit, en 1422, et à ses frères, les terres de Torcy et de Blainville, qui avaient été confisquées sur son père pour punir celui-ci d'avoir été fidèle à son roi et à sa patrie. Successivement capitaine de Fécamp en 1436, d'Harfleur en 1439, de Chacenay en 1444, etc., il mourut le 11 septembre 1494, et fut enterré à Rouen, au couvent de Sainte-Claire, qu'il avait fondé en 1485. Il avait épousé Françoise de la Rochefoucauld, dont il n'eut point d'enfants. Mais il laissait de Catherine Le Roy, sa maîtresse, un fils naturel nommé Henri, qui fut légitimé au mois de janvier 1504, *attendu que ledist Jehan d'Estouteville, sire de Torchy, n'avoit pu procreer enfans de sa legitime espouze.* Ce Henri d'Estouteville plaida long-temps contre Jossine, Jeanne et Jacqueline d'Estouteville, ses cousines du côté paternel, qui lui disputèrent avec acharnement les biens que lui avait légués son père malheureux. Enfin, après plusieurs arrêts contradictoires, Jossine d'Estouteville demeura en possession de la terre de Torcy et d'une partie de celle de Beaumont-le-Charlit[1], qu'elle porta en dot à Jean Blosset, seigneur du Plessis-Pasté. Jean Blosset, leur fils, seigneur du Grand et du Petit-Torcy, épousa Anne de Cugnac, dont il eut : 1°, Jean III Blosset, chevalier du Saint-Esprit et de l'ordre du Roi ; 2°, Claude Blosset, dont nous parlons ci-après ; et 3°, Françoise Blosset, mariée à Claude de Chastelus, vicomte d'Avalon. Jean III Blosset fut en outre conseiller-d'état, capitaine de cinquante hommes d'armes des Ordonnances, lieutenant-général au gouvernement de Paris et de l'Ile de France, etc., etc. Il se maria deux fois, mais il mourut, sans laisser d'enfants, le 26 novembre 1587. Ses biens furent partagés entre ses deux sœurs.

---

[1] L'autre portion de la terre de Beaumont échut à Jeanne d'Estouteville, la deuxième des cousines de Henri. Cette Jeanne d'Estouteville fut mariée en premières noces à Jean Martel de Bacqueville.

Quant à Jacqueline d'Estouteville, la troisième cousine, elle fut dame de Charles-Mesnil, d'Avesnes, de Varennes, de Saint-Denis-le-Thiboust, châtelaine de Beauvais, etc., etc. Elle épousa Jacques, baron de Moy, châtelain de Bellencombre, dont elle était veuve en 1520.

La terre de Torcy échut à Claude Blosset l'aînée, qui porta cette seigneurie dans la famille de Montberon, ayant épousé, le 4 avril 1553, Louis III de Montberon, baron de Fontaines, seigneur de Chalandray, de Coudioux, de la Brosse et de Romazière, chevalier de l'ordre du Roi, gentilhomme ordinaire de sa chambre, etc., etc. Louis IV de Montberon, leur fils, baron de Fontaines, possédait encore Torcy en 1615. Cette terre passa ensuite dans la noble maison de Fitz-James. M. le duc de Fitz-James, naguère pair de France, ami intime des rois Louis XVIII et Charles X, et aujourd'hui simple député, a vendu Torcy, il y a peu de d'années, à différents particuliers. — Le château de Torcy, détruit en 1472, par Charles-le-Téméraire, duc de Bourgogne, offre encore aux méditations du voyageur et du philosophe, de curieux débris, d'énormes pans de murs, de profonds et larges fossés, que venaient remplir autrefois les eaux de la rivière d'Arques. Cette rivière, dans les temps anciens, entourait le féodal castel d'une large ceinture, qui n'était pas sans danger pour les assaillants[1]. — Ori-

---

[1] En face du château de Torcy, et sur la même commune, on rencontre, au sommet de la côte du *Catellier*, dans un bois-taillis appartenant à M. le vicomte d'Ambray, un vaste fossé dont le tracé forme un demi-cercle sur la pointe du coteau. Cet antique *castellum* se trouve à environ une lieue de la commune du Catelier dont nous avons parlé plus haut.

ginairement, le Grand et le Petit-Torcy ne formaient qu'une seule et même paroisse ; mais, vers 1150, cette paroisse fut divisée en deux. Le Petit-Torcy, suivant les anciens titres, prit le nom de Saint-Denis de Torcy ; son église et ses dîmes appartenaient, en 1258, au prieuré de Saint-Laurent-en-Lions [1]. Quant au Grand-Torcy, son église était dédiée à *saint Ribert*. Il paraît que cette dernière était alors fort importante, puisqu'en 1256 nous trouvons qu'il y avait à Torcy-le-Grand trois portions de cure. L'un des curés était à la nomination des archevêques de Rouen, et les deux autres chacun au choix d'un patron laïc. Dans la suite, ces trois bénéfices furent réunis en une seule et même cure, et ce furent les seigneurs de la paroisse qui nommèrent désormais le titulaire. Il y avait aussi, sur Torcy-le-Grand, une chapelle que les registres de l'archevêché de Rouen, de l'an 1623, appellent indistinctement *Sainte-Anne* et *Sainte-Catherine* ; c'étaient également les seigneurs de Torcy qui nommaient les desservants

---

[1] La commune du Petit-Torcy se trouve à environ un quart de lieue de celle de Torcy-le-Grand, sur la rivière d'Arques et sur la route de Dieppe à Beauvais. Cette terre était un quart de fief. Il paraît que les prieurs de Saint-Laurent-en-Lions avaient aliéné le patronage de cette paroisse, car c'étaient les seigneurs du Petit-Torcy eux-mêmes qui, dans les deux derniers siècles, comme nous le prouvent divers aveux des années 1672, 1729, 1740, etc., choisissaient et nommaient leurs curés. La population de cette commune est de 411 habitants.

de cette chapelle. Elle devait se trouver dans une pièce de terre connue de nos jours sous le nom de *Terre Sainte-Catherine*. A peu de distance, à mi-côte, on rencontre *la fontaine Saint-Ribert*, qui est dans le pays l'objet d'une grande vénération. On prétend que, malgré sa position élevée, cette fontaine, même dans les plus grandes chaleurs de l'été, n'a jamais été vue à sec. — Suivant des lettres-patentes de Charles VII, la population de Torcy s'élevait à plus de sept cents âmes en 1438, époque où ce bourg fut presque complètement brûlé. Aujourd'hui, la population de Torcy-le-Grand n'est que de 514 habitants. — Il se tient en ce bourg un marché le mardi de chaque semaine [1].

[1] Au bord de la plaine, sur le chemin qui conduit du Grand-Torcy à Longueville, se trouve la paroisse de *Sainte-Foy*, que l'on a successivement appelée *Sainte-Foi-la-Giffard*, puis *Sainte-Foi-au-Bois*, etc. Un titre du XIIe siècle porte : *ecclesia Sanctæ Fidis de Bosco*. Dom Toussaint Duplessis dit que ce village ou ce bourg de Longueville pourrait bien être le *Pistis* de nos anciens rois. Nous avons vu précédemment que cette opinion est complètement erronée. Quant à la paroisse de Sainte-Foy, son église était originairement collégiale : il y existait encore des chanoines au milieu du XIIe siècle. Cette collégiale fut supprimée. L'église, les prébendes et les dîmes furent données, vers l'an 1177, au prieuré de Longueville, qui en jouissait encore en 1419 et 1740.—On remarque sur Sainte-Foy la belle propriété de M. de Bannastre.—La population de cette commune est de 462 habitants.

Bourg de Tôtes.

Situé sur la grande route de Rouen à Dieppe, et sur celle d'Yvetot à Neufchâtel et à Beauvais par Saint-Saëns, ce bourg se trouve à 7 lieues (sud) de la première de ces deux villes, et 7 lieues (nord) de la seconde.

Le nom de *Totes*, terminaison féminine du mot teutonique *Tot*, dont on retrouve l'analogue dans *Crétot*, *Yvetot*, *Raffetot*, etc., signifie un village, une réunion de toits, d'habitations. On l'a traduit en latin par *Tofta*, et au pluriel *Toftæ*, comme on traduit *Tot* par *Tectum*.

L'église de Tôtes, dédiée à *saint Martin*, est d'origine fort ancienne. En 1257, l'archevêque de Rouen et le seigneur de Tôtes se disputaient le patronage de cette église. Dans les derniers temps, c'était le seigneur qui nommait les curés. L'édifice actuel, fort peu intéressant, date en partie du XIVe siècle et en partie du XVIe. Sur l'un des piliers de bois qui soutiennent, en dedans de l'église,

BOURG DE TOTES.

la tour du clocher, on trouve, vers le milieu de la nef et du coté du midi, l'inscription suivante, gravée en relief et en lettres gothiques :

En lan m v^{cc}
et x fut cette
tour cy con
mêcee et en
ce dit an ache
vee par lap
pluspart des
citoyens de
Tostes les pa
rroyssiens
Parquoy je
rens graces
a Dieu moy
qui suis vi
caire du lieu
apele G. Four
nel. M. Pierre
J. Roussel et les
tresories.

J. Fournel. J. De
schamps. Guil
lebert Jobart
et J. Cossete dau
tre part. G. de
Caus. . . . mer
J. Decrays. J. Va
bes. Cardin. Rou
sel. H. Sauchay.
Torin Roussel.
J. Iccordier. J.
Toulorite. J. Bar
be. Cuvren. Po
tier. L. Vallet.
Germayn Des
champs. G. Four
nel. Cardon.
Bouvier et J. Bou
tilier¹.

¹ Cette inscription doit être lue de la manière suivante :
  En l'an mille cinq cens et dix,
  Fut cette tour cy commencée
  Et en ce dit an achevée
  Par la pluspart des citoyens
  De Tostes, les parroyssiens ;
  Parquoy je rens graces à Dieu,
  Moy, qui suis vicaire du lieu,
  Apelé Guillaume Fournel ;
  Maitre Pierre-Jacques Roussel
  Et les tresoriés : Jean Fournel,
  Jean Deschamps, Guillebert Jobart,
  Et Jean Cossette d'autre part ; etc.

A l'époque des guerres de la Ligue, le bourg de Tôtes, comme toute la contrée voisine, fut mis dans un état complet de dévastation. Le 7 mars 1587, le brave commandeur Aymar de Châtes, gouverneur de Dieppe, se rendit à Tôtes, muni d'un sauf-conduit de la Ligue, à l'effet d'y avoir une conférence avec le fameux de Villars, que les Ligueurs avaient nommé gouverneur de Rouen. « L'objet de cette entrevue, dit l'auteur des *Memoires chronologiques sur Dieppe*, etoit de la part du roi, de gagner ce dernier par le moyen de M. de Chates; comme la Ligue, de son côté, vouloit s'acquerir celui-ci par la sollicitation de M. de Villars. » La conversation fut longue et animée ; mais ni l'un ni l'autre des deux plénipotentiaires ne voulant être infidèle à son parti, on quitta Tôtes sans avoir rien résolu, et la guerre civile continua plus affreuse, plus acharnée que jamais.

Aujourd'hui, l'heureuse situation du bourg de Tôtes au croisé de deux grandes routes, l'activité de ses habitants, la richesse des campagnes qui l'avoisinent, tout promet à ce lieu, pour l'avenir, accroissement et prospérité.

Déjà on y a réuni l'ancienne paroisse de Bonnetot. Cette paroisse avait des seigneurs particuliers dès le commencement du XIe siècle. En 1066, le sire de Bonnetot accompagna Guillaume-le-Bâtard à la conquête de l'Angleterre, et combattit à la journée d'Hastings. L'église de Bonnetot, aujourd'hui supprimée, était dédiée à *saint Paër*. C'était aux sires de Bonnetot qu'appartenait le droit de nommer les curés de cette église.

Il se tient à Tôtes un marché le lundi de chaque semaine, et des foires le lundi de Pâques, le premier lundi de juillet et le 8 novembre. Le principal commerce de ce marché et de ces foires consiste en merceries, grains et bestiaux, notamment en moutons.

Tôtes possède un bureau de poste aux lettres et un relais de poste aux chevaux.

La population de ce bourg est de 811 habitants.

Canton de Tôtes.

Ce canton se compose de 26 communes, et renferme 14,928 habitants.

Saint-Victor-l'Abbaye, à 7 lieues 1/2 (sud) de Dieppe, et 1 lieue (est-sud-est) de Tôtes, se trouve sur une hauteur, au milieu d'une vaste et fertile plaine, et est traversé par la route de Neufchâtel à Yvetot. Ce bourg n'était encore qu'un simple village, lorsqu'un clerc, nommé Tormor, à qui cette terre appartenait, le donna, en 1051, avec l'église, les dîmes, le patronage et tout son patrimoine, à l'abbaye de Saint-Ouen de Rouen. Nicolas, abbé de ce monastère, envoya aussitôt à Saint-Victor quelques religieux sous la conduite d'un prieur. Dans un concile tenu en 1074, Jean de Bayeux, archevêque de Rouen, cédant aux prières de Roger de Mortemer, érigea, du consentement des religieux de Saint-Ouen et avec l'approbation de Guillaume, duc de Normandie et roi d'Angleterre, le prieuré de Saint-Victor en abbaye. Cette érection eut lieu à la condition qu'après la mort de chaque abbé, ce serait celui de Saint-Ouen qui choisirait le nouveau titulaire, et ainsi de suite à perpétuité [1]. On ajouta que, s'il arrivait un jour qu'on voulût troubler l'abbé de Saint-Ouen dans l'exercice de ses droits et de sa prérogative, le monastère de Saint-Victor, par ce seul fait, rentrerait aussitôt dans son premier état de prieuré, sous la dépendance perpétuelle et irrévocable de l'abbaye de Saint-Ouen de Rouen. Ces mesures paraissaient bien prises; Guillaume-le-Conquérant d'abord, puis le pape Alexandre IV, vers le milieu du XIIIe siècle, avaient successivement ratifié toutes les conditions du traité. Cependant l'abbaye de Saint-Ouen, à la suite de nombreux et violents débats, finit bientôt par perdre tous ses

---

[1] Parmi les abbés de Saint-Victor-en-Caux on remarque le moine Achard, mort évêque d'Avranches le 29 mars 1171. Il a composé en latin plusieurs écrits ascétiques, qui sont restés manuscrits.

droits sur celle de Saint-Victor. Cette dernière eut beaucoup à souffrir des guerres du Protestantisme et de la Ligue. Au mois de juillet 1589, le sieur de Saint-Vincent, à la tête plusieurs compagnies de Ligueurs, s'était fortifié dans cette abbaye. De là, deux cents arquebusiers allaient, sous ses ordres, parcourir et rançonner tout le pays environnant. Le généreux de Chates, gouverneur de Dieppe, résolut de venir forcer cette espèce de place de guerre, à la tête de quatre compagnies de *soldats* et de deux compagnies de *bourgeois*. Il s'avança avec sa cavalerie et quelques pièces de canon. Les ennemis venaient de capituler, lorsque tout-à-coup apparurent le duc d'Aumale et les sieurs de Brissac et de la Lande, à la tête de trois mille hommes d'infanterie et de cinq cents chevaux. Ils fondirent sur les royalistes, qui perdirent sept officiers; cependant, malgré cet avantage, les Ligueurs crurent prudent d'opérer leur retraite, et quelques jours après ils quittèrent définitivement l'abbaye de Saint-Victor. Epuisée ainsi à la suite des guerres, des divisions intestines et de la dissolution de ses habitants, cette abbaye avait, pour ainsi dire, cessé d'exister près deux cents ans avant révolution de 89. Toutefois, elle n'avait pas été sécularisée; les abbés s'y étaient même succédé l'un à l'autre avec assez de régularité ; mais, pour jouir seuls de tous les revenus de cette maison, ces abbés avaient eu soin de laisser mourir les religieux sans leur en substituer d'autres. Quant au service de la paroisse, il se faisait, comme à Eu, à Montivilliers et ailleurs, dans l'égise abbatiale. Cette église, qui existe encore aujourd'hui en partie, avait deux autels et deux nefs; le premier autel, dédié à *saint Victor*, était pour les moines, et le second, dédié à *saint Maur*, pour les habitants [1]. Actuellement, il ne reste plus, de tous les bâtiments de cet ancien établissement religieux, qu'un grand corps de logis à usage de maison. Cette construction est moderne, excepté néanmoins un magnifique cellier ou cave, qui devait être autrefois la salle du chapitre, et qui appartient aux XIIIe et XVIe siècles. Les piliers, les arcades, les nervures, sont dignes de l'attention des amis des arts. A peu de distance de ce cellier, derrière le chœur de l'église, et au haut de la muraille, à l'extérieur, on aper-

[1] Le patronage de la paroisse était attaché au fief seigneurial de Saint-Victor, et comme ce fief, partie intégrante de la baronnie du même nom, appartenait au couvent, c'étaient encore les abbés qui se trouvaient avoir le droit de choisir et de nommer les curés chargés de la direction spirituelle des habitants.

Outre ce patronage, les abbés de Saint-Victor avaient celui du prieuré de Saint-Thomas-sur-Scie, et ceux des paroisses de Bellencombre, Dancourt, Saint-Hellier, Saint-Maclou de Folleville, Saint-Ouen-sous-Bellencombre, Freuseville, Saint-Remy-en-Rivière, Saint-Ricquier-sur-Yères, Sévis et Vassonville (*en partie*). Presque toutes les dîmes de ces paroisses, immenses alors, appartenaient à ces abbés fainéants.

çoit une niche dans laquelle se trouve une assez belle statue de Guillaume-le-Conquérant. Cette statue, en pierre, est du XVe siècle. Elle est accompagnée de ces deux inscriptions latines :

ANGLIA VICTOREM, DOMINUM QUEM NEUSTRIA SENSIT,
LIMINA VICTORIS SERVAT AMICA SUI.
SIT PROCUL HINC INIMICA MANUS : VIGIL EXCUBAT HEROS;
EST DEUS IPSE INTUS : CREDE, PAVESCE, COLE.

GUILLELMUS CONQUESTOR
ANGLORUM REX, NORMANNORUM DUX,
ABBATIÆ SANCTI VICTORIS FUNDATIONEM CONFIRMAVIT
ANNO SALUTIS 1074.

En face de cette statue, tout derrière le chœur de l'église, et dans le jardin appartenant au propriétaire actuel de l'abbaye, on remarque une énorme motte ronde, faite de main d'homme, et destinée très-probablement à découvrir au loin la campagne. Si cette motte n'a pas été élevée durant les guerres de la Ligue, son origine doit remonter à l'époque gallo-romaine, puisque tous les *Tumuli*, *Castella* ou *Turres*, élevés à cette dernière époque, ont précisément la même forme et la même dimension. — Le principal commerce du bourg de Saint-Victor, consiste en bestiaux et notamment en chevaux. Il se tient en ce bourg un marché le jeudi de chaque semaine, et des foires le 21 juillet et le 28 octobre. La population de Saint-Victor est de 531 habitants. — C'est dans ce bourg que naquit le ligueur Delaplace, soldat renommé par sa bravoure. Delaplace fut un de ceux qui contribuèrent le plus à forcer Henri IV, en 1591, à lever le siége de la ville de Rouen.

ANGLESQUEVILLE-SUR-SAANE, à 7 lieues (sud-sud-ouest) de Dieppe, et 1 lieue 1/2 (nord-ouest) de Tôtes, se trouve dans une étroite vallée entourée de tous côtés par des bois touffus, et sur la la rive droite de la rivière de Saâne. Quoique l'on traduise souvent son nom par *Anglica Villa* ou *Anglici Villa*, ce bourg est appelé, dans nos plus anciens titres, *Anslec Villa* ou *Terra filiorum Anslech*. Il est donc certain qu'il doit son nom à Anslech de Briquebec, l'un des personnages les plus illustres de la cour de Guillaume-Longue-Épée. C'est probablement aussi de ce même seigneur que les paroisses d'Anglesqueville-l'Esneval, Anglesqueville-les-Murs, Anglesqueville-la-Brâlon, etc., ont reçu la dénomination qu'elles portent encore aujourd'hui. Quelques titres appellent aussi Anglesqueville-sur-Saâne, *Anglesqueville-la-Mal-Conduit*. En 1059, Raoul de Varenne et Emma sa femme cédèrent à l'abbaye de Sainte-Catherine de Rouen, l'église, le patronage et les dîmes de l'église d'Anglesqueville-sur-Saâne : la charte de donation appelle cette paroisse *Anglica Villa*. Ce monastère ayant été détruit, ce fut aux chartreux de Gaillon-l'Archevêque qu'appartinrent désormais les dîmes de l'église d'Anglesqueville. L'architecture de cette église est tout entière du style de transition du XIIe au XIIIe siècle. Il y a environ cent ans, le bourg d'Anglesqueville fut presque entièrement consumé par les flammes. Anglesqueville possède des blanchisseries de toiles et des tanneries. Toutefois, le principal commerce de cet endroit consiste en grains, volailles, œufs et beurre pour l'approvisionnement de Paris. Il se tient à Anglesqueville-sur-Saâne une foire tous les ans, le 5 juillet et un marché, autrefois très-fréquenté, le samedi de chaque semaine. La population de ce bourg est de 406 habitants [1].

---

[1] Imbleville, dans la vallée de la Saâne, à 6 lieues 1/4 (sud-sud-ouest) de Dieppe, et 2 lieues (nord-ouest) de Tôtes, possédait, dès 1110, une église paroissiale dédiée à *saint Jean-Baptiste*. Cette église appartenait en 1141 à l'abbaye de Saint-Wandrille. Détruite pendant l'occupation anglaise, entre les années 1419 et 1448, cette église ne fut reconstruite que soixante-dix ans après, par les seigneurs d'Imbleville et les religieux de Saint-Wandrille. Elle fut dédiée le 18 mai 1522. En 1563, les Protestants s'étaient fortifiés dans la tour du clocher, qui, solidement construite en grès, pouvait opposer aux assaillants une résistance certaine. On prétend que l'on aperçoit encore sur cette tour de nombreuses traces de balles et de biscayens. A l'intérieur de l'église, en face de l'autel, on trouve, dans le chœur, deux anciennes pierres sépulcrales fort curieuses. La première représente un chevalier, à la tête noble et belle et aux cheveux longs, vêtu de la cotte de maille, ayant à ses côtés

Auffay, dans la vallée et sur les bords de la Scie, se trouve à 6 lieues (sud) de Dieppe, et 1 lieue 1/4 (nord-nord-est) de Tôtes. Il est appelé dans les anciens titres latins, *Altifagus*, *Altafagus*, etc. Son origine, à en juger par les objets antiques qui ont été trouvés dans le sol où s'élève aujourd'hui ce bourg, ainsi que par les restes de retranchements qui se remarquent encore sur les hauteurs voisines, doit appartenir à une époque assez reculée. Les vieilles archives de la paroisse de Toussaints faisaient men-

le glaive des guerriers et un écusson mutilé par les vandales de 93. Sous ses pieds est un lévrier. Autour est gravée cette inscription, en belles lettres gothiques : *Ci gist monseigneur Iohan de Lindeboef, cheualier, qui trespassa l'an de grace M. CCC. IIII, le iour de la feste sanct Hylaire. Dex ait merci de same. Amen.* Sur chacune des bandes latérales sont treize écussons, entièrement effacés. L'autre tombeau représente une femme, vêtue de la mantille, élégamment drapée. Autour est cette inscription, également en lettres gothiques : *Ichi gist madame Phelippe Mag. fame monsegnour Iohan de Lindeboef qi trespassa lan... M. CC. LXXXX. le iour de la Magdalene. Dex ait same. Amen.* Les bandes latérales de cette tombe présentent douze écussons : malheureusement, les signes héraldiques ont été entièrement effacés. Dans le cimetière, à peu de distance du portail septentrional de l'église, on remarque une fort jolie croix, en pierre et en grès, sur le pied de laquelle est écrit : *noble hōme Phl̄es de Dampierre a donne ceste † M. V^cc X.* On remarque aussi sur cette croix, et sur le cintre de la porte qui se trouve au pied de la tour du clocher, plusieurs écussons représentant un échiquier, trois carreaux ou losanges, etc. Ces dernières armes sont incontestablement celles de la famille de Dampierre, qui portait *d'argent à trois carreaux de sable*. Cette famille possédait Imbleville à l'époque de l'occupation anglaise. Le manoir seigneurial, parfaitement conservé, appartient aujourd'hui à M. Pierre-

tion d'un Guilbert d'Auffay (*Gulbertus d'Alfait*). L'église d'Auffay fut successivement paroissiale, collégiale et prioriale. Il y existait des chanoines dans le XIe siècle. Cette collégiale ayant été donnée à l'abbaye de Saint-Evroult, avec tous les biens et revenus qui s'y trouvaient attachés, ce monastère, comme c'était alors l'usage, supprima les chanoines et les remplaça par des cénobites. Vers l'an 1060, du temps de l'abbé Robert de Grentemesnil, Richard d'Auffay confirma aux moines de Saint-Evronlt la possession de toutes les dîmes et

---

François Le Hayer de Bimorel, lieutenant-colonel en retraite, chevalier des ordres royaux et militaires de St-Louis, de St-Ferdinand d'Espagne et de la Légion-d'Honneur. Ce manoir, quoique en briques, est d'une construction fort remarquable. Les tourelles, dont ses quatre angles sont flanquées, produisent de loin un bon effet dans le paysage. Avant la révolution, le frontispice de ce manoir portait, sur une table de pierre, brisée par les amis de la liberté en 93, l'inscription suivante : *L'an de grace 1491, noble homme messire Ianon de Dampierre, chevalier, sieur de Biville-la-Baignard et autres seigneuries, fit edifier cette maison. Et etoit pour lors sa femme noble dame Marie de Gonnys. Leurs hoirs feront leur devoir de prier pour eux.* Au-dessus de cette inscription, un large écusson représentait les armes de la famille de Dampierre et celles de la maison de Gonnis. Ces dernières étaient *vairé d'argent et d'azur*. On trouvait aussi, dans la cour de ce château, une chapelle dite de la *Sainte-Vierge*, laquelle fut érigée en titre par décret du 21 août 1686. La terre d'Imbleville a long-temps appartenu à Mlle de Civille, fille du fameux chevalier de Civille, *qui trois fois dut perir, et que dans sa vieillesse d'amour on vit mourir.* En 1738, c'était aux seigneurs d'Imbleville qu'appartenait le droit de nommer les curés de cette paroisse. La population d'Imbleville est de 655 habitants.

prébendes de l'église d'Auffay, et c'est surtout depuis cette époque que cette église porta le titre de prieuré, tout en demeurant paroissiale, comme elle l'avait toujours été jusqu'alors. Les religieux de Saint-Evroult devinrent en même-temps propriétaires des dîmes, biens et revenus des églises de Beaunay, Cent-Acres, Saint-Denis-sur-Auffay, Notre-Dame-du Parc, etc., etc , qui appartenaient alors au prieuré d'Auffay. Avant la révolution, l'abbaye de Saint-Evroult possédait encore les grosses dîmes de la plupart de ces paroisses et de plusieurs autres des environs 1. — Outre le prieuré, il y avait encore à Auffay : 1°, Une chapelle proprement dite ; 2°, une maladrerie ou hospice pour les lépreux ; et 3°, un hôpital civil. — La chapelle, dédiée à la *sainte Trinité*, se trouvait sur le fief de *Bosmeslé* ou *Bosc-Merlet*, et c'étaient les propriétaires de ce fief qui en nommaient les desservants. Hugues Merlet, dont elle portait le nom, l'avait donnée, vers l'an 1060, et aussi sous l'abbatiat de Robert de Grentemesnil, à l'abbaye de Saint-Evroult. Cette chapelle, qui, plusieurs fois détruite par les guerres, s'est toujours relevée de ses ruines et existe encore aujourd'hui, était alors fort riche. Outre ses propres revenus,

---

1 Au commencement du dix-huitième siècle, le seul titre de prieur d'Auffay valait encore deux mille livres de rente.

elle jouissait encore de plusieurs dîmes [1]. — Quant à la léproserie d'Auffay, elle existait dès 1139, dans un emplacement connu sous le nom de *Clos-Jaquet*. Cette léproserie ayant été supprimée, ses biens et revenus détournés, suivant la coutume du temps, de l'emploi qu'on eût toujours dû en faire, avaient été partagés en deux portions, et, sous le titre de *bénéfices*, comme nous le voyons par différents actes des années 1530 et 1564, avaient été complaisamment donnés à des gens qui, déjà trop riches par eux-mêmes, ne rendaient aucune espèce de service à la société. C'est à partir de l'époque de cette suppression, que l'enclos de la léproserie était devenu, et fut toujours depuis, *le plus grand et le plus ancien cimetiere de la paroisse*. La chapelle de cet établissement, si utile dans son origine, était placée sous la triple invocation de *saint Claude*, *saint Maclou* et *saint Quentin*. — Comme les lépreux seuls pouvaient être reçus dans cette maison, on avait été obligé d'établir un autre hôpital pour les pauvres malades, gens infirmes ou âgés, originaires du

---

[1] C'est à tort que les registres de l'archevêché de Rouen, de l'an 1621, donnent à la chapelle de Bosmélet le nom d'*Epreville*. Toutefois, comme on y avait réuni les biens et revenus d'une ancienne léproserie appelée *Saint-Nicolas de Beuville*, et située en la paroisse de Saint-Denis-sur-Auffay, il est probable que le mot *Epreville* aura été employé par erreur à la place de celui de *Beuville*.

pays. Ce dernier hôpital était encore sur pied en 1477. — Ces diverses circonstances, ainsi que celles qui vont suivre, prouvent qu'Auffay devait avoir anciennement beaucoup plus d'importance qu'il n'en a aujoud'hui. En effet, différents actes des XIIIe, XIVe et XVe siècles, nous apprennent qu'il s'y tenait alors, toutes les semaines de l'année, un marché, dont la durée était de trois jours, le jeudi, le vendredi et le samedi [1]. Lorsque les États de la province de Normandie se rassemblèrent à Pont-Audemer, au mois de mars 1351, on trouve parmi les députés Johan Goubert et Colart Lefevre, *pour la ville d'Auffay*. Auffay portait alors, et porta encore long-temps après, le titre de baronnie [2]. Malheureusement, les guerres des Anglais, du Protestantisme et de la Ligue vinrent bientôt apporter là, comme ailleurs, le pillage, la dévastation et la mort. Après l'occupation anglaise, la moitié de la baronnie d'Auffay, qui, suivant une information de l'an 1495, relevait alors du comté de Tancarville, était tombée

---

[1] Ce marché de trois jours existait encore dans le siècle dernier. « On y débite, dit l'abbé d'Expilly dans son *Dictionnaire Geographique*, une grande quantité de cuirs et de grains. » Aujourd'hui on a supprimé la journée du jeudi. Quant aux cuirs, il y a encore à Auffay un assez grand nombre de tanneries, mais ce genre de commerce est loin d'y être aussi considérable qu'autrefois.

[2] Avant la révolution, la sergenterie d'Auffay s'étendait encore sur cinq paroisses du voisinage.

de 887 livres de rente, somme assez considérable pour l'époque, à 150 livres. — Au mois de mai 1589, un parti de Ligueurs s'était retranché à Auffay. Les royalistes de Dieppe, commandés par leur intrépide gouverneur Aymar de Châtes et par un capitaine anglais du nom de Wildausen, se réunirent au nombre de quatre compagnies, et, soutenus par de la cavalerie et deux pièces de canon, vinrent attaquer le bourg d'Auffay. Les Ligueurs, après quelques décharges, proposèrent de se soumettre ; mais le capitaine Wildausen et un autre chef royaliste nommé Fournier, lesquels attaquaient l'ennemi par le côté opposé, continuèrent à se battre, ignorant les négociations entamées, et, durant que l'on discutait, forcèrent le retranchement. Les Ligueurs se rendirent à discrétion. Les Dieppois ne perdirent que cinq hommes dans cette affaire, et le brave Montpelé, un de leurs capitaines, fut de ce nombre. Au mois de Février 1591, Henri IV était à Auffay. Plusieurs fois, avec ses troupes, il vint, dans ce bourg et à Saint-Aubin-sur-Arques, chercher, contre ses ennemis, un refuge, des munitions et des vivres. — Aujourd'hui, Auffay, par son heureuse situation, paraît destiné à reprendre bientôt son ancien mouvement de vigueur et de vie. L'aisance y renaît de toutes parts : de jolies maisons s'y élèvent, de nouvelles routes doivent s'y rendre. Toutefois, ce bourg est principalement remarquable par sa belle église paroissiale, dédiée à la sainte Vierge. Le chœur de cette église est admirable ; il date du XVIe siècle. La nef est de la fin du XIVe ou du commencement du XVe. On remarque, de côté du midi, deux fenêtres romanes du XIe siècle. La tour du clocher rappelle le style de transition du XIIe siècle au XIIIe. Le grand portail est du XVIIe siècle. Ce temple est orné de magnifiques vitraux ; les nervures, les sculptures et les pendentifs de ses voûtes méritent aussi de fixer l'attention de l'ami des arts. Une inscription, en lettres gothiques, placée au-dessus de la corniche du côté du midi, nous apprend que ce fut en *l'an mil CCCC LX et XIIII* que *la carpenterie de la nef fut faicte*. — Près de l'église d'Auffay, se trouvaient les restes d'un antique château; on y remarque des débris de murailles et une motte en terre fort considérable. Cette ruine est généralement connue dans le pays sous le nom de *Vieux-Chastel*. — Le principal commerce d'Auffay consiste en bestiaux, fils de lin et toiles de coton Il se tient en ce bourg un marché le vendredi et le samedi de chaque semaine. Ses foires ont lieu le vendredi d'après le 24 janvier, le jour du Vendredi-Saint, le vendredi d'après la Pentecôte, le vendredi après le 27 septembre, et enfin tous les premiers vendredis de chaque mois. La population actuelle de ce bourg est de 1,042 habitants. — Auffay est la patrie de M. Nicolas Bignon, professeur de rhétorique au lycée de Rouen, et auteur de plusieurs ouvrages parmi lesquels nous remarquons : 1°, *Essai ou Cours abrégé de Grammaire générale*; 2°, *Notice nécrologique sur M. Formage*; 3°, *Paraphrase du Dies Iræ en vers latins*, etc., etc.

Bourg de Bacqueville.

Situé en partie sur une hauteur qu'environne une vaste campagne, et en partie dans une charmante vallée qu'arrose la rivière que l'on appelle la Vienne, le bourg de Bacqueville se trouve, au milieu d'une contrée fertile, à 4 lieues 1/2 (sud-est) de Dieppe, et 10 lieues 1/2 (nord) de Rouen.

Son ancien nom était *Bacqueville-la-Martel*; quelques chartes latines des XIe et XIIe siècles portent *Baconis Villa*; dès l'époque Carlovingienne, on disait *Bascherythvilla*. Ce dernier nom, qui est le plus vieux, paraît être le véritable. Il doit venir de Basquer ou Baucher, que l'on retrouve également dans celui de Boscherville *(Balcherivilla)*.

Les Martels de Bacqueville formaient l'une des plus illustres familles normandes. Cette famille, suivant Orderic Vital, tirait son origine de Baldric ou Baudry, qui avait été surnommé *le Teuton* à cause de son pays natal. Venu en Normandie, vers l'an 1033, pour y servir le duc Robert Ier, Baldric reçut de ce prince, à titre de récompense, le fief de Bocquencey *(arrondissement d'Argentan).* Le comte Gislebert de Brionne, tuteur de Guillaume-le-Conquérant, donna à ce fidèle et généreux chevalier sa nièce en mariage. De cette union sortirent six fils et plusieurs filles. Nicolas, l'aîné des fils, fut sire de Bacqueville. Comme il avait épousé une petite-fille de la duchesse Gonnor, il est probable que cette terre lui avait été apportée en dot par sa femme. Ce qu'il y a de certain, c'est que Guillaume son fils, surnommé *Martel*, fut également sire de Bacqueville, et que c'est de lui que sortirent cette longue suite de seigneurs et nobles chevaliers que l'on voit briller avec tant d'éclat à la conquête de l'Angleterre en 1066, à l'expédition de Jérusalem en 1096, et enfin dans toutes les grandes circonstances où il y avait du courage à donner et de la gloire à recueillir. Les sires de Bacqueville étaient alliés à presque toutes les grandes maisons féodales de l'Angleterre et de la France. Ils portaient pour armes un *écu d'or à trois marteaux de gueules*[1].

Dès le commencement du XIe siècle, il y avait à Bacqueville une église paroissiale, dédiée à *saint Pierre, prince des Apôtres.* C'était aux archevêques

---

[1] Ces armes, que l'on voit encore aujourd'hui au-dessus de l'une des portes et à l'intérieur de la sacristie de l'église de Bacqueville, étaient aussi celles des Goustimesnil, branche puînée des Martels.

de Rouen qu'appartenaient le patronage et la majeure partie des dîmes, fort importantes alors, de cette église. L'autre partie de ses revenus appartenait à l'abbaye de Saint-Wandrille.

Cent ans après, la famille des Martels avait construit à Bacqueville un riche et puissant prieuré, dont l'église fut consacrée sous l'invocation de la *sainte Vierge*[1].

Les sires de Bacqueville donnèrent ce prieuré aux moines de l'abbaye du Pin, diocèse de Poitiers; mais, vers l'an 1131, ces religieux le cédèrent à Hugues d'Amiens, archevêque de Rouen, et, peu de temps après, celui-ci le donna à son tour aux chanoines de sa cathédrale, avec tous les droits, biens et revenus qui appartenaient ou pouvaient appartenir à l'église paroissiale de Bacqueville.

Toutefois, l'abbaye de Saint-Wandrille, ainsi que nous venons de le voir plus haut, avait aussi quelques droits sur l'église de Bacqueville. Ce monastère n'ayant pas été consulté par le prélat au sujet de la donation que celui-ci venait de faire, les moines, d'accord avec Guillaume Martel, sire de Bacqueville, protestèrent contre les actes de l'archevêque, et la cession de Hugues d'Amiens fut déclarée nulle par le souverain pontife.

[1] La véritable origine du prieuré de Bacqueville, suivant M. Ludovic Vitet, remontait à l'époque Carlovingienne.

Guillaume Martel, comme héritier des fondateurs, rentra aussitôt dans tous les droits dont ceux-ci avaient joui originairement, et, en 1133, donna à l'abbaye de Tirom et le prieuré de Bacqueville avec tous ses revenus et la moitié de l'église Saint-Pierre *avec la chantrerie du même lieu*, etc., etc. C'est ainsi que le prieuré de Bacqueville passa sous la dépendance des moines de Tirom. Dans la suite, ce prieuré prit successivement le nom de *Saint-Martin*, puis celui de *Saint-Blaise*, sous lequel il était encore connu à l'époque de la révolution. Cet établissement s'étant trouvé ruiné dans les guerres affreuses du Calvinisme et de la Ligue, le pape Paul V, en 1607, le déclara éteint, et en donna les biens et revenus au collége de Jésuites de la ville de Rouen : Louis XIV confirma cette réunion en 1649.

Quant à l'église paroissiale de Bacqueville, elle fut réunie, vers l'an 1238, à l'église prioriale; mais, nonobstant cette réunion, suivant le Pouillé d'Eudes Rigault, il y eut toujours à Bacqueville deux curés. En 1269, c'était l'abbaye de Tirom qui nommait l'un de ces deux curés : l'autre était à la présentation des sires de Bacqueville. Dans la suite des temps, lorsque le prieuré de Bacqueville fut détruit, ce furent les moines de Crâville-la-Roquefort qui exercèrent momentanément ce patronage, mais, en 1637, les seigneurs de Bacqueville recommencèrent à nommer les curés de leur paroisse, et conservèrent toujours ce droit jusqu'à l'époque de la révolution.

Le prieuré de Notre-Dame et l'église paroissiale de Saint-Pierre ne sont pas les seuls édifices religieux qu'ait possédés Bacqueville durant le moyen-âge. Un acte, conservé dans les archives de l'archevêché de Rouen, nous prouve que, vers l'an 1230, un seigneur, nommé Jehan de Bosc-Robard, y fonda aussi une chapelle dite de *saint Léonard*. Plusieurs fois détruite par les guerres, cette chapelle s'était toujours relevée de ses ruines; elle était encore sur pied en 1476; mais, ayant été rasée de nouveau en 1562 par les Protestants, elle a été définitivement remplacée par une croix de pierre, qui existe encore aujourd'hui, et qui est toujours l'objet de la vénération des habitants de la contrée[1].

En 1255, il y avait aussi, sur Bacqueville, une maladrerie ou hospice pour les lépreux, connue sous le nom de *Saint-Gilles*. Cet hôpital, que quelques anciens titres nomment à tort *Saint-Leu*, existait en 1458. Il était situé à peu de distance du chemin appelé *le sentier de la Maladie*.

Guillaume Martel, dont nous avons parlé plus

---

[1] Différents actes, des années 1527 et 1544, nous apprennent que c'était aux sires de Bacqueville qu'appartenait le droit de nommer les desservants de cette chapelle.

haut, avait épousé une noble dame nommée Alberée (ou *Aubrée*) qui, en 1133, approuva la charte par laquelle son mari donnait aux moines de Tirom le prieuré de Bacqueville. Guillaume Martel avait alors un frère nommé Eudes, qui, ainsi que Geoffroi et Roger Martel, ses enfants, approuva également cette donation.

C'est de l'un de ces seigneurs que descendaient Guillaume Martel, IIe du nom, dont l'article suit, et Léonard Martel, sire de Saint-Vigor[1].

Guillaume II Martel, sire de Bacqueville et gouverneur du château de Pont-Audemer en 1346, épousa Péronne de Rayneval. Il en eut deux fils et une fille, savoir : 1°, Raoul Martel; 2°, Jean ou Jehan Martel, Ier du nom; et 3°, Agnès Martel, dont nous parlons ci-après.

Raoul Martel, sire de Bacqueville, étant mort vers la fin de l'année 1369, sans laisser de postérité, Jehan Martel, son frère, lui succéda dans la possession de toutes ses terres et seigneuries. Malheureusement, ce dernier mourut à son tour, le 27 avril 1370, sans avoir eu d'enfants de Jehanne d'Houdetot sa femme[2], et la terre de Bacqueville retourna à Agnès Martel, sa sœur.

[1] Cette partie de la généalogie des Martels a été complètement bouleversée par le père Anselme, dans son *Histoire des Grands Officiers de la Couronne* (tome VIIIe, page 209).

[2] Jehanne d'Houdetot ne mourut que le 5 août 1396.

Dernière héritière de la branche aînée des Martels, Agnès prit d'abord le titre de dame de Bacqueville; mais, privée, comme ses frères, de postérité [1], elle ne voulut pas qu'après sa mort, cette terre, la plus noble portion du patrimoine de ses aïeux, sortît de sa famille ; c'est pourquoi, dès le mois de novembre de la même année 1370, elle en fit don à Guillaume Martel, son cousin, fils de Léonard Martel, sire de Saint-Vigor.

Ce Guillaume Martel fut, par sa valeur, l'un des hommes les plus illustres de son siècle. Seigneur de Bacqueville et de Saint-Vigor, chevalier, conseiller et chambellan du roi, il fut aussi porte-oriflamme de France. Son nom se trouve cité dans presque toutes les chroniques et légendes de l'époque, et les habitants de Bacqueville en ont presque fait un saint. Les faits que lui prête la tradition populaire sont trop curieux, pour que nous puissions nous dispenser de rapporter ici le passage d'un de nos vieux écrivains :

« Enuiron l'an 1386 [2], regnant Charles sixiesme en Frāce, dit le reverend père Louis Richeome, de

---

[1] Il paraît que cette dame n'avait contracté aucune alliance.

[2] Dans un extrait de son ouvrage intitulé : *Abreyé du tome IIIe du Tresor Chronologique et Historique* (édition de 1656), le révérend père Roix de Saint-Romuald, religieux Feuillant, prétend que ce ne fut pas *enuiron l'an* 1386, comme l'a avancé le père Richeome, mais bien en 1409, à la bataille de Nicosie, que le sire de Bacqueville fut fait prisonnier par les Turcs.

la compagnie de Jesus[1], lorsque toute la noblesse françoise alla en Hōgrie pour defendre ce royaume chrestien, contre les inuasions des Turcs, vn grand seigneur de Normandie, aagé d'enuiron cinquante ans, mais néantmoins encor vigoureux et vaillant de son corps, et braue capitaine, eut grand desir d'aller à ceste guerre, s'estimant heureux s'il pouuoit contribuer ou sa vie, ou son trauail et moyens, à la defense de sa religion. Sa femme, très-honneste et pieuse dame, estant assez ieune encor, et l'aymant vniquement, trouuoit grande difficulté à consentir à ce voyage; mais il l'importuna tant, qu'à la fin elle fut contrainte de luy laisser faire sa volonté. S'estant, luy, mis en equipage de cheualier, luy dict adieu, et, pour luy laisser et prendre d'elle quelque marque de reciproque amitié, il diuisa en deux parts vn anneau d'or qu'il auoit, et luy en donna une moitié, et retint l'autre pour soy, et s'en va. Il fit avec la noblesse françoise plusieurs beaux exploicts et proüesses en ceste guerre-là. Mais les pechez des mauuais chrestiens auoient armé l'ennemy et le firent vainqueur, si bien que presque toute l'armée chrestienne fut taillée en pièces, et plusieurs seigneurs faicts prisonniers et menez en Turquie, entre lesquels fut

[1] Dans son ouvrage intitulé : *le Pelerin de Lorete* (pages 336 et et suivantes).

cestui-cy. Si escriuit plusieurs lettres par diverses voies à sa femme pour auoir sa rançon, mais il n'en peut iamais auoir responses ny nouuelles, non plus que sa femme de lui; et endura mille maux l'espace de sept ans. Il fut vendu et reuendu plusieurs fois à divers maistres, s'ennuyant tous d'auoir vn homme jà vieux et cassé, et perdans l'esperance de iamais en tirer profit. Sur la fin de la septiesme année il tōba ez mains d'vn homme fort inhumain, lequel irrité de se voir frustré de la rançon que son prisonnier luy promettoit, conclud vn jour de le faire mourir, et donna charge a vn de ses seruiteurs d'executer sa résolution ce iour là : ce qu'ayant entendu ce pauvre seigneur, et voyant que toutes ses esperances estoient reduites à néant, print courage de desespoir, et d'vn cœur vrayment noble et chrestien, se resolut de prendre la mort en patience; et, néantmoins, recourant aux moyens diuins au défaut des humains, se recommanda de tout son cœur à Dieu et à saint Iulien, auquel il auoit esté tousiours deuot, et fit vœu de luy bastir une chapelle [1], si, par son intercession et prière,

[1] Belleforest (*Voyages de Hongrie*), Duperron, etc., disent tous *Saint-Julien*; toutefois, la tradition du pays, d'accord en cela avec le père Roix de Saint-Romuald, prétend que c'était *Saint-Léonard*. Nous avons cependant vu plus haut que la chapelle Saint-Léonard existait à Bacqueville dès l'an 1230 : il est donc certain que Guillaume Martel n'en fut pas le fondateur. Peut-être la fit-il reconstruire.

Dieu le retiroit de ce destroit; et là dessus s'endort. Cõme il eut sommeillé quelque temps, il s'esueille, et, pensant être encore en la cahüette où il attendoit la mort, il se trouua au milieu d'une forest auec ses habits, sans sa cadene d'esclaue [1]. De prime face, il pensa que c'estoit un songe et que veritablement il estoit en prison, ce qui aduient souuent ez cas admirables et hors de nostre foy et esperance, comme il appert en saint Pierre, qui, tiré vrayement d'vne estroite prison par l'Ange, pensoit que c'estoit vision. Mais, ayant bien secoüé tous ses sens, aduisé le ciel et la terre, et touché les arbres, il se persuada qu'il estoit en quelque forest de Turquie, où miraculeusement, par la prière du sainct, il auroit esté mis hors, pour auoir moyen de gaigner terre et se sauuer. Regardant çà et là, il vit quelques petites bergères, ausquelles il demanda en lengage turc qu'elle forest c'estoit; ces bonnes filles estoient en Normandie, et, le regardant par admiration, pensoient qu'il parloit latin ou anglois; et luy dirent en françois qu'elles n'en-

[1] On voit encore, dans une des chapelles de l'église de Bacqueville, un assez vaste tableau peint sur bois, représentant le sire Martel et deux autres chevaliers, d'abord en prison, et visités par une jeune fille vêtue de blanc; puis, délivrés de leurs fers, libres dans la plaine, et se jetant à genoux pour remercier le ciel de sa protection; puis enfin, le seigneur Bacquevillais seul, s'adressant à de jeunes pastourelles, qui lui apprennent qu'en ce moment même il ne se trouve plus en Turquie, mais dans son pays natal.

tendoient pas ce qu'il demandoit; luy, les oyant parler françois, commença à doubter d'auantage s'il songeoit, et, comme songeant, leur dict en françois, qu'elle forest c'estoit; elles repondirent que c'estoit la forest de Baqueuille. C'estoit une sienne forest, où il auoit esté à la chasse mille fois : icy il fut encores plus estonné, et, iettant les yeux de tous costez pour faire preuve de ses sentimens, recogneut à la fin qu'il ne songeoit point, et qu'il estoit véritablement en Normandie pres de son chasteau[1]... Il s'enva droict au chasteau, où il voit vn grand nombre de noblesse qui abondoit cejour-là ; s'adresse au portier, et lui dict qu'il desiroit fort de parler à Madame. Le portier lui demanda ce qu'il vouloit ; ie desire, dict-il, lui dire en personne une chose importante : il sera fort difficile, repliqua le portier, de luy parler, parcequ'elle s'enva tantost à la messe recevoir la benediction de son mariage. Le bon seigneur fut icy bien estonné, et insista encor plus à demander de parler à elle. Le portier, demy fasché, luy dict : c'est temps perdu de demander cela; néantmoins, il s'en alla à madame, et luy dict qu'il

[1] Suivant la tradition du pays, Guillaume Martel était en proie à une faim cruelle. Les jeunes bergères auxquelles il s'était adressé lui ayant généreusement donné quelques bribes, que le vénérable chevalier dévora sur le champ, sa femme et lui firent élever dans la suite, en cet endroit, une croix qui est encore connue de nos jours sous le nom de *Croix-mangea-là*.

y auoit à la porte vn pauvre hermite, qui desiroit luy dire vn mot. C'estoit une dame vertueuse et grande aumosnière, et qui auoit pleuré son mari durant tout le temps de son absence de sept ans, et par le conseil de tous ses parens, qui pour certain le croyoient mort, auoit esté contrainte de consentir à ces secondes nopces. Or, cuidant, elle, que cest hermite ne luy vouloit parler que pour demander l'aumosne, commanda au maistre d'hostel de luy en donner une bonne, l'aduertissant que s'il auoit rien a dire qu'il le luy dict. Il luy porte un escu; le vieillard luy dict : ce n'est pas l'aumosne que ie demande; ie vous supplie de rechef dire à Madame qu'il est necessaire que ie luy die vn mot deuant qu'elle aille à la messe, et, si vous luy persuadez de m'ouyr, vous ferez vn office de fidele seruiteur. Le maistre d'hostel apprehenda la chose a ces paroles, et remonte et dict : Madame, il ne veut que vous dire vn mot, et dict qu'il est necessaire que vous le preniez de sa bouche deuant la messe. Ie suis d'aduis, madame, que le faciez, et entriez à la salle basse pour l'ouyr; que sçavez-vous? Possible vous donnera-t-il quelque bon aduis pour vos affaires, ou vous portera nouuelle certaine de la qualité de la mort de feu Mōsieur, ou de sa dernière volonté. Elle le creut, et descend à la sale, et se met aupres d'vne fenestre à part. Le bon vieillard vient au petit

pas, passe au milieu de la court, chacun le regarde
par merveille. On voit un vieillard maigre et desfaict
et tout blanc, la cheuelure et la barbe longue et
mal peignée, revestu d'vne meschante robbe longue
de bureau, faicte à la turquesque. Il se presente à
madame parée de ses habits nuptiaux, et ayant faict
vne profonde reuerence luy dict : Madame, ie viens
de Turquie, où i'ay autrefois veu vn qui se nommoit
le sieur de Baqueville, à ce que i'entends seigneur
de ce lieu, et iadis vostre mari, qui fut prins prisonnier il y a sept ans en Hongrie, lorsque les François furent desfaicts; ie sçay qu'il a long temps
attendu sa rançon et qu'il a enduré beaucoup de
mes-aises : n'en auez vous point eu de nouuelles
depuis vn an? Elle respond, hélas! mon bon amy,
sçachez que nous n'auons eu ny advis ny lettre de
luy depuis sept ans qu'il partit d'icy, qui nous a faict
croire qu'il est mort, et n'eut tenu n'y à or ny a
argent pour le redimer de peine, si nous eussions
sceu où il estoit. Et pleut à Dieu qu'il eut voulu
croire le conseil de celle qu'il aymoit tant, et de
laquelle il estoit aimé plus que iamais espoux de son
espouse : le bon seigneur seroit maintenant en vie,
et n'auroit pas enduré les peines que ie crois qu'il
a enduré et que i'ay lamentées, et ma condition
n'eut pas été si déplorable par ses afflictions et
miennes. Et, se prenant à pleurer : mais mon père,

dict-elle, ne me sçauriez vous rien dire de luy; je ne crois pas que vous m'ayez voulu parler sans cause? Le bon seigneur, voyant par les paroles et contenance de sa femme qu'il estoit encor incogneu, il lui respond : si je vous le fay voir, Madame, le recognoistrez-vous? Comme elle changeoit de couleur (car ceste parole lui auoit donné en l'ame), il vsa de son langage familier et luy dict : ma mie, ne cognoissez vous pas Baqueville vostre mari, et ce demi cercle d'anneau? et, ce disant, luy presenta la moitié de l'anneau iadis mi-parti[1]. La dame, voyant ce gage, et fichant les yeux attentifs sur l'homme et l'advisant de pres, reprit aussitost la memoire des traicts de son visage et le son de sa voix, et, se jettant à son col auec larmes : ô mon bon seigneur et mari, dict-elle; et, ce disant, se pasma. Luy, quoy que bien debile, la tint. Le maistre d'hostel et les seruiteurs, qui les auoiēt regardez du bout de la sale parlans ensemble sans les ouyr, voyans ces caresses, accourent incontinent et recognoissent leur vieux maistre; et à mesme instant, tout le chasteau fut rempli du bruit de la nouuelle et inesperée venüe... Ce sei-

---

[1] L'église paroissiale de Bacqueville conserve encore également un tableau, qui, beaucoup plus petit que l'autre, et peint sur toile, représente le moment où le sire Martel présente à sa femme la moitié de son anneau, que celle-ci reconnait. A peu de distance, on voit l'entrée du château de Bacqueville, avec pont-levis, herse de fer, etc.

gneur fit bastir la chapelle qu'il auoit vouée à sainct Iulien[1], et mourut aussitost en bonne paix. Et sa barbe et perruque ont demouré longtemps appendües soubs la voute d'icelle chapelle[2], comme honorable trophée, et ont esté veües de plusieurs, voire il n'y a pas quarante ans; ie ne sçay si elles y sont encore. »

Nous ignorons jusqu'à quel point il peut être permis de croire à la longue captivité de Guillaume Martel en Turquie; mais, ce que nous savons positivement, c'est qu'en 1381, ce brave et loyal chevalier avait été chargé, par le roi Charles VI, de défendre, contre les Anglais, le Château-Gaillard près Andelys, l'une des plus importantes forteresses de la France. Quand le danger fut passé, le vieux sire de Bacqueville céda son poste à Jehan Martel, son fils aîné; mais, lorsque les Anglais revinrent de nouveau envahir le sol de la patrie, l'intrépide chevalier, *lequel estoit lors si aagé qu'il ne luy restoit plus en teste un seul cheveu*, reçut encore, le 7 octobre 1415, l'ordre, au nom du roi, de dé-

---

[1] Suivant ce que dit le père Roix, il s'agirait ici, non pas de la chapelle Saint Léonard proprement dite, mais bien d'une ancienne chapelle du même nom, située dans l'église même de Bacqueville, et où se trouvaient autrefois les tombeaux de la famille des Martels.

[2] Le père Roix de Saint-Romuald dit que ce fut *à côté du grand autel de l'église du lieu* que l'on appendit la *longue* perruque du sire de Bacqueville, *afin de conserver plus long temps la memoire d'un èvenement si merveilleux*.

fendre jusqu'à la dernière extrémité ce même Château-Gaillard, que Richard-Cœur de Lion, son glorieux fondateur, avait appelé sa *fille chérie*. C'était une périlleuse mission, car le Château-Gaillard, situé au bord de la Seine, sur cette grande voie qui conduit à Paris et au cœur de la France, était, pour ainsi dire, la seule barrière que l'on eût à opposer aux masses innombrables de l'ennemi. Cependant, le sire de Bacqueville ne vint visiter ces remparts que pour un instant; il se borna à donner quelques ordres et disparut. En effet, d'autres périls bien plus grands l'appelaient ailleurs, et il ne pouvait récuser ceux-ci pour accepter ceux-là. Nommé, *le jour de Pasques-Fleuries*, 28 mars 1414, garde-oriflamme de France, il avait d'abord refusé cet honneur, alléguant son extrême vieillesse; mais le roi avait insisté, et deux vaillants chevaliers, Jehan Martel son fils, et le seigneur de Saint-Clair, lui avaient été adjoints, à titre d'*aides*, pour porter la bannière royale; il avait donc été forcé d'accepter. Mais, quand eut sonné l'heure des combats, oh! alors le vieux lion retrouva toute la mâle énergie de ses jeunes et vertes années. A d'autres le soin de s'enfermer dans de hautes et épaisses murailles, mais à lui les vastes plaines couvertes de bataillons; à lui la mêlée avec ses sublimes horreurs, les cris des combattants, le fracas des armes, les ruisseaux de sang, les cadavres roulant épars dans la poussière; à lui les derniers efforts, les derniers vœux, les derniers soupirs de ceux qui meurent pour leur roi et pour la France; à lui de planer au-dessus de cet affreux chaos, brillant comme un phare protecteur, inébranlable comme un vieux rocher au sein des vagues irritées, brandissant et élevant d'une main l'étendard sacré autour duquel viennent se réunir tous les enfants d'une même patrie, et de l'autre main frappant du glaive de la mort tout imprudent étranger qui oserait porter sur le *palladium* français un bras impie et téméraire!.. — Il ne termina donc pas sa carrière, paisiblement, dans ses foyers, comme l'ont avancé quelques chroniqueurs, car il périt en cette même année 1415, le 25 octobre, sur le champ de bataille d'Azincourt, en y défendant, avec son fils, l'antique et sainte oriflamme, *qui luy auoit esté baillée*, dit un historien, *comme au plus brave et au plus preudhomme qui feust oncques parmi les cheualliers.* Son corps ne put être rapporté à Bacqueville, puisqu'il fut impossible de le reconnaître au milieu des innombrables cadavres qui jonchaient la terre, et dont les corbeaux et les loups, après le départ des Anglais, se hâtèrent de faire leur pâture[1].

---

[1] Sur plusieurs actes qui nous sont restés de ce seigneur, on voit l'écusson des Martels entouré *d'une bordure chargée de besans*, ayant pour cimier *une tête de lion dans un vol*, pour supports *deux lions assis*, et pour légende : *Guillialme Martel.*

Ce héros avait épousé Mahaut d'Estouteville, dame de Rames, laquelle était fille unique et héritière de Robert d'Estouteville et de Marie de Villequier. Il avait eu trois fils : 1°, Jehan Martel, II° du nom, dont l'article suit; 2°, Louis Martel, seigneur d'Angerville, chevalier et chambellan du roi, vivant en 1430; et 3°, Jehan Martel, seigneur de Lindebeuf.

Jehan II Martel de Bacqueville, seigneur de Glisolles près Evreux, chevalier, chambellan du roi, etc., fut tué en 1415, dans la malheureuse journée d'Azincourt, en défendant, avec son vieux père, le drapeau de la patrie. Il avait épousé, le 18 juin 1403, Guillemette de la Rocheguyon, fille de Guy de la Rocheguyon, grand-pannetier de France. Il en avait eu : 1°, Jehan Martel III de Bacqueville, dont nous parlerons dans quelques instants; et 2°, Jacqueline Martel de Bacqueville, mariée à Jean de la Heuze, seigneur d'Écotigny, morte le 13 novembre 1472.

La valeur que Jehan II Martel et son père avaient déployée contre les Anglais, fut cause qu'en 1418, nos éternels ennemis d'outre-mer, s'étant emparés de Bacqueville, y mirent tout à feu et à sang. Le château des Martels, situé au milieu de la vallée, ceint d'un double rang de murailles, et défendu de tous côtés par les eaux de la rivière de Vienne, offrait aux envahisseurs un point d'appui d'autant plus précieux que, réuni aux forteresses de Lammerville, de Brachy, de Longueil, de Hautot, d'Arques, de Charles-Mesnil *(Manéhouville)*, de Longueville, de Torcy, de Bures, de Bellencombre et d'Auffay, toutes situées dans le voisinage, ce château formait avec elles une ligne de forts détachés, de formidable défense. Cette ligne pouvait retenir à jamais sous le joug les habitants de Dieppe et de Neufchâtel.

Cependant, des lettres-patentes du duc de Bethford, données au nom de Henri VI, roi d'Angleterre, et portant date du 18 décembre 1425, nous prouvent qu'à cette époque *les chastel, ville, terre et seigneurie de Basqueville audit Caulx*, furent rendus à Jehan III Martel, leur légitime propriétaire.

Rentré ainsi en possession de la seigneurie de Bacqueville, Jehan III Martel s'en vit de nouveau dépouillé en 1435, sous prétexte d'avoir favorisé l'insurrection des paysans cauchois contre le roi d'Angleterre. Il ne redevint propriétaire de Bacqueville qu'en 1449. Il épousa, vers 1436, Jeanne Martel de Lindebeuf, sa cousine, et veuve, en premières noces, de Jean de Vassy. Le sire de Bacqueville vivait encore en 1458. Il avait eu deux enfants: 1°, Jehan IV Martel, sire de Bacqueville, dont l'article suit; et 2°, Guillemette Martel de Bacqueville, morte sans postérité.

Jehan IV Martel, chevalier, seigneur de Bacqueville, épousa Renée Malet de Grâville, sœur de Louis

Malet de Grâville, amiral de France. Ce seigneur n'existait plus en 1477. Il avait eu cinq fils et deux filles.

François Martel, l'aîné des fils, seigneur de Bacqueville, étant mort, en 1500, sans laisser de postérité, Antoine Martel, le premier de ses frères, lui succéda dans toutes ses terres et seigneuries.

Devenu ainsi propriétaire de Bacqueville par la mort de son aîné, Antoine Martel l'était devenu également de la terre d'Anglesqueville par la donation que lui en avait fait sa mère en 1477. En 1490, il avait été chargé par Charles VIII de procéder au recrutement de la marine royale, et, en 1496, il commandait un vaisseau sous les ordres de l'amiral de Grâville, son oncle maternel. Le sire de Bacqueville mourut vers 1518, laissant d'Isabeau Massé, sa femme : 1°, Léonard Martel, qui mourut jeune; et 2°, Charles Martel, dont nous parlerons ci-après.

A cette époque il se trouvait trois fiefs seigneuriaux sur le territoire de Bacqueville, savoir : 1°, le fief des Martels proprement dit; 2°, le fief de Pierreville; et 3°, le fief du Tilleul.

Dès 1503, le fief de Pierreville possédait une chapelle dite *de Sainte-Eutrope*. Suivant un aveu de l'an 1610, c'était aux châtelains de Bacqueville qu'appartenait le patronage de cette chapelle, qui, tombant de vétusté, fut remplacée, quelques années avant la révolution, par celle qui existe encore de nos jours, et que desservent actuellement les vicaires de Bacqueville. C'est également sur Pierreville, que se trouvaient autrefois les fourches patibulaires de la haute justice de la baronnie de Bacqueville[1].

Le fief du Tilleul, situé au hameau du même nom, possédait également, et dès 1509, une chapelle dite *de Saint-Aubin*. Comme le Tilleul, suivant un aveu du 19 octobre 1700, était un quart de fief de Haubert, dont la motte ou chef-mois, située sur Bacqueville, avait originairement appartenu aux Martels, le patronage de cette chapelle était alternatif entre les propriétaires du Tilleul et les sires de Bacqueville, qui plaidèrent long-temps à ce sujet, comme on le voit par différents actes des années 1577, 1600 et 1608. Il y a peu d'années, la terre du Tilleul appartenait au frère de ce fameux Le Pelletier de Saint-Fargeau qui, après avoir voté la mort du malheureux Louis XVI, fut tué au Palais-Royal, par le garde du corps Philippe-Nicolas de Paris.

Charles Martel, Ier du nom, devenu seigneur de Bacqueville par la mort de son frère aîné, fut colonel du régiment d'Infanterie-Bacqueville, gouverneur du Hâvre, etc. Marié d'abord, en 1523, à Louise de Balzac, fille de Pierre de Balzac d'En-

---

[1] Pierreville doit incontestablement son nom à une voie romaine dont on retrouve les traces, parfaitement conservées, sur ce hameau.

tragues et d'Anne Malet de Grâville, il épousa, en secondes noces, Marie d'Yaucourt, fille de Jean d'Yaucourt et de Marie d'Abbeville. De son premier mariage, il eut : 1°, Nicolas Martel, dont l'article suit ; 2°, Antoine Martel, seigneur de la Vaupillière, dont nous parlerons par la suite ; 3°, Guillaume Martel, abbé de Saint-Josse-sur-Mer ; et 4°, François Martel, seigneur d'Hermanville, mort sans alliance. Du deuxième lit sortirent : 1°, François Martel, seigneur de Lindebeuf, dont les descendants existaient encore il y a peu d'années ; 2°, Charles Martel, seigneur de Rames, qui épousa Joachime de Rochechouart-de-Jars ; 3°, Charlotte Martel, mariée à Laurent Puchot de Gerponville ; et 4°, enfin, sept autres filles, mariées à différents seigneurs de Saint-Denis-le-Vaast, Blainville, etc., etc.

Nicolas Martel, seigneur de Bacqueville, épousa Jeanne Sécrétain, dame de Cany, dont il eut Charles Martel, IIe du nom, dit *Bec-de-Lièvre*.

Ce dernier, plus connu sons le nom de *Baron de Bacqueville*, fut tué à la bataille d'Arques, en 1589. La terre de Bacqueville retourna alors à Charles III Martel, son cousin, fils d'Antoine Martel de la Vaupillière, dont nous avons parlé plus haut, et de Catherine de la Roche.

A l'époque des guerres du Protestantisme, le sire de Bacqueville embrassa et défendit avec une extrême ardeur le parti de la Réforme. La plupart des habitants du bourg, et surtout ceux des environs, l'imitèrent. Cependant, les Bacquevillais proprement dits ne tardèrent pas à rentrer sous le joug de la véritable religion : mais leur seigneur, nommé gouverneur de Dieppe en 1563, continua de lutter à la tête des Calvinistes. Aussi, les malheurs de la Ligue étant bientôt venus remplacer les horreurs de la prétendue Réforme, la terre de Bacqueville eut-elle à souffrir tout ce que les guerres civiles peuvent apporter avec elles de calamités. L'église et le bourg de Bacqueville, pillés et en partie saccagés par les Ligueurs en 1589, furent de nouveau rançonnés au mois de février 1591, par les partisans de Henri IV, presque tous protestants. L'année suivante, au mois de mai 1592, Fontaine-Martel, l'un des proches parents du sire de Bacqueville, vint à son tour, avec le chevalier d'Auches et une troupe assez considérable de Ligueurs, attaquer le château fort qui se trouvait sur les bords de la Vienne. Cependant, ils ne purent parvenir à s'en emparer, mais le bourg de Bacqueville fut pillé de nouveau.

Charles Martel de la Vaupillière prit le titre de baron de Bacqueville. Il avait cinq sœurs, dont l'une se nommait Catherine, l'autre Adrienne, la troisième Marguerite, la quatrième Charlotte et la cinquième Françoise. Le baron de Bacqueville étant mort fou, c'était à Catherine Martel, sa sœur aînée, laquelle avait épousé Samson de Saint-Germain, que devait retourner l'héritage paternel; mais cette dernière étant morte sans laisser d'enfants, ce furent les quatre dernières sœurs qui reçurent la terre de Bacqueville, que, d'un commun accord, elles donnèrent à Henri Martel de Rames, leur cousin, fils de Charles Martel de Rames et de Joachime de Rochechouard.

Le 28 novembre 1618, le roi Louis XIII, accompagné du duc d'Orléans, son frère, et de plusieurs grands de sa cour, passa par Bacqueville, en se rendant de Rouen à Dieppe. Le sieur de Villers-Oudan, gouverneur de cette dernière ville, vint y chercher le monarque, à la tête de trente jeunes gens vêtus d'un magnifique uniforme.

Henri Martel épousa Catherine Guillebert, dont il n'eut pas d'enfants. Il mourut en laissant beaucoup de dettes, et ses créanciers vendirent, le 17 mai 1694, la terre de Bacqueville à Jean-Baptiste Boyvin de Bonnetot, seigneur de Cottévrard, et premier président à la Cour des Comptes de Normandie. Nous pensons que c'est en faveur de ce riche propriétaire que la baronnie de Bacqueville fut érigée en marquisat par Louis XIV [1].

---

[1] C'est à tort que quelques auteurs ont dit que la terre de Bacqueville-la-Martel avait été érigée en comté par lettres-patentes de

Jean-Baptiste Boyvin avait épousé, en 1680, Jeanne-Marie Malet de Grâville, dont il eut : 1°, Jean François Boyvin, dont l'article suit ; 2°, Marguerite-Jeanne Boyvin, mariée à Nicolas-Pierre-Camus de Pontcarré, premier président du Parlement de Rouen ; et 3°, Madeleine-Catherine Boyvin, mariée à Étienne d'Aligre, chevalier, seigneur de la Rivière-Boislandry, conseiller du roi, et second président du Parlement de Paris.

Jean-François Boyvin, chevalier, marquis de Bacqueville, seigneur de Bonnetot et de Cottévrard, colonel du régiment d'Infanterie-Bacqueville, etc., épousa, en 1714, Pulcherie de Chatillon. Après sa fin tragique, occasionnée par son état de démence[1], les terres de Bacqueville, Bonnetot et Cottévrard, passèrent à Alexis-Madeleine-Paul Boyvin, son fils.

Ce dernier étant mort à son tour, au mois de novembre 1796, sans laisser de postérité, la terre de Bacqueville passa en héritage à Mme de Suffren, née de Goësbriand, laquelle vendit cette terre à un nommé Moinet, banquier à Paris. Ce dernier revendit Bacqueville à un sieur Varnier, agent d'affaires à Rouen, des mains duquel cette terre, considéra-

---

Louis XIV, données, au mois de septembre 1660, en faveur de Jean-Louis Faucon de Ris. Ces écrivains ont confondu Bacqueville en Caux avec Bacqueville en Vexin (*arrondissement des Andelys*).

[1] Il mourut presqu'entièrement consumé par les flammes, lors de l'incendie de son hôtel, à Paris.

b!ement morcelée, passa successivement à **M.** Rion, puis au sieur Ledier, lequel en est encore aujourd'hui propriétaire en partie.

Il y a quelques années, on voyait encore les restes de la féodale résidence des Martels : huit tourelles et quelques bastions attestaient encore l'importance de ce noble castel, qui fut assiégé inutilement par les Ligueurs au mois de mai 1592. Aujourd'hui, il ne reste plus rien de cet ancien fort, pas même une trace.

Le château actuel a été construit plusieurs années avant la révolution, par M. Boyvin de Bonnetot, marquis de Bacqueville. La chapelle des anciens seigneurs est encore debout en partie ; elle n'offre rien d'intéressant.

Au commencement du XVIIIe siècle, Bacqueville, plusieurs fois détruit par les guerres des âges précédents, ne présentait, quoique considérablement agrandi, qu'une agglomération de maisonnettes en bois, recouvertes de chaume. Une halle à blé, construction gigantesque d'une époque dépourvue de goût et d'aisance, s'élevait, comme une vaste forêt, au milieu de la grande place. Deux autres petites halles se trouvaient à peu de distance. Comme ces halles étaient de même nature que la précédente, l'aspect triste et monotone de la place de Bacqueville n'était guère interrrompu, durant l'été que par un rang de maronniers, dont l'épais et vert feuillage procurait, chaque année, aux habitants voisins de cette même place, une ombre d'une délicieuse fraîcheur, d'un prix inestimable. Malheusement, le 8 juin 1719, jour de la fête du Saint-Sacrement, un individu s'amusait à tirer des pétards en l'honneur de la procession, qui défilait en ce moment par les rues et carrefours. Cet homme eut la maladresse de lancer une de ses fusées sur le large manteau de paille qui abritait la halle au blé contre la violence de ces coups de vent dont le bourg de Bacqueville est si souvent la victime. Le pétard s'attache à la paille, le chaume s'allume, le feu gagne la halle aux bouchers, puis la halle aux toiles, et, en quelques instants, l'incendie devient général. Le troisième jour, les cendres fumaient encore. Le vent avait soufflé avec tant d'impétuosité, que des flamèches furent portées, jusqu'à plus de deux lieues de là, dans la plaine. Le désastre fut complet. L'église, située au penchant de la colline; le grand calvaire, placé au bas du marché; le poteau ou pilori seigneurial; une grange et une dixaine de maisons, voilà tout ce qui resta d'un bourg dont les destins, depuis plusieurs années, s'annonçaient devoir être plus heureux[1].

[1] Les registres de l'état civil, sous la date du 9 juin 1719 (lendemain de l'incendie), nous apprennent que deux mères de famille et une

Les habitants de Bacqueville, réduits au plus affreux état de misère, commençaient à peine à sortir de leur ruine, lorsqu'un nouvel incendie vint les plonger encore une fois dans le malheur et la consternation. Cette fois là, l'église faillit devenir la proie des flammes; mais, comme les murs de cet

autre femme, non mariée, âgée de 34 ans, trouvèrent la mort dans cette déplorable journée. La première était la femme d'un nommé Nicolas Le Prevost, et la seconde celle de Nicolas Héron. La troisième, appelée Marguerite Falue, avait été presqu'entièrement consumée par les flammes.

Les habitants de Bacqueville qui perdirent le plus dans cet incendie, furent les nommés Héron, Catel, Cousin, Auzou, Lambert, Lejenne, Lemarchant, Lamotte, Collay, Masse et Michaux.

Un prédicateur nommé N..., qui se trouvait alors à Bacqueville, composa sur ce malheureux événement un poème qui, jusqu'à ce jour, est resté inédit, mais dont on possède encore à Bacqueville plusieurs copies, plus ou moins complètes, plus ou moins altérées, mais toutes fort inexactes. Voici quelques fragments de ce poème, fort bizarre du reste :

> Des cendres, des charbons et des argiles cuites ;
> Des murs, débris hideux des demeures détruites ;
> Des meubles entassez, sans foyers ni maisons ;
> De gros arbres noircis, de longs rangs de tisons ;
> Un terrain decouvert ou n'offrant que ruine,
> C'est ce que nous voyons du bourg sur la colline.

Les vers suivants, où l'auteur fait la description de l'incendie de Bacqueville, ne nous paraissent pas dépourvus de mérite :

> Tout pétille de feu, la paille et les graviers ;
> Quoiqu'éloigné, je sens la chaleur des brasiers...
> Déjà la Halle aux bleds est renversée à terre ;
> On l'eût dite solide, elle sembloit entière
> Quand auprès je passai : mais, consumé de feux,

édifice, solidement construits en pierre de taille et en grès, présentent une enceinte capable de résister même aux plus terribles atteintes d'un feu violent, on n'eut à déplorer que la destruction d'une grande partie de la toiture et quelques boiseries du bas de

> Son toit, en gemissant, s'écroula sous mes yeux...
> Avec ses mille bras, la pâle bourgeoisie
> Veut arrêter du feu la fréquente saillie ;
> On a recours aux crocs : ils se trouvent si lourds,
> Qu'on ne peut s'en servir ; la flamme suit son cours...
> Quelles noires vapeurs ! quels affreux tourbillons !
> Quels rochers de fumée offusquent les maisons !
> Quels éclats de lumière au milieu des fumées !
> Quelles langues de feux en spirale allongées !
> Partout un rouge ardent au loin lance ses traits,
> Disparaît un instant pour mieux briller après...
> Comme si Bacqueville étoit fait de salpêtre,
> On voit, à tous moments, différents feux paraître.
> Le travers du marché se réduit en tisons ;
> A chacun des cotez la flamme est aux maisons.
> Je recule, et le feu semble vouloir me suivre ;
> Les logis, qui sont joints, le font toujours revivre.
> Trois longs rangs de brasiers font un affreux circuit,
> Et, parmi tant d'horreurs, l'espérance s'enfuit....
> L'incendie engloutit toute une rue entière :
> Sa furieuse ardeur, faisant tout petiller,
> En menaçant le ciel, forme un chaos dans l'air...
> La grande place, au loin, semble un vaste océan,
> Dont la flamme à longs flots cache le fond béant.
> C'est un fort, dont le feu compose les arcades,
> Dont deux cents toits brulans forment les barricades ;
> Lit digne de Satan, fournaise de Vulcain,
> Dont pour tracer l'horreur je ne rime qu'en vain...
> C'est l'Empire du Feu, c'est Sodome, c'est Troie,
> C'est Rome sous Néron au feu donnée en proie,
> C'est, du temps des Romains, Jérusalem en feux ;
> C'est l'enfer, dont l'image épouvante mes yeux.

la nef et des chapelles latérales. Quant aux habitations particulières, le dommage fut plus considéble. Il est vrai de dire, cependant, que ce nouvel incendie fut loin d'égaler le premier; mais, si le dernier laissa dans les esprits un souvenir moins douloureux, il n'en est pas moins vrai aussi que ce ne fut qu'après plus de dix années de peines et de sacrifices inouïs, que les victimes de cette double catastrophe commencèrent à sortir de la situation fâcheuse où elles étaient plongées.

Aujourd'hui, le bourg de Bacqueville est rayonnant de jeunesse et de vie. De nouvelles et importantes constructions s'y élèvent de jour en jour. Le commerce, l'agriculture et l'industrie y apportent en commun leurs bienfaits, et tout fait espérer à ses habitants un avenir de prospérité et de bonheur.

On remarque à Bacqueville l'église paroissiale, l'hôtel de la mairie et les nouvelles halles. Ces dernières constructions ne se sont élevées que depuis peu d'années. Quant à l'église, nous ne croyons pouvoir mieux faire que de publier ici la description, si pittoresque et si originale, qu'en a donnée, il y a déjà plus d'un siècle, le spirituel et satirique abbé N... :

> S'élève à Bacqueville un temple magnifique :
> Entrent dans son entour et le grais et la brique ;
> La nef, large au milieu, a, de chaque côté,

Autels où quelque saint se trouve respecté.
Le chœur est clair et long, et sa largeur est grande ;
Un autel, à grands frais élevé, lui commande :
C'est un corinthien, d'un habile sculpteur ;
Il est fait en portique, et plaît par sa hauteur.
Un pavillon, au bas, contient nos saints mystères,
Polis, bien achevez, ouvrages nécessaires.
Les anciens Martels, seigneurs de ce pays,
Dans ce temple, à quartier, dorment ensévelis.
Ce qui distingue encor ce fameux édifice,
C'est de son haut clocher l'admirable artifice :
On le voit, d'un côté, bossu, contreventé [1] ;
De l'autre, il est tout droit ; et, ceci concerté,
En le voyant de loin, on jugeroit qu'il penche,
Comme un boiteux qui marche en inclinant la hanche [2].

Le mercredi de chaque semaine, il se tient à Bacqueville un très-fort marché aux grains. Il s'y tient aussi quatre foires par an, savoir : le 2ᵉ mercredi de février, le 2ᵉ mercredi de mai (dite *de la Troterie*), le 2ᵉ mardi de juillet (*deux jours*), et, enfin, le 12 novembre. Deux de ces foires ne sont que peu suivies, mais les deux autres sont assez considérables. Le principal commerce de celles-ci consiste en grains, bestiaux, toiles et merceries.

Le bourg de Bacqueville et ses environs fabriquaient autrefois beaucoup de serges et de toiles à

[1] Percé de grandes fenêtres abritées, connues sous le nom de *controvents*.
[2] On remarque, dans le chœur de l'église de Bacqueville, une assez jolie châsse, ornée de dorures et de pierreries, dans laquelle est renfermée la tête de saint Crescent, martyr. Cette châsse se voyait autrefois dans l'église des Carmélites de Dieppe. C'était le pape Benoît XIV qui leur avait fait don de cette relique en 1746.

matelas, ainsi que des coutils. Ce dernier genre de fabrique est encore suivi dans quelques communes du canton. Avant l'incendie de 1719, Bacqueville possédait aussi une clouterie, qui paraît avoir été assez importante. Cette clouterie n'a jamais été rétablie depuis.

La population actuelle de Bacqueville est de 2,485 habitants.

Canton de Bacqueville.

Ce canton renferme 25 communes, et 17,507 habitants.

Saane-Saint-Just. Située sur la rivière de Saâne, à 5 lieues 1/2 (sud-ouest) de Dieppe, et 1 lieue 3/4 (sud-ouest) de Bacqueville, cette commune, formée des deux anciennes paroisses de Saint-Just-sur-Saâne et de Saâne-le-Bourg, se trouve sur l'antique voie de Bacqueville à Doudeville. Toute cette contrée est fort riche en antiquités gauloises et romaines. Les bords de la vallée de la Saâne sont semés de briques, de tuiles et de médailles. On y a découvert, sur plusieurs points, un grand nombre de tombeaux en pierre ou en plâtre, ayant forme d'auge. Presque toutes les crêtes des collines voisines, depuis la mer jusqu'à Varvannes, sont couronnées de fossés ou de retranchements, dont l'origine est entièrement inconnue. Gueures, Avremesnil, le Gourel, Saint-Ouen, Biville, Saâne-le-Bourg et Auzouville présentent des traces de ces anciens retranchements. Quelques-uns sont des mottes ou tombelles, destinées visiblement à correspondre avec d'autres mottes situées sur Saint-Laurent, Bénesville, Vicquemare-Prétot, Doudeville, etc., etc.[1]. — Saâne-le-Bourg doit son nom à la rivière qui l'arrose, et son surnom nous prouve que cette commune a été autrefois beaucoup plus importante qu'elle ne l'est aujourd'hui. Vers la fin du XIe siècle, un seigneur, nommé Gilbert, dont la femme voulut se rendre religieuse dans l'abbaye de Saint-Amand de Rouen, donna à ce sujet, à ce monastère, les églises de Lamberville, Saint-Ouen-le-Mauger, Herbouville, Saâne-le-Bourg, etc., etc., avec tous les droits, dîmes et revenus qui s'y trouvaient attachés. Le pape Célestin III confirma toutes ces donations par une bulle

[1] Sur Thiédeville, commune voisine de Saâne-Saint-Just, un éboulement de terrain survenu à la suite de la fonte des neiges, durant l'hiver de 1829-1830, amena la découverte de plusieurs objets antiques, qui malheureusement ont été dispersés et détruits, et notamment d'une immense quantité d'ossements humains. Un témoin oculaire de cette découverte nous a affirmé que la masse de ces ossements eût pu facilement remplir quinze *banneaux* ou tombereaux de campagne. « A Thiédeville, sur la Saâne, dit aussi notre savant confrère M. Emmanuel Gaillard, les tuiles abondent : et à tel point, qu'il s'y fait un commerce de ciment aux dépens de ces restes romains. »

de l'an 1195. Il est juste, cependant, de dire qu'originairement le bourg de Saâne n'était qu'un simple hameau de la paroisse d'Herbouville; ce hameau avait une chapelle dédiée à *saint Saëns*. Après la cession que leur avait faite le sire Gilbert, les religieuses de Saint-Amand établirent dans ce même village un prieuré de leur ordre *(bénédictines)*, et la vieille chapelle de *Saint-Saëns* quitta son ancien nom pour prendre celui de la *Sainte-Vierge*, que l'abbaye de Saint-Amand avait choisie pour patrone. Ce prieuré subsista long-temps comme dépendance de la paroisse d'Herbouville[1]; mais, vers l'an 1240, à la suite d'un démembrement de cette paroisse, la population du village de Saâne s'étant considérablement accrue, ce village fut à son tour érigé en paroisse avec titre de bénéfice, et son église servit tout-à-la fois aux habitants du lieu et aux religieuses. Cet état de choses dura jusqu'en 1337, époque où la prieure Nicolle de Saint-Laurent, voulant laisser libre le reste de l'église pour le peuple, fit construire, sur l'un des côtés de cette même église, une vaste chapelle où les religieuses chantèrent leurs offices. Cette

---

[1] C'est à tort que, dans quelques titres et aveux, on a placé sur Saint-Just le monastère des dames religieuses dont nous parlons. Cet établissement n'a jamais été sur Saint-Just, et, s'il est vrai que l'on ait trouvé en cette dernière paroisse des restes considérables de constructions antiques, il n'est pas moins vrai que, sous le rapport du prieuré, elle a été confondue avec celle du bourg de Saâne.

chapelle fut dédiée sous l'invocation de *sainte Catherine*, ce qui fit que par la suite le nom de cette sainte fut celui que porta le prieuré de Saâne. La chapelle dont nous parlons fut déclarée titulaire par le pape en 1362; mais, l'année suivante, il intervint un jugement qui annula cette déclaration. Bientôt, cependant, les religieuses de Saâne accomplirent toutes les formalités légales, et un nouveau bref du Saint-Siège fut promulgué en leur faveur. Ruiné à la suite des guerres, le prieuré de Sainte-Catherine de Saâne n'existe plus depuis long-temps [1]. — Saint-Just, aujourd'hui réuni à Saâne-le-Bourg, était une paroisse fort ancienne. C'est sur cette paroisse que se trouvait le noble et antique fief de *Saâne*, qui donnait à ses possesseurs le droit de nommer non-seulement les curés de Saint-Just, mais encore ceux de Reuville, de Bonnetot et de Tocqueville-du-Petit-

[1] Cependant, ce prieuré était toujours en titre dans l'abbaye de Saint-Amand de Rouen. Suivant un aveu du 18 juin 1674, cette abbaye jouissait encore, à cette époque, de tous biens, droits et revenus attachés à cet établissement, à l'église paroissiale, au fief seigneurial et à la chapelle dont nous venons de parler. Seulement, l'abbesse de Saint-Amand avait soin d'entretenir au bourg de Saâne un chapelain et deux sœurs converses; mais, à partir de 1676, on supprima ces trois bénéfices, et l'on se contenta, pour la forme, de nommer une prieure qui, tout en résidant dans l'abbaye de Saint-Amand, n'en recueillait pas moins les énormes dîmes du bourg de Saâne. Depuis 1676, il n'y eut donc plus dans ce dernier endroit ni religieuses, ni bâtiments réguliers; ces derniers, qui étaient encore assez importants, tombèrent faute de réparations ou furent démolis en partie.

Caux[1]. C'était Guillaume de Saâne, seigneur de ce fief, et natif de Saint-Just, qui avait établi à Paris le *Collège des Trésoriers*. Il y fonda, au mois de novembre 1268, vingt-quatre bourses pour des écoliers originaires du pays de Caux. Douze de ces écoliers devaient être étudiants en théologie, et les douze autres étudiant les arts ou les sciences. Nous ignorons l'époque de la mort de cet homme généreux, l'une des lumières de son siècle[2]. —La popu-

[1] Colart de Saâne, seigneur de Saint-Just, disputa long-temps aux archevêques de Rouen le droit de nommer les curés de Gonnetot et de Tocqueville-du-Petit-Caux. Cette querelle avait déjà été soulevée plusieurs fois par Roger de Roncherolles en 1207, par Gaultier de Laistre en 1253, par Guillaume de Bertreville en 1313, par les héritiers de Marguerite de Longueil en 1315, etc., etc. Tous avaient été obligés de renoncer à leurs prétentions. Colart de Saâne continua seul le procès, et, quoique dès 1351, il eût été contraint d'abandonner le patronage de Gonnetot, que Jean Martel de Longueil, sire de Lanquetot, vint à son tour réclamer, il n'en persista pas moins, au sujet du patronage et des dîmes de Tocqueville, alors fort considérables, à lutter de toutes ses forces contre la puissance colossale des archevêques de Rouen. Son procès durait encore en 1384; mais ni lui ni ses successeurs, durant plus de trois cents ans, ne purent parvenir à le gagner entièrement. Le patronage de Tocqueville fut déclaré alternatif entre les parties, comme nous le prouve un aveu de l'an 1669; mais, depuis cette dernière époque, les seigneurs de Saâne-Saint-Just finirent par l'emporter, et, jusqu'à la révolution, ce furent eux seuls qui nommèrent les curés de Tocqueville.

[2] Voici ce que dit, au sujet de Guillaume de Saâne, le père François Pommeraye, dans son *Histoire des Archevesque de Roven*, page 485 :

« Environ deux mois après la mort d'Odo Rigaut, le chapitre s'estant assemblé le 9 septembre de l'an 1275, eleut pour archevesque Guillaume de Saana, tresorier de Roüen ; mais parcequ'il

lation actuelle de Saâne-Saint-Just est de 211 habitants.

Brachy, sur la rivière de Saâne, à 4 lieues (sud-ouest) de Dieppe, et 1 lieue 1/4 (nord-ouest) de Bacqueville, doit tirer son nom de la langue celtique[1] ; ce nom signifie un *pont*, un *gué*, un *passage*, si toutefois il n'est pas formé du mot *Bray*, boue, fange, limon. D'après un accord du 25 juin 1210, c'était aux chanoines de la cathédrale de Rouen que les sires de Brachy-sur-Saâne, qui étaient en même temps seigneurs de Manneville-la-Goupil, devaient présenter les sujets destinés à la cure de ces deux

---

se trouva qu'il auoit possedé en mesme temps, outre la trésorerie, plusieurs autres dignitez sans dispence, le pape Gregoire X luy conseilla de renoncer à l'élection qu'on auoit faite de sa personne. A quoy ce chanoine défera par un motif d'obeissance et de vertu, car il a laissé de belles marques de piété, et il eut soin d'expier par des fondations fort vtiles au public, et par d'autres œuvres de charité, la faute qu'il auoit commise en tenant ainsi plusieurs benefices. Sa Sainteté permit au chapitre de choisir vn autre pasteur ; ce qu'il fit le lundy d'après le troisieme dimanche de caresme de l'an 1275. Les suffrages de près des deux tiers du chapitre furent pour messire Guillaume de Flauacour... »

[1] Brachy, en effet, doit remonter à une époque assez reculée. La tradition place une ville romaine entre cette commune et Greuville. Cette ville, que les habitants appellent *Bosvée* ou *Beauvais*, s'étendait, disent-ils, depuis Brachy jusqu'à la *Croix de Beauvais*, sur Greuville. On nous a également affirmé qu'il avait été recueilli entre ces deux points beaucoup de fragments de tuiles et de poteries, ainsi que des meules antiques, rondes, fort bombées, assez petites et percées d'un trou.

paroisses, dont ces mêmes chanoines possédaient les deux tiers des dîmes. Ce mode de nomination était précisément le même que celui qui était suivi pour les curés de Luneray. On voit, en effet, qu'en 1267, le sire de Brachy choisissait, pour desservir cette paroisse, un prêtre, qu'il présentait d'abord au chapitre métropolitain, lequel le présentait à son tour à l'archevêque de Rouen, qui seul alors lui conférait la dignité curiale. Cinquante ans après, c'étaient les Martels de Bacqueville qui possédaient la seigneurie de Brachy. En 1334, pendant la minorité du jeune Martel de Bacqueville, ce fut Philippe, roi de Navarre, auquel appartenaient les comtés d'Évreux, d'Angoulême, de Mortain et de Longueville, qui nomma le curé de la paroisse de Brachy. Guillaume Crespin, baron de Dangu, ayant épousé Agnès de Trie, veuve de Guillaume Martel de Bacqueville, devint ainsi seigneur et patron de *Sanct-Martin de Braeschy*. Dans une lettre écrite par lui au sujet de la nomination d'un curé de cette paroisse, il dit que *le patronage appartenait à Martel de Bacqueville, la présentation au chapitre de Rouen, et la collation à l'archevêque*. — Brachy était anciennement le chef-lieu d'un doyenné rural, qui comprenait cinquante-une paroisses des environs, parmi lesquelles on remarque celles du Bourg-Dun, de Fontaine-le-Dun, de Hautot-sur-Dieppe, Longueil,

Luneray, Offranville, etc. — On voit encore, dans les bois de Brachy, appartenant à M. de Crèvecœur, les dernières traces de l'antique manoir des sires de Brachy. La maison du fermier de cette propriété est également digne d'attention. — A Brachy, dans l'hôtel de la mairie, il existe une bibliothèque populaire, fondée par souscription. Cette bibliothèque est composée d'environ six cents volumes, moitié catholiques et moitié protestants. La population de Brachy est de 291 habitants[1].

LUNERAY, à 3 lieues 3/4 (sud-ouest) de Dieppe, et 2 lieues (nord-ouest) de Bacqueville, est appelé en latin, dans les registres de l'archevêché de Rouen, de l'an 1461, *Lune Regis* : mais, dit le bénédictin Duplessis, la terminaison *rai* doit être traduite en latin par *racum*, ou peut-être par *redum*. Quant à nous, notre opinion est que Luneray tire son nom d'un de ces retranchements antiques de forme circulaire, que les Romains nommaient *Luna* ou *Lunœ*, et qui étaient généralement désignés, dans le moyen-âge, sous la dénomination de *Tours de pressoir*. Les dépar-

---

[1] Saint-Ouen-sur-Brachy, dans la vallée de la Saâne, avait, dès 1119, une église qui, du temps de Gaultier de Coutances, archevêque de Rouen, fut donnée, ainsi que celle de Greuville, par Audoul de Brachy, à l'abbaye de l'Ile-Dieu. Suivant une déclaration du 1er novembre 1484, c'était encore, à cette époque, le monastère dont nous parlons qui nommait les curés et touchait les grosses dîmes de la paroisse de Saint-Ouen.

tements de la Somme, de la Seine-Inférieure, de l'Eure et toutes les contrées voisines de la mer, sont pour ainsi dire semés de ces enceintes circulaires, dont l'origine appartient incontestablement à l'époque gallo-romaine. Le retranchement de Luneray, de forme absolument semblable à celle dont nous parlons, existait encore il y a quelques années [1]. C'est à peu de distance de ce retranchement, au hameau de Ronchay, à l'est et à un quart de lieue environ de l'église catholique de Luneray, que l'on trouva, il y a huit ou neuf ans, sur la propriété d'un sieur Giffard : 1°, un vase en verre, de forme parfaitement carrée, rempli d'ossements humains en partie brûlés et concassés : ce bocal était renfermé dans un autre grand vase de terre ; 2°, plusieurs petits vases de terre et de verre, de différentes formes, grandeurs et couleurs ; 3°, une figurine en terre cuite, représentant une Latone, tenant deux enfants entre ses bras ; 4°, plusieurs médailles antiques, dont une de *Claudius* ; et 5°, enfin, de nombreux fragments de briques, de tuiles et de poteries romaines. La plu-

---

[1] C'était probablement avec le camp de Luneray que correspondaient les fameuses *mottes d'Auppegard*, situées, au nombre de trois, entre Auppegard et Colmesnil. Noel, dans ses *Essais sur le département de la Seine-Inférieure*, pense que les mottes d'Auppegard doivent être de *keep* normands, buttes de terre fort élevées qui se trouvaient à l'extrémité des châteaux forts. Noel ajoute que l'on voit encore beaucoup de ces *keep* en Angleterre, à Hedingham (comté d'Essex), à Walden, etc., etc. ; quelques-uns sont creux.

part de ces objets ont été déposés à la bibliothèque publique de Dieppe. Du point où ils ont été exhumés, on découvre parfaitement, sur la surface du sol, l'ancienne trace de l'enceinte circulaire dont nous avons parlé plus haut. Ces antiquités ne sont pas les seules que l'on ait recueillies sur Luneray. Suivant les renseignements qu'à bien voulu nous transmettre M. Daniel Lardans, maire de cette commune, un nommé Jean Hoinville y avait découvert, au mois d'octobre 1827, au nord-est de l'église, 1°, plusieurs hachettes celtiques en silex; 2°, des urnes funéraires en verre, dont une, du plus grand modèle, offrait 14 pouces de hauteur sur 8 de largeur; 3°, quelques ornements et garnitures en bronze, etc., etc.[1].—Dans le XIIIe siècle, l'église paroissiale de Luneray, dédiée à *saint Remi*, relevait de l'abbaye de Tirom, comme ancienne dépendance du prieuré de Crâville-la-Rocquefort. Un acte de l'an 1267 nous aprend que c'était d'abord le seigneur de Luneray qui choisissait les curés de cette paroisse; il présentait ensuite le candidat à l'abbé de Tirom, qui, en sa qualité de chef du prieuré de Crâville, le présentait à son

[1] Dans la plaine qui s'étend entre Luneray et la Gaillarde, il existe, notamment sur cette dernière commune, plusieurs puits fort profonds dont l'existence a laissé de mystérieux souvenirs; on prétend qu'ils renferment des trésors, que les fées viennent y danser durant la nuit, etc.

tour à l'archevêque de Rouen, lequel lui conférait alors les pouvoirs définitifs. Outre l'église Saint-Remy, nous trouvons, en 1317, sur Luneray, une chapelle dite *de Saint-Nicolas*, dotée de riches revenus. Cette chapelle, dont les sires de Luneray nommaient les desservants, a plusieurs fois été détruite dans les guerres des Anglais, du Protestantisme et de la Ligue. Dans les derniers temps, elle avait été remplacée par un simple oratoire, qui existait encore il y a peu d'années sur la propriété de MM. de Radiolle. — Lors de la naissance du Protestantisme, Luneray fut, en Normandie, le premier point où germa cette secte impie et haineuse, née de l'égoïsme, de l'orgueil et de l'ambition, qui couvrit de tant sang et de ruines l'Allemagne, l'Angleterre et la France[1]. Comme les nouveaux prédicateurs n'aimaient pas la surveillance des grandes villes, telles que Rouen, Dieppe, etc., c'était par les campagnes qu'ils commençaient ordinairement leur prétendue mission

---

[1] Avant l'invasion du Protestantisme, Dieppe était une des plus savantes, des plus industrieuses, des plus riches et des plus heureuses villes de France. Ses vaisseaux sillonnaient les mers, son commerce était immense. Mais, quand le Protestantisme parut, la plus horrible anarchie s'empara de cette cité; ses habitants s'entre-trahirent, s'entrepillèrent, s'entrégorgèrent; deux cents années de troubles, de divisions et de calamités de toute espèce, vinrent peser sur cette cité, dont les destins s'étaient d'abord annoncés si brillants; depuis lors, elle n'a jamais pu se relever.

Les campagnes voisines ne furent pas plus heureuses : partout une poignée de factieux, faible et imperceptible minorité, outrageait

évangélique. Aussi ce fut à Luneray, et non à Dieppe, que Calvin envoya ces colporteurs et ces portefaix, qui, comme on le sait, furent, dans toute cette contrée, les premiers apôtres de la nouvelle école. — En 1558, il y avait à Luneray un prêche, qui paraît avoir été assez considérable. Fermé en 1685, il fut complètement démoli en 1690 : le terrain qu'il occupait fut donné à l'hôpital du Polet de Dieppe, et, jusqu'en 1700, les Protestants de Luneray furent privés de temple. Aujourd'hui, l'église dissidente de Luneray, en y comprenant les annexes de Gruchet-Saint-Simon, Brachy Lammerville, le Thil, Avremesnil, etc., etc., est d'environ deux mille personnes. — Luneray et les environs fabriquent beaucoup de tissus de coton et quelques toiles de lin. Il se tient en ce bourg un marché tous les dimanches. La population de Luneray, auquel on a réuni l'ancienne paroisse de Canteleu, est de 1,742 habitants[1].

l'immense majorité catholique, qui long-temps dévora en silence tous ces affronts faits à son dogme, à son culte, à sa morale ; partout des troupes de brigands, enrégimentés au nom de Luther et de Calvin, égorgeaient les femmes, les enfants, les vieillards ; partout on incendiait les églises et les monastères, les fermes et les châteaux, les forêts et toutes les récoltes ; partout on volait les vases sacrés, souillait les tombeaux, brisait les statues des saints et les autels de Dieu. Les dégâts et les vols, commis à différentes reprises, par les Protestants, dans la ville et l'arrondissement de Dieppe seulement, s'élèveraient aujourd'hui à près de soixante-cinq millions de francs.

[1] Canteleu est appelé, sur les anciens titres, *Saint-Pierre de*

Avremesnil, à 3 lieues 1/2 (sud-ouest) de Dieppe, et 2 lieues 3/4 (nord-ouest) de Bacqueville, se trouve au centre d'une belle et riche plaine, à une distance égale (3/4 de lieues) des vallées du Dun et de la Saâne. Cette commune, que quelques actes appellent *Saint-Aubin d'Evremenil*, *Evremesnil*, etc., est redevable de son nom à Evrard, qui, sous la première race de nos rois, fonda l'abbaye du Bourg-Dun, appelée Evrard-Église. Suivant M. de Valois, *Notice de la Gaule* (article *Caleti*), une charte du XIe siècle désignait encore cet endroit sous le nom de *Ebrardi Mansionile*; cent cinquante ans après, c'était toujours *Evard-Menil*, et ce n'est guère que depuis le commencement du XVe siècle, que ce nom primitif a été altéré. Cette commune ne se trouvant qu'à trois quarts de lieue environ du Bourg-Dun, il est très-probable qu'elle fut originairement une dépendance de cet antique monastère. En effet, en 1256, il y avait encore trois curés à Avremesnil : c'étaient alors les seigneurs d'Avremesnil et de Lintot qui nommaient le premier de ces curés; l'archevêque de Rouen nommait le second; la

---

Chanteloup-sur-Brachy. Suivant différents actes des années 1419, 1578, 1603, 1740, etc., c'était aux moines du prieuré de Longueville qu'appartenaient, de temps immémorial, l'église, le patronage, les dîmes et le fief seigneurial de Canteleu.

nomination du troisième appartenait conjointement aux seigneurs de la Motte et à ceux du Fief-au-Breton [1]. En 1331, Jehan d'Yvetot, sire d'Yvetot, et Jehan le Breton, chacun de son côté, prétendaient que l'*église* d'Avremesnil avait été dotée par leurs aïeux et fondée sur leurs propres fiefs : c'est pourquoi ils disputèrent à l'archevêque de Rouen le patronage de la deuxième cure de cette vaste paroisse; la lutte se prolongea jusqu'en 1365, époque où une sentence du bailli de Caux donna gain de cause au prélat. — L'église actuelle d'Avremesnil date du XVIe siècle, excepté la tour de son clocher, qui est un des plus précieux monuments que nous ait transmis l'architecture romane (du Xe siècle au XIe). Ce clocher, flanqué d'une légère et svelte tourelle, est entouré d'une charmante ceinture d'arcades à plein-cintre, formant des ogives par leurs entrelacements. Peu de constructions de cette époque présentent un type aussi original, aussi élégant, aussi gracieux. — La population d'Avremesnil est de 1,478 habitants.

[1] Suivant différents actes des années 1548, 1654 et 1675, le *fief-au-Breton*, le fief de *la Motte*, le fief de *Lintot* et le fief de *Montmorency* se trouvaient tous quatre sur Avremesnil. C'était à celui de Montmorency qu'était attaché le titre de seigneur de cette paroisse. Un aveu du 10 août 1586, mentionne une cinquième terre noble située en la même commune; c'était un huitième de fief, qui avait nom *la Gaillarde* ; il relevait des seigneurs de Goderville.

GUEURES, à 3 lieues (sud-ouest) de Dieppe, et 1 lieue 3/4 (nord) de Bacqueville, se trouve dans une délicieuse vallée, au confluent des rivières de Vienne et de la Saâne. Cette commune, appelée autrefois *Saint-Pierre de Guerres*, est d'origine fort ancienne. Son église fut donnée, vers l'an 1180, au prieuré de la Madeleine de Rouen par un seigneur nommé Geoffroi. Il paraît que ce prieuré aliéna bientôt tout ce qu'il possédait à Gueures. En effet, une bulle du pape Honorius III, donnée en 1223, en faveur de l'abbaye de Bondeville, qui, à cette époque, n'avait pas encore adopté la règle de Cîteaux, nous apprend que c'était à ce monastère qu'appartenait alors le patronage de l'église dont nous parlons. L'abbaye de Bondeville jouissait encore des dîmes de cette paroisse à l'époque de la révolution. Il y avait aussi à Gueures, sur le fief seigneurial de Rocquigny, une chapelle dite *de Saint-Nicolas*, que Raoul Sochon de Rocquigny avait fait construire, et qu'il avait dotée de dix livres de rente en 1483 ; cette chapelle est aujourd'hui en ruines. — On remarque, à Gueures, la belle papeterie mécanique de M. Muller. Il y a aussi en cette commune un dépôt royal d'étalons. — La population de Gueures est de 617 habitants [1].

---

[1] A environ une demi-lieue de Gueures, en remontant la vallée de la Saâne, au midi, on trouve, sur le Gourel, de nombreuses

LAMMERVILLE, sur la rivière de Vienne, à 4 lieues (sud-sud-ouest) de Dieppe, et 1/2 lieue (nord) de Bacqueville, est appelé, dans une charte du XIIIe siècle, *la Sainte-Vierge de Laenmerville*. C'était une antique châtellenie appartenant à la maison d'Estouteville. Robert d'Estouteville, châtelain de Lammerville et d'Auzebosc (près Yvetot), épousa une noble dame nommée Marie de Sainte-Beuve. Marie d'Estouteville, sa fille, dame de Lammerville, porta cette dernière terre dans l'antique maison de la Heuze, par son mariage avec Jehan de la Heuze, seigneur de Bailleul-sur-Eaulne, d'Écotigny [1], etc., etc. La terre de Lammerville, confisquée d'abord par les Anglais, avait été complètement dévastée par ces insulaires. La vieille

---

traces de retranchements antiques, fossés, barrages en terre, etc. On y a recueilli quelques tuiles à rebords et des médailles romaines. — Le Gourel était originairement un hameau de Brachy. Dans le XIIIe siècle, on réunit à ce hameau quelques portions de terrains que l'on détacha de la commune de Luneray, et on érigea le tout en paroisse, sous le titre de *Saint-Remy du Gourel*. C'était aux seigneurs de cette paroisse qu'appartenait le droit d'en nommer les curés. A l'époque de l'occupation anglaise, il existait, sur le Gourel, un antique manoir féodal, dans la cour duquel se trouvait, en 1476, une chapelle connue sous le nom de *Saint-Louis de Beaudoux*. Dans la suite, cette chapelle, qui avait été, à son origine, dotée de riches revenus, prit le nom de *Sainte-Catherine*. Elle n'existait plus en 1710; ses biens avaient été en partie vendus et en partie donnés à l'église paroissiale.

(1) Les terres d'Écotigny et de Bailleul-sur-Eaulne étaient passées, vers 1386, dans la maison de la Heuze, par le mariage de Mahaud de Bailleul, fille de Pierre de Bailleul et de Mahaud d'Estouteville,

forteresse dont on voit encore aujourd'hui des vestiges, et qu'entouraient de toutes parts les eaux de la rivière de Vienne, fut en partie brûlée à cette époque. Après le départ de nos ennemis d'outre-mer, on se hâta de faire à cette forteresse toutes les réparations et augmentations que les guerres continuelles de ces temps déplorables rendaient nécessaires; mais, en 1472, Charles-le-Téméraire, duc de Bourgogne, étant venu l'assiéger, le château fut pris et, pour ainsi dire, détruit de fond en comble. Il offrait une enceinte assez vaste. Une communauté de dames religieuses que l'histoire ne nomme point, mais qui étaient du voisinage, était venue chercher, dans les hautes et épaisses murailles du *chastel* de Lammerville, un refuge contre la brutalité des gens de guerre qui, parcourant alors la campagne de toutes parts, commettaient les plus horribles excès, viols, déprédations et incendies. Au moment de la prise du château, les infortunées religieuses, rassemblées dans une vaste chambre, assez près du toit, périrent toutes, ou presque toutes, englouties dans les

---

avec Jehan de la Heuze, sire de Quevilly. Cette dame, suivant le père Anselme, tome VII, page 757, portait pour armes une *croix ancrée, cantonnée de petites croix potencées*. Ce sont incontestablement ces mêmes armes qui existent encore sur un vitrail de l'église de Bailleul-sur-Eaulne, et qui ont si singulièrement embarrassé plusieurs antiquaires.

flammes qui dévoraient l'édifice : c'était le duc de Bourgogne lui-même qui avait ordonné l'incendie[1].

— Jehan de la Heuze, sire de Lammerville, mourut en 1484. Adrien de la Heuze, son fils, baron d'Écotigny, sire de Lammerville, de Bailleul-sur-Eaulne, du Mesnil-Mauger, de Sainte-Beuve, etc., mourut à son tour, vers 1509, sans laisser d'enfants. Quelques années après, la terre de Lammerville était devenue propriété des Martels de Bacqueville.

— L'église paroissiale de Lammerville, quoique assez bien construite, n'offre rien d'intéressant, si ce n'est toutefois quelques restes d'architecture que la tradition du pays attribue, on ne sait pourquoi, à une ancienne abbaye. — Outre cette église dont le patronage, suivant un aveu de 1677, appartenait au prieuré des Deux-Amants près Pont-de-l'Arche, il y avait encore, à Lammerville : 1°, Une maladrerie ou hospice pour les lépreux, connue sous le nom de *Saint-Leu-Saint-Gilles*; 2°, une chapelle de *Saint-James*, fondée ou au

---

[1] Dans une espèce de marais, connu sous le nom de *Cour du Moulin*, on voit encore les restes de l'antique château de Lammerville : ce sont de longs pieds de murailles, d'énormes pans de murs, des fondements de tourelles, etc. A peu de distance de ces débris, et dans la même cour, on remarque un curieux souterrain, voûté et solidement maçonné, servant aujourd'hui de cave au propriétaire de cette métairie. Ce souterrain paraît peu ancien; mais il est très-probable qu'il en aura remplacé un autre, lequel devait incontestablement faire partie du château fort.

moins restaurée par les Anglais; et 5°, une autre chapelle, dédiée à *saint Jean-Baptiste* et à *saint Charles-Borromée*. Cette dernière, bâtie dans l'enceinte du manoir des Mesnils, était encore en titre en 1672 et 1684. Le patronage de la chapelle Saint-James appartenait, en 1704, au prieuré de Saint-Lô de Rouen, qui en jouissait encore en 1738. Cette chapelle, que les habitants du pays appellent aussi *Sainte-Gemme*, a cessé d'exister; mais l'ancienne assemblée qui, de temps immémorial, s'y tenait le deuxième dimanche de mai, subsiste toujours, et chaque année cette fête se renouvelle pour les villageois. — Quant à la maladrerie de Saint-Leu, elle renfermait encore des lépreux durant le XVIe siècle : c'étaient les sires de Bacqueville qui nommaient les desservants de cet antique hôpital, dont l'origine devait remonter aux premières années du XIIe siècle. — La population actuelle de Lammerville est de 941 habitants.

Bourg d'Offranville.

Situé dans une plaine fort agréable, à peu de distance de la belle vallée qu'arrosent les eaux de la rivière de Scie, le bourg d'Offranville se trouve à 1 lieue 1/2 (sud-sud-ouest) de Dieppe, et 12 lieues 1/2 (nord) de Rouen.

Dans le XIIe siècle, on appelait ce lieu *Wulfranville*, en latin *Vulfranni villa*. Les titres des âges postérieurs disent successivement *Oulfranville*, *Ouffrenville*, *Offrainville*, et enfin *Offranville*.

Originairement, la seigneurie d'Offranville faisait partie de l'antique baronnie de Berneval, qui, dès le VIIIe siècle, appartenait à l'abbaye royale de Saint-Denis près Paris. Ce monastère en ayant été dépouillé par les conquêtes des hommes du Nord dans le IXe siècle, Rollon, premier duc de Normandie, la lui restitua immédiatement, après son baptême, en l'an 912. Dans le XIIIe siècle, les moines de Saint-Denis jouissaient encore de la terre de Berneval, où ils avaient établi un prieuré de leur ordre, avec titre de *Prérôté*. Quelques années après, Guillaume de Calletot acquit par échange la baronnie de Berneval, en cédant à l'abbaye royale de Saint-Denis les belles terres de Montmélian et d'Aubervilliers près Paris.

Son fils, Robert de Calletot, chevalier, seigneur de Berneval-en-Caux *et des trois villes de Saint-Denis en la forest de Lions*, épousa une fille de Guillaume de Houdenc. Il en eut Jeanne de Calletot, qui porta la baronnie de Berneval et plusieurs autres terres dans la maison de Montmorency, par son mariage avec Jean Ier de Montmorency, sire d'Ecouen, de Damville, d'Argentan, etc.

Charles de Montmorency, leur fils, grand-chambellan, pannetier et maréchal de France, seigneur d'Ecouen, de Damville, d'Argentan, de Berneval, de Vitry, de Chaumont, etc., etc., laissa de Jehanne de Roucy, sa seconde femme, Marguerite de Montmorency, qui fut dame d'Offranville et de Berneval [1].

[1] Berneval se trouve sur le bord de la mer, à 2 lieues 3/4 (sud-est) de Dieppe, et 4 lieues (nord-nord-est) d'Offranville. C'est une des plus anciennes paroisses de la Normandie. Son nom est formé des mots celtiques *Wern* ou *Bern*, hauteur, montagne, et *Val*, vallon, vallée. Cependant, quelques chartes des VIIIe et IXe siècles l'appellent *Brittenevallis*, *Brinevallis*, etc., ce qui indiquerait que, dans cette circonstance, le mot *Berne* pourrait être un nom d'homme. Dans les siècles postérieurs, on a dit alternativement *Barneval*, *Bruneval*, etc. Cette terre, ayant été portée dans la maison d'Estou-

BOURG D'OFFRANVILLE.

Marguerite de Montmorency épousa, au mois de janvier 1351, Robert VI d'Estouteville, sire de Valmont, fils de Robert d'Estouteville et de Marguerite de Hautot. C'est par ce mariage que les terres d'Offranville et de Berneval passèrent dans

teville par Marguerite de Montmorency, fit partie, en 1534, du duché d'Estouteville, dont elle partagea long-temps toutes les destinées. Elle formait anciennement deux paroisses : Berneval-le-Grand, qui est celui dont nous parlons, et Berneval-le-Petit, qui, depuis plusieurs siècles déjà, n'est plus qu'un hameau. Toutefois, ce hameau est encore célèbre dans toute la contrée par sa chapelle, dite de *Saint-Nicolas,* laquelle est l'objet, chaque année, de nombreux pélerinages; les jeunes garçons et les jeunes filles s'y rendent de toutes parts pour prier Dieu *de leur accorder mariage selon leurs desirs.* C'était aux barons de Berneval qu'appartenait le droit de nommer les desservants de cette chapelle, ainsi que les deux curés du Grand et du Petit-Berneval, les curés de Saint-Martin-en-Campagne, les desservants de la chapelle *Saint-Cata* et de la chapelle *Notre-Dame,* toutes deux situées sur cette dernière commune, les desservants de la chapelle *Saint-Denis de Vergemont* sur Graincourt, etc., etc —C'est de Berneval-le-Petit que partit, en 1402, Berthin, dit *de Barneval,* pour accompagner, à la conquête des Canaries, le fameux Jean de Béthencourt. Ce dernier le nomma gouverneur du fort qu'il avait fait construire dans l'Ile-Lancerote. Les aventuriers qu'ils avaient emmenés avec eux ne tardèrent pas à montrer leur esprit d'insubordination, ce qui ne contribua pas peu à retarder la conquête de l'Ile-Fort-Aventure. Obligé de recourir à quelque puissance pour en obtenir des secours, Jean de Béthencourt résolut de s'adresser à Henri III, roi de Castille, et, plein de confiance dans le courage et la prudence de Gadifer, gentilhomme gascon, l'un de ses compagnons, confia, en partant, à celui-ci, le gouvernement de l'île. Bertin de Barneval fut vivement blessé de cette préférence; les Normands embrassèrent son parti, et les Gascons se déclarèrent pour Gadifer. Cette mésintelligence faillit faire échouer l'entreprise de Béthencourt; mais ce dernier parvint à dompter les obstacles, et le roi de Castille lui confirma la souveraineté des îles Canaries.— La population actuelle de Berneval est de 906 habitants.

la maison d'Estouteville, et furent réunies à la châtellenie de Hautot-sur-Dieppe.

Robert VI d'Estouteville, sire de Valmont, mourut le 22 février 1395, et la terre d'Offranville passa à ses héritiers.

Cependant, au moment de l'occupation anglaise, cette terre fut donnée à Jean II de Pewrel ou Pevrel, dont le père, originaire d'Angleterre, avait été contraint de venir chercher en France un asile contre les persécutions dont il était menacé dans son pays natal. Tandis que Guillaume de Pewrel, son frère, resté fidèle à la nouvelle patrie qui avait accueilli et sauvé sa famille, se faisait tuer, en 1440, en défendant les remparts d'Harfleur contre le duc de Sommerset et le fameux Talbot, et méritait de nouveau, par une si belle mort, le titre glorieux de *Père des Cauchois*, qu'on lui avait décerné depuis long-temps déjà, Jean II de Pewrel, l'aîné, se rangeait sous les drapeaux des ennemis de la France. Aussi, *les services importants qu'il avoit rendus au roi d'Angleterre* lui valurent-ils les bonnes grâces et les faveurs de ce prince. Ce dernier lui donna, à titre de récompense, le 27 juin 1448, les belles terres du Porquet et de Varengeville, dont nos ennemis avaient dépouillé les malheureux propriétaires [1].

[1] Peu de temps avant cette donation, Jean II de Pewrel, *sire*

Jean II de Pewrel mourut vers le commencement d'octobre de cette même année 1448. Il avait épousé Thomasse de Tournebu, fille de Jehan de Tournebu, écuyer, seigneur de Bémécourt et de Marbeuf. Il en avait eu deux fils : 1°, Jean III de Pewrel, dont nous parlons ci-après; et 2°, Guillaume de Pewrel, qui, comme le prouvent différents actes concernant la division des biens de Jehan de Tournebu, leur grand-père, partagea, conjointement avec son frère, les terres, fiefs et seigneuries de Bémécourt, Varengeville, Offranville, Hautot, etc. Il paraît que ce Guillaume Pewrel ne laissa pas d'enfants; du moins, on ignore sa descendance.

Quant à Jean III de Pewrel, il est qualifié, dans plusieurs titres des années 1448 et 1449, *écuyer, sire de Bémécourt, de Varengeville, d'Offranville, de Hautot,* etc. Malheureusement pour lui, ou plutôt pour son fils [1], les conquêtes de Charles VII vinrent bientôt rétablir l'ordre, la tranquillité et le bonheur dans notre pauvre patrie, si long-temps déchirée par tous les fléaux à la fois. Les biens confisqués sous la

---

d'Offranville, ayant armé plusieurs vaisseaux pour l'Angleterre, avait failli périr *avec toute sa flotte*, dans un endroit qui est encore connu aujourd'hui sous le nom de *Pas de Pevrel*.

[1] Jean III de Pewrel avait épousé Etiennette Martel, fille de N. Martel, seigneur de Bacqueville et de Sainte-Marguerite. De ce mariage était issu Robert de Pewrel, écuyer, qualifié dans quelques

domination anglaise furent rendus à leurs légitimes propriétaires, et la maison d'Estouteville rentra en possession des terres d'Offranville, Berneval, Hautot, etc., etc.

Toutes ces terres, comme celles de Valmont, Cleuville, Briquebec, Hambie, Moyon, Gacé, le Meslerault, les Loges, Fauville, Trie, Héricourt, le Bec de Mortaigne, la Rocheguyon, etc., etc., furent portées en dot, le 9 février 1534, à François de Bourbon, comte de Saint-Pol et de Chaumont, par Adrienne d'Estouteville, fille unique et seule héritière de Jean III d'Estouteville, sire de Valmont. Le contrat de mariage, qui transportait ainsi dans la maison de Bourbon l'immense patrimoine de la famille d'Estouteville, fut homologué au parlement de Paris le 16 avril 1540.

Bientôt les fureurs du Protestantisme vinrent plonger la ville et les environs de Dieppe dans la plus horrible anarchie. Les catholiques et les partisans de Luther et de Calvin pillèrent et incen-

---

actes *sire d'Offranville, du Champdollent, de Bémécourt,* etc. Ce Robert de Pewrel épousa, en 1456, Rauline de Caux, dame de Monterollier. Il fut tué au siége de Gerberoy.

Comme il avait été obligé de restituer à la maison d'Estouteville les biens dont elle avait été dépouillée en faveur de son grand-père, ce seigneur est le dernier membre de la famille Pewrel qui ait porté le titre de sire d'Offranville. Aucun de ses descendants, seigneurs de Bémécourt et de Monterollier, n'osa reprendre le nom de cette terre.

dièrent tour-à-tour le pays. La belle terre d'Offranville fut complètement dévastée à cette époque. L'église paroissiale, que nous voyons aujourd'hui, était alors en construction. Commencée en 1495, sous les auspices de la maison d'Estouteville, cette église, qui allait être bientôt terminée, fut métamorphosée en une espèce de forteresse, dans laquelle les prétendus réformateurs de la religion du Christ se barricadèrent, après y avoir transporté des armes et des munitions.

Aux horreurs des guerres de religion succédèrent immédiatement celles des guerres de la Ligue. Une troupe de ligueurs pilla et saccagea en partie l'église et la paroisse d'Offranville, en 1589. Les Dieppois étant accourus au secours des habitants d'Offranville, les ligueurs, beaucoup plus nombreux, les contraignirent à reculer. Les partisans de Henri IV, presque tous calvinistes, eurent l'imprudence de se retrancher dans une grange. « Les ligueurs, dit M. Vitet, mirent le feu à la grange, ce qui força les assiégés de sortir en désespérés et de se faire jour à travers l'ennemi. Dans cette lutte acharnée, le capitaine dieppois tomba mort : c'était un gentilhomme protestant nommé Rufosse. » Malgré les services qu'avait rendus à la cause du Roi cet intrépide capitaine, M. de Châtes, qui, cependant, possédait un si grand empire sur les masses, ne put parvenir à vaincre la répugnance des catholiques, et les dépouilles mortelles du brave soldat furent privées des honneurs qu'il avait si bien mérités.

Deux ans après, au mois de mai 1592, au moment où une autre troupe de ligueurs, sous la conduite de Fontaine-Martel et du chevalier d'Auches, attaquait le château de Bacqueville et ravageait les environs, on fit sortir de Dieppe quatre compagnies de gens armés, à l'effet de repousser cet affreux brigandage. La troupe royaliste étant arrivée à Offranville, entre huit et neuf heures du soir, le commandant, nommé Fayet, jugea, de l'avis des capitaines, qu'il était bon de faire une halte dans ce village et d'y passer une partie de la nuit, afin de surprendre, le lendemain, les ennemis dès la pointe du jour. Malheureusement, les ligueurs furent instruits de cette arrivée par les nombreux espions qu'ils entretenaient dans le pays. Fontaine-Martel et le chevalier d'Auches, bien loin de se laisser surprendre par les royalistes, voulurent au contraire les surprendre eux-mêmes. Ils arrivèrent donc à Offranville dans le plus grand silence, *et sans doute bien guidés*, dit l'auteur des MÉMOIRES CHRONOLOGIQUES SUR DIEPPE, *ils tomberent d'abord sur la maison où les officiers s'etoient rassemblés pour s'amuser ensemble jusqu'à* l'heure du départ. *Ceux-ci, qui ne s'attendoient pas à cette attaque, furent tués ou faits prisonniers.* Au bruit accasionné par le tumulte, les soldats royalistes, qui étaient tous logés dans les maisons voisines, en sortirent précipitamment et crièrent : *Aux armes!* Tous obéissent à ce cri, qu'ils répètent de proche en proche, et en un instant la réunion générale est opérée au centre du village. On passe ensuite, pour se mieux défendre, dans un enclos entouré de fossés, et là on attend, pour marcher, ceux des officiers qui auront pu échapper à la mort. Malheureusement, aucun d'eux n'arrive; deux sergents bourgeois, nommés l'un Omont, et l'autre Petibrau, se chargent du commandement principal. Deux hommes sont envoyés en toute hâte à Dieppe pour y donner avis de leur triste position; mais bientôt ces deux envoyés rentrent dans l'enclos, et annoncent à leurs compagnons que, de tous côtés, ils sont cernés par l'ennemi. Cette nouvelle n'effraye pas les royalistes : tous jurent de défendre bravement leur vie et leur honneur ; c'étaient presque tous bourgeois de la ville de Dieppe. Pendant ce temps-là, Fontaine-Martel et son co-lieutenant préparaient tout pour attaquer et tailler en pièces les royalistes au point du jour. Dès que l'aurore parut, les soldats de la Ligue voulurent enlever les fossés : mais les royalistes firent un feu si vif et si soutenu, que les assaillants furent contraints de reculer jusqu'au-dessus de la portée de l'arquebuse. Deux heures après, les ligueurs revinrent encore à la charge, mais ils trouvèrent toujours la même résistance. Enfin, voyant la perte considérable qu'ils avaient faite à ces deux assauts, et en craignant une plus grande encore s'ils réitéraient leurs attaques, ils prirent le parti de former un cordon autour de leurs ennemis, afin d'obliger ceux-ci à se rendre faute de vivres. Cependant, les deux chefs ligueurs voulurent, pour la troisième fois, que l'on attaquât les fossés; mais, pour la troisième fois, les royalistes soutinrent vaillamment le choc. Déterminés à vaincre ou à mourir, il y avait déjà plus d'un quart d'heure que ceux-ci luttaient avec un avantage marqué, lorsque Fontaine-Martel, s'apercevant que les gardes avancées qu'il avait postées du côté de Dieppe étaient obligées de se replier vers lui pour fuir les troupes que cette ville envoyait au secours des royalistes, fit sonner la retraite et disparut. Les ligueurs laissèrent sur le champ de bataille environ 120 morts, sans compter les blessés. De leur côté, les royalistes perdirent une quarantaine d'hommes, tant tués que blessés, sans parler de leurs officiers et capitaines, qui furent tous massacrés ou faits prisonniers dans la maison dont nous avons parlé plus haut.

Au commencement du XVIIe siècle, la seigneurie d'Offranville appartenait à un sieur Chauvin, issu d'une ancienne famille noble de Dieppe. En 1614, ce seigneur d'Offranville, homme riche et bienfaisant, fonda au collége de la ville de Dieppe une nouvelle chaire de professeur, qu'il dota de quatre cents livres de rente.

Quarante-six ans après, Offranville, Manéhouville, Sauqueville [1], Anneville-sur-Scie, etc., etc., furent réunis en une seule et même terre, et érigés en marquisat, sous le titre de *Manneville-Charles-*

---

[1] Sauqueville se trouve à environ 3/4 de lieue (sud-est) d'Offranville, sur la rivière de Scie, que l'on y traverse par un pont de pierre. Cette paroisse, aujourd'hui supprimée et réunie à celle de Saint-Aubin, est ordinairement désignée, dans nos antiques chartes, sous le nom de *Notre-Dame de Saxeville*, en latin *Saxonis Villa*. Son nom, comme ceux de Sassetot (*Saxonis Tectum*), Sanvic (*Saxonis Vicus*), etc., etc., prouve que c'est à une colonie de Saxons (époque du Bas-Empire) que ce village doit son origine. Cette paroisse possédait une des plus anciennes collégiales de la Normandie. « Il y avoit là depuis long-temps, dit le bénédictin Duplessis, deux prebendes fondées, lorsque le seigneur du lieu, nommé Jourdain de Sauqueville, en fonda quatre autres pour former un chapitre de six chanoines. L'acte de fondation porte que l'un d'eux sera doien de la collégiale; un autre, chantre; un troisieme, tresorier; et que les six prebendes seront à la presentation du seigneur. Cet acte fut confirmé par Gautier de Coutances, archevêque de Rouen, le 17 janvier 1201. » En 1738, il n'y avait plus à Sauqueville que cinq chanoines, y compris le doyen. L'église, qui était en même temps collégiale et paroissiale, n'existe plus. Elle était fort belle; une partie de ses débris gît maintenant dans un pré, au bord de la rivière. « Quelques chapiteaux d'un joli travail, dit M. Ludovic Vitet, des tronçons de colonnes parsemées de longues fleurs de lis, et qui semblent appartenir au XIVe siècle, une

Mesnil, par lettres-patentes de Louis XIV, données, au mois de décembre 1660, en faveur de François-Bonaventure de Manneville [1]. Cette terre appartient aujourd'hui à la maison de Mortemar.

L'église paroissiale d'Offranville, dédiée à *saint Ouen*, et, ainsi que nous l'avons vu plus haut, commencée en 1495 par les soins de la maison d'Estouteville, mérite d'être visitée. Le chœur est tout entier du XVe siècle; mais la nef, les vitraux et les sculptures appartiennent au XVIe. La nef, divisée en trois avenues, est soutenue, à l'inté-

---

ou deux clefs de voûte, puis une masse de pierres sans sculptures, voilà tout ce qui reste de cette église collégiale, une des plus riches et des plus élégantes de la contrée, qui subsistait encore il y a sept ou huit ans... C'est le propriétaire du plus beau château du voisinage, c'est un *gentilhomme*, qui s'est rendu adjudicataire de cette démolition; c'est lui qui a renversé, brisé, dépecé ces saintes voûtes; et pourquoi? Pour s'en construire un moulin! » — Outre sa collégiale, Sauqueville possédait encore, en 1479, un Hôtel-Dieu ou hôpital destiné aux pauvres malades. La chapelle de cet Hôtel-Dieu était dédiée à *saint Jean*. — Avant d'être réunie au marquisat de Manneville-Charles-Mesnil, la terre de Sauqueville faisait partie du duché de Longueville. — On compte aujourd'hui à Sauqueville 319 habitants.

1 C'est en faveur de ce même François-Bonaventure de Manneville, que les terres de Colmesnil, Auppegard, Padeville, Biville et Rouville, furent érigées en comté, sous le titre de *Colmesnil-Manneville*, par lettres-patentes de Louis XIV, datées du mois de janvier 1668. Le titre d'érection porte que la maison seigneuriale de la terre de Colmesnil, sise à Genctuit, sera dorénavant appelée *Manneville*, et que le nom de Genctuit sera supprimé. Colmesnil avait dès 1177 une chapelle dédiée à *saint Pierre*, laquelle, suivant un aveu du 25 avril 1419, appartenait au prieuré de Longueville.

rieur, par des piliers fort élégants, chargés de nombreux écussons, de médaillons, d'ornements divers, etc. Un de ces médaillons représente François Ier. Le chœur et les deux bras de la croisée offrent quelques nervures et d'assez jolis pendentifs ou clefs de voûte. Le vaisseau, suivant M. Ludovic Vitet, a environ cent cinquante pieds de long, sur soixante de large. Les contre-allées sont spacieuses. Malheureusement, sous le prétexte de l'embellir, on a presque partout encrassé d'ocre jaune ce charmant vaisseau. L'un des piliers, du côté septentrional, porte cette inscription : *Damoiselle Iehāe de Cautecote a done ce pillier lan* M. V^{cc} XXVIII. Une pierre tombale offre la date de 1546, tandis que, sur le pilier du côté du midi, on lit : 1554. M. I. F. Enfin, le portail, suivant son inscription, a été construit en 1574. Au haut de la muraille du chœur, au-dessus d'une arcade, on remarque une très-grande inscription en lettres gothiques : elle est relative à des obits et fondations pieuses. Il y a peu d'années, cette église possédait encore d'admirables vitraux. On citait surtout ceux de la sacristie, lesquels représentaient : 1°, sainte Anne apprenant à lire à la Vierge; 2°, sainte Marguerite; 3°, saint Roch; 4°, toute l'histoire d'Adam et d'Ève, depuis leur création jusqu'à la fuite du paradis terrestre. Ce dernier sujet est, pour ainsi dire, le seul qui ait échappé aux Vandales tonsurés, lesquels ont succédé aux Vandales de 93, comme ceux-ci avaient succédé aux Vandales protestants. Ces beaux vitraux ont été horriblement mutilés. Un des panneaux représente le serpent corrupteur avec la tête, les bras et le torse d'une jeune et jolie femme. Ce fragment fait vivement regretter le reste. A peu de distance de là, sur un autel latéral, on aperçoit un saint diacre occupé à lire; le diable s'étant cramponné à la tunique dudit saint, *à l'endroit du bas-ventre*, l'ange-gardien du diacre, après s'être approché tout doucement, saisit la queue du diable, et la serre avec tant de force entre ses dents, que celui-ci est obligé de se retourner, en faisant une horrible grimace[1]. A l'extérieur, l'église d'Offranville n'offre rien d'intéressant, si ce n'est, toutefois, une tourelle qui, remplissant le coin du mur méridional de la croisée, porte, sculptée en relief sur le grès, et en fort beaux caractères, l'inscription suivante :

CI. DEVANT. LES. VAVQVELIS. SŌT. INHVMES.
LE. DOVLS. IHS. LEVR. PARDOÏT. LEVRS. PECHES.

A quelques pas du portail, un if monstrueux,

---

[1] Il y a peu d'années, on voyait, dans l'église de Guerbaville-la-Mailleraye, une statuette en bois doré, représentant absolument le même sujet que la statue d'Offranville. Cette statuette se trouve aujourd'hui au musée d'antiquités du département de la Seine-Inférieure.

patriarche de tous les arbres de la contrée, ombrage le cimetière de ses immenses rameaux. Son tronc donne environ 24 pieds de tour à fleur de terre : c'est le pendant du Chêne-Chapelle d'Allouville.

Suivant un aveu du 25 avril 1419, c'était aux moines du prieuré de Longueville qu'appartenait le droit de nommer les curés de la paroisse d'Offranville. Ce patronage, attaché originairement à la baronnie de Berneval, puis à la châtellenie de Hautot-sur-Dieppe, avait dû être cédé aux moines de Longueville, par les sires d'Estouteville et de Valmont, vers l'an 1391. C'étaient encore ces moines qui recueillaient les dîmes d'Offranville à l'époque de la révolution [1].

Il se tient tous les dimanches, à Offranville, un marché pour l'approvisionnement des choses nécessaires à la vie; mais il ne s'y tient aucune foire.

La population actuelle de ce bourg est de 1,638 habitants.

---

[1] On remarque, sur Offranville, une de ces mottes ou vigies gallo-romaines (*turres*) dont le pays de Caux est pour ainsi dire semé. Celle-ci devait correspondre, au nord-est, avec les mottes de Bouteilles et de l'Epinay, et, de là, avec le camp de Bracquemont; au nord-ouest, avec celle de Hautot, et, de là, avec le catellier de Varengeville; au sud, enfin, avec les mottes de Colmesnil, autrement dites d'*Auppegard*, lesquelles correspondaient avec celles du Gourel ou de Brachy, qui, en remontant la vallée de la Saâne, transmettaient leurs signaux aux mottes de Saint-Laurent, puis à celles de Bénesville, de Doudeville, d'Héricourt, de Fauville-en-Caux, de Bermonville, etc.

Canton d'Offranville.

Ce canton renferme 25 communes et 14,574 habitants.

LE BOURG-DUN. Situé sur la rivière dont il porte le nom, et aussi sur la grande route de Fécamp à Dieppe, ce bourg se trouve à 4 lieues (sud-ouest) de cette dernière ville, et à 2 lieues 3/4 (ouest) d'Offranville. Le mot *Dun* ou *Don*, qui se retrouve si souvent en Russie, en Pologne et en Allemagne, appartient à la langue celtique ou au dialecte teuton. Il signifie *un lit profondément creusé par un courant d'eau*, et c'est là exactement la description de la vallée du Dun. Le lieu dont nous parlons est fort ancien. Il paraît avoir été autrefois très-considérable. Sous la première race de nos rois, il y existait une abbaye, fondée par un moine nommé Évrard ou Ébrard, d'où elle fut appelée Évrard-Église *(Evrardi Ecclesia)*. Ce nom se retrouve dans celui d'Avremesnil, commune du canton de Bacqueville, limitrophe du Bourg-Dun, laquelle a été successivement appelée *Evrard-Ménil*, *Evremesnil*, *Evremesnil*, *Ebrardi Manile*, etc. Évrard-Église était un monastère d'hommes, qui fut détruit dans les invasions des Normands, au IXe siècle. Cependant, l'emplacement de cette maison religieuse était encore connu sous la dénomination de *l'Abbaye* en 997, époque vers laquelle le duc Richard II donna en fief, avec tous leurs biens, revenus et dépendances, à l'historien Dudon, chanoine de Saint-Quentin en Vermandois: 1°, l'église fondée par Évrard, située sur les bords du Dun; et 2°, l'église d'un ancien bourg situé sur le bord de la mer, et appelé Sotteville (*Sota Villa*). Dudon de Saint-Quentin ne se contenta pas de jouir personnellement du revenu, immense alors, de ces deux églises; il pria le duc de donner le fonds lui-même au corps canonical dont il faisait partie; de sorte qu'après sa mort, personne, autre que la collégiale de Saint-Quentin, n'y pourrait rien prétendre. Le prince normand se rendit aux prières de ce prêtre, l'un de nos plus célèbres annalistes de ces âges reculés, et, en 1015, donna aux chanoines de Saint-Quentin, en toute propriété, et pour en jouir à toujours, de telle manière qu'ils le voudraient ou l'entendraient, les églises de la vallée du Dun et de Sotteville, avec tous les droits, terres et métairies qui en dépendaient. L'acte fut passé en présence de Richard II lui-même; de Gonnor, sa mère; de Judith de Bretagne, sa femme; du prince Richard, son fils (depuis duc de Normandie sous le nom de Richard III); de Robert, archevêque de Rouen; des comtes Mauger, Guillaume et Raoul ; de Hugues, évêque, fils de Raoul; de Hugues, évêque de Bayeux; de Hugues, évêque d'Évreux ; de Roger, évêque de Lisieux ; et d'un autre Hugues, aussi évêque. Suivant cette charte, la Chapelle-sur-Dun, paroisse voisine, dépendait alors de l'église d'Évrard, et Saint-Nicolas de Veules relevait de celle de Sotteville-sur-Mer. C'est à cause et en souvenir de sa première importance, que l'église du Bourg-Dun fut long-temps desservie par deux curés. Ces deux portions de cure et les énormes dîmes qui y étaient attachées appartinrent toujours aux chanoines de Saint-Quentin jusqu'à l'époque de la révolution. L'église actuelle du Bourg-Dun est un des plus curieux monuments que possède la Normandie. On y remarque trois types de construction. Toutefois, la majeure partie de l'édifice (notamment le côté du nord) appartient au style roman du XIe siècle; la nef et quelques autres portions sont du XIIIe. La tour du clocher est postérieure de quelques années; mais tout le côté méridional est un des plus admirables morceaux du XVe siècle. La légèreté des voûtes, la délicatesse des nervures, le fini des feuillages et des pendentifs, la pureté du style, tout fait, de la chapelle qui se trouve de ce côté, un délicieux modèle du genre gothique. A l'extérieur, on remarque, dans le mur de cette même chapelle, l'emplacement d'un tombeau antique, brisé par les Vandales de 93. Le derrière du chœur mérite également l'attention des antiquaires. L'église, en général, est digne au plus degré d'être étudiée par l'ami des arts. Outre cette église, il y avait anciennement sur le Bourg-Dun : 1°, une maladrerie ou hospice pour les lépreux, dédiée à *saint Gilles* [1] ; 2°, un hôpital proprement dit, dédié à *saint Remi* ; 3°, une chapelle, connue sous le nom de *Saint-Jean du Dun* ; et 4°, une autre chapelle dont le nom était *la Madeleine de Bellengues* ou *du Bellenguet* [2]. Quoique les chanoines de Saint-Quentin eussent conservé le patronage et les dîmes de la paroisse du Bourg-Dun, il n'est pas moins vrai que, dès le commencement du XIII° siècle, ils avaient aliéné la presque totalité de cette terre, dont l'abbaye royale de Saint-Ouen avait fait l'acquisition. En effet, un acte de 1239 nous prouve que,

[1] La léproserie de Saint-Gilles du Bourg-Dun dépendait, dans les XVI° et XVII° siècles, des seigneurs de Berguettes ou de la Barguette, fief situé sur la même paroisse. Les biens et revenus de cette léproserie furent donnés, en 1695, par Louis XIV à l'hôpital de Grainville-la-Teinturière.

[2] La chapelle de Sainte-Madeleine de Bellengues se trouvait sur le fief seigneurial du même nom; elle était en titre en 1549. L'Hôpital-Général de Rouen ayant acquis ce fief en 1718, la chapelle, qui, depuis long-temps, tombait en ruines, fut définitivement supprimée par décret de l'archevêque de Rouen, daté du 31 mars 1731. Les revenus affectés au service et à l'entretien de cet oratoire furent également réunis à l'Hôpital-Général de Rouen.

dès-lors, c'était à cette dernière abbaye qu'appartenait le droit de nommer les administrateurs et desservants de l'hôpital *Saint-Remi*, dont nous venons de parler, et qu'il ne faut pas confondre avec la léproserie de *Saint-Gilles*. C'était aussi à l'abbaye de Saint-Ouen de Rouen qu'appartenaient la ferme et la chapelle de Saint-Jean du Dun, que nous venons également de mentionner: Cette chapelle, qui existait encore en 1738, était le dernier débris d'un antique prieuré que les chanoines de Saint-Quentin, devenus possesseurs du Bourg-Dun, avaient fait construire sur l'emplacement de l'abbaye fondée par Évrard. Ce prieuré avait été ruiné par les guerres; mais la ferme où il se trouvait n'en conserva pas moins, suivant un aveu du 22 avril 1678, le titre de *fief seigneurial du Bourg-Dun et de Beuzeville*. Un autre aveu, daté du 15 juillet 1495, nous apprend que c'était à cette ferme qu'était attaché le droit de nommer les curés de la paroisse de Rouxménil et ceux de Blosseville-en-Caux. — L'ancienne paroisse de Flainville, aujourd'hui supprimée et réunie au Bourg-Dun, est appelée, dans quelques vieux actes, *Fléville*, *Flaainville*, etc. Ce n'était originairement qu'un très-simple hameau relevant de Saint-Denis du Val. Dans la suite, les seigneurs du fief de Flainville, riches et puissants, voulurent donner leur nom à toute cette contrée. Au mois de janvier 1324, Estout de Gruchet fonda, sous l'invocation de saint Julien, une chapelle *dans son manoir seigneurial de Fléville*. C'est cette chapelle, dont les desservants furent presque toujours des moines de Fécamp, qui devint plus tard l'église paroissiale de Flainville. Suivant un aveu du 19 décembre 1538, c'était aux héritiers du fondateur qu'appartenait le patronage de cette église. En 1646, les fiefs de Flainville, du Mesle, etc., avaient été réunis à la seigneurie de Saint-Denis du Val. Tous les ans, le 10 octobre, il se tient à Flainville une foire, dont le principal commerce consiste en bestiaux. — Le Bourg-Dun possède un relais de poste et un bureau de poste aux lettres. On voit, sur cette commune, un des plus beaux troupeaux de moutons à longue laine, de race anglaise, connue sous le nom *Leycester*. Ce troupeau appartient à M. Bille. — La population actuelle du Bourg-Dun, en y comprenant Flainville, est de 1,100 habitants.

OUVILLE-LA-RIVIÈRE, à 1 lieue 1/2 (nord-ouest) d'Offranville, et 2 lieues 3/4 (sud-ouest) de Dieppe, sur la grande route de cette ville à Fécamp, se trouve, à peu de distance de la mer, dans la charmante vallée que baignent les eaux réunies de la Saâne et de la Vienne. Cette commune était appelée autrefois *Saint-Gilles d'Ouville sur la mer*. Le nom d'Ouville est formé du gaulois *Oo*, dont on retrouve l'analogue dans *O, Eu, Ou*, etc., lequel désigne une prairie, et du mot romain *Villa*, métairie, maison de campagne. Suivant une déclaration du 25 avril 1419, c'était aux moines de Longueville qu'appartenaient l'église, les dîmes et le fief seigneurial de cette paroisse. L'église d'Ouville, dont l'origine remonte au XIe siècle, a été remaniée à différentes époques. Elle n'offre d'intéressant, sous le rapport de l'art, que sa vieille tour romane, rongée par les siècles. Sa position, au penchant de la colline, sur une pente escarpée, est assez pittoresque. Les archives de l'archevêché de Rouen nous apprennent qu'en 1344, un nommé Raoul Lemoine et Jehanne de Guerres (*aujourd'hui Gueures*) sa femme, avaient fondé dans cette église, à l'autel dédié à saint Louis, une messe qui devait être célébrée chaque jour, à perpétuité, en l'honneur de la sainte Vierge : c'était, si nous en croyons le bénédictin Duplessis, *en expiation de la faute qu'ils avoient commise de se marier ensemble, quoique Raoul eût tenu Jeanne sur les fonts de baptême* [1]. Ouville-la-Rivière, de même que toutes

---

[1] Cette singulière fondation, qui avait été approuvée par l'archevêque de Rouen le 11 juin 1344, fut depuis transférée dans l'église paroissiale de Saint-Nicolas d'Aliermont.

les communes des environs de Dieppe, eut beaucoup à souffrir des guerres du Protestantisme et de la Ligue. En 1589, le ligueur Dupré, capitaine d'une compagnie de cavalerie, s'était cantonné à Ouville-la-Rivière. Le commandeur de Châtes sortit de Dieppe avec deux cents chevaux pour le déloger; il eut soin en même temps de se faire suivre par quatre compagnies, dans la double intention de s'en faire d'abord une réserve, puis de s'en servir pour aller attaquer la petite ville de Saint-Valery-en-Caux, située de ce même côté. Malheureusement, les ligueurs n'attendirent pas l'arrivée des royalistes. L'intrépide de Châtes, voyant qu'il ne pouvait surprendre Dupré, résolut de surprendre au moins les habitants de Saint-Valery; et, quittant Ouville-la-Rivière, il marcha droit sur cette place, qu'il emporta d'assaut. — Sur Ouville, il y a quelques années, en jetant, dans la prairie, à peu de distance de la grande route, les fondements d'un édifice, on trouva quelques médailles romaines extrêmement oxidées, et de nombreux fragments de tuiles à rebords. — On remarque sur Ouville l'ancien fief noble de Touslesmesnils, et surtout le beau parc et l'élégant castel de M. Delamarre, si souvent visités, durant l'été, par les nombreux promeneurs de la ville de Dieppe. — On a réuni à Ouville-la-Rivière l'antique paroisse de Saint-Denis d'Aclon, dont le nom, suivant Duplessis, vient de *Hague*, qui signifie une haie ou un petit bois. Le droit de nommer les curés de ce lieu a successivement appartenu aux rois de France, en 1259; aux ducs de Longueville, en 1663; au prieuré de Saint-Lô de Rouen, en 1692, lequel possédait aussi alors, en cette paroisse, un fief seigneurial; et enfin, en 1738, au domaine de la Couronne. — La population actuelle d'Ouville est de 597 habitants.

Longueil, sur la rive droite et à peu de distance de la vallée de la Saâne, se trouve à 2 lieues 3/4 (sud-ouest) de Dieppe, et 2 lieues (nord-ouest) d'Offranville. Son nom est traduit en latin par *Longus Oculus* dans le registre des visites d'Eudes Rigault, archevêque de Rouen; cependant, les plus anciens titres disent *Longuolium*. En 1051, Guillaume-le-Bâtard, duc de Normandie, confirma à l'abbaye de Saint-Wandrille la possession de toutes les dîmes et d'une certaine partie de la terre de Longueil, avec deux hôtes, etc., lesquels avaient été donnés à cette abbaye par les sires d'Yvetot: *in Longuolio*, dit le prince dans sa charte, *mansum unum et duos hospites, cum quadam particula terre, et omnes decimas ipsius uille*. Quelques années après, l'abbaye de Saint-Wandrille n'avait plus rien à

Longueil, soit qu'elle eût vendu ce qu'elle y possédait, soit que les ducs de Normandie lui aient eux-mêmes donné quelque autre domaine en échange. Ce qu'il y a de certain, c'est que, au commencement du XIIe siècle, il y avait à Longueil deux portions de cure. Le patronage de la première portion appartenait, en 1141, à l'abbaye du Bec près Brionne, comme le prouvent des lettres confirmatives de Hugues d'Amiens, archevêque de Rouen. Celui de la deuxième portion resta attaché à la châtellenie de Longueil qui, en 1174, faisait partie du domaine ducal. Après la conquête de la Normandie par Philippe-Auguste, cette châtellenie, avec le droit de nommer les deuxièmes curés de la paroisse de Longueil, fut réunie au domaine royal; mais ce n'est que sous le règne de saint Louis que le patronage de la première portion fut cédé à la Couronne, à titre d'échange, par les moines de l'abbaye du Bec. Peu de temps après, une partie de la terre de Longueil ayant été aliénée par les rois de France, il y eut à Longueil deux fiefs nobles, savoir : 1°, la *châtellenie* proprement dite; et 2°, la *seigneurie*. Cette dernière qui, en 1702, n'était plus qu'au huitième de fief (ayant été plusieurs fois subdivisée), donnait originairement à ses possesseurs le droit de nommer les curés de la paroisse de Gonnetot, droit qui fut vivement disputé en 1315, par l'archevêque de Rouen, aux héritiers de Marguerite de Longueil [1]. Neuf ans après, la *seigneurie* de Longueil appartenait à Guillaume Martel de Bacqueville, auquel elle avait probablement été apportée en dot par Léonore d'Estouteville, sa femme, fille de Jean Ier d'Estouteville, sire de Valmont, baron de Cleuville, etc. Au mois d'août 1353, Jehan Martel de Longueil, sire de Lanquetot, plaidait encore contre l'archevêque de Rouen, au sujet de la cure de Gonnetot. Enfin, le fief seigneurial de Longueil donna son nom à une noble famille normande, qui a dû s'éteindre vers le commencement du XVIe siècle. Quant à la *châtellenie* de Longueil, elle donnait, en 1270, à ses possesseurs, le droit de nommer : 1°, les deux curés de cette paroisse ; 2°, ceux de la paroisse de Quiberville sur-Mer ; et 3°, enfin, les titulaires du prieuré de *Saint-Nicolas de Blainville*, situé aussi sur Longueil, au hameau de Griserue. Cette châtellenie étant demeurée, depuis les conquêtes de Philippe-Auguste, réunie au domaine royal comme dépendance du comté de Longueville, fut donnée, avec ce comté, par Philippe-le-Bel, à Enguerrand de Marigny. Après la mort de cet

[1] En 1483, ce fut le roi qui présenta à la cure de Gonnetot ; mais l'archevêque de Rouen prouva, dit-on, que c'était à lui seul qu'appartenait ce droit.

infortuné ministre, en 1315, le comté de Longueville, ainsi que nous l'avons déjà vu ailleurs, passa aux rois de Navarre, comtes d'Évreux, puis, après la mort de Philippe de Navarre, revint au domaine de la Couronne. Charles V le donna ensuite au connétable Bertrand du Guesclin, qui, n'ayant pas laissé d'enfants, légua, par sa mort, toute sa fortune à Olivier du Guesclin, son frère. C'est ce dernier qui nomma, en 1389, le desservant de la chapelle du prieuré de Griserue[1]. C'est également lui qui céda aux moines du prieuré de Longueville le patronage et les dîmes de la deuxième cure de Longueil, droits que ces religieux conservèrent toujours jusqu'à l'époque de la révolution. Deux ans après, en 1391, ce même Olivier du Guesclin vendit au roi Charles VI la châtellenie de Longueil et le comté de Longueville, que Charles VII, en 1443, donna, à son tour, avec le comté de Mortain, au brave Jean d'Orléans,

---

[1] Les registres de l'archevêché de Rouen, de l'an 1654, donnent au prieuré de Longueil la qualification de *prieuré séculier*, ce qui prouve que, dès-lors, il n'y avait plus de religieux dans cet établissement. Le patronage de ce prieuré, après avoir été exercé, durant plusieurs siècles, par les comtes de Longueville, fut vivement disputé à ces derniers par les archevêques de Rouen, qui prétendirent que les candidats devaient être nommés tant par eux que par les seigneurs. Il paraît pourtant que les prélats ne purent triompher, car, en 1738, c'était encore aux possesseurs de la châtellenie de Longueil qu'appartenait exclusivement ce patronage.

comte de Dunois, fils bâtard de Louis de France, duc d'Orléans. Longueil demeura ainsi réuni au comté, puis au duché de Longueville, jusqu'en 1694, date de l'extinction de ce duché. Alors la châtellenie de Longueil, avec le *fief Lenfan* et tous les droits qui s'y trouvaient attachés, retourna au domaine de la Couronne, et y demeura jusqu'au commencement du XVIIIe siècle [1], époque où le roi, en échange de la terre de Belle-Isle, la céda, avec les terres, fiefs, seigneuries et châtellenies de Gisors, Beaucaire, Vernon, Andely, etc., etc., à Charles-Louis-Auguste Fouquet, comte de Belle-Isle, lieutenant-général, mestre de camp des dragons de France, etc., etc. — On voit encore aujourd'hui, à l'angle d'un coteau, et à deux cents pas environ (est) de l'église paroissiale, les restes de l'antique château fort de Longueil. C'est une haute et énorme ruine, de forme carrée, reste fort délâbré d'un donjon, qui devait remonter au moins aux premières années du XIe siècle, à en juger par l'épaisseur (de 8 à 10 pieds) de ses murs en caillou; par la forme cylindrique du tuyau de l'unique cheminée qui s'y trouve; par la disposition,

[1] Dans un aveu du 29 juillet 1702, relatif au fief Lenfan, lequel relevait du roi *à cause du duché de Longueville*, il est dit que c'est à la Couronne qu'appartient le droit de nommer les premiers curés de la paroisse de Longueil, et aux moines de Longueville celui de nommer les deuxièmes.

enfin, *en épi, feuilles de fougère* ou *arête de hareng*, des tuiles qui composent la paroi, ou, pour parler avec plus de justesse, le *fond de foyer* de cette même cheminée. Le sol où s'élève ce vieux débris est un énorme mamelon, isolé du reste de la colline par une large coupure faite de main d'homme. C'est une enceinte carrée, entourée de tous côtés par un haut et épais rempart de terre, lequel est défendu lui-même par un vaste fossé. — L'église paroissiale de Longueil est également fort remarquable. C'est une belle construction en grès et pierre de taille, offrant tous les types d'architecture depuis la fin du XIIe siècle jusqu'au XVIe inclusivement. La tour est romane : tout le côté méridional est ceint d'une corniche rapportée, offrant pour modillons ou corbeaux des têtes fantastiques, des figures grimaçantes. La chapelle du nord, fort curieuse, est, ainsi que tout le chœur, décorée de magnifiques vitraux peints, parmi lesquels nous avons remarqué une délicieuse image de Saint-Martin. Cette église présente une grande quantité d'armoiries. — La population actuelle de Longueil est de 897 habitants. — C'est dans cette commune de Longueil que naquit, en 1685, le poète Richer. Ses parents le destinaient au barreau, mais un attrait plus puissant l'attirait vers la littérature et la poésie. Doué d'une mémoire qui lui rappelait à l'instant les noms, les dates et les faits, il se rendit à Paris, après avoir fait ses études au collége de Dieppe. Là, il se livra tout entier à la culture des lettres, et publia : 1°, une traduction en vers français des *Églogues de Virgile*, un volume in-12, 1717, réimprimé en 1756 avec une vie de ce poète; 2°, une traduction des huit premières *Héroïdes d'Ovide*, suivies de quelques autres poésies, in-12, 1743; 3°, *Sabinus et Éponine*, pièce conduite avec art et remplie d'intérêt, représentée pour la première fois le 29 décembre 1743; 4°, *Coriolan*, tragédie, non représentée, imprimée en 1748; 5°, un *Recueil de Fables*, in-12, 1748, etc. Ses fables sont charmantes : l'élégance du style, la variété des images, le naturel des idées, voilà ce que l'on rencontre à chaque page dans ce recueil, qui n'eût pas manqué de faire oublier Lafontaine, si Lafontaine pouvait être oublié. Richer a donné aussi, dans ses œuvres, une description en vers de la vallée de Longueil *(de la Saâne)*; cette pièce est remarquable par la vérité de la peinture, la fraîcheur et la grâce des détails. Richer mourut à Paris le 12 mars 1748.

SAINTE-MARGUERITE, sur la rive droite de la Saâne, à peu de distance de la Manche, se trouve à 2 lieues 1/2 (ouest) de Dieppe, et 2 lieues 1/4 (nord-ouest) d'Offranville. L'ancien nom de cette commune est *Caprimont* (le Mont des Chèvres), et cette dénomination, d'origine toute romaine [1], prouve, ainsi que les objets antiques qui ont été recueillis sur son sol, dans la vallée de la Saâne et au bord de la mer (du côté de Quiberville et de Saint-Aubin), qu'une partie du territoire actuel de Sainte-Marguerite a été occupée, dans les siècles anciens, par une station qui, fondée par les fils de Romulus, devait avoir, ainsi que celle de Bonne-Nouvelle près Dieppe, plus de 3/4 de lieue de long. En 1820, les marées de l'équinoxe d'automne découvrirent, à l'embouchure de la Saâne, au pied de la côte de Sainte-Marguerite, plusieurs cercueils de gypse, renfermant des squelettes humains bien conservés, des fragments de vases en terre sculptés, des débris d'armes et d'armures, des anneaux, des bracelets, des agrafes, des fibules, etc., etc. Deux ans après, à une certaine distance de cet endroit, et à trois cents toises environ de la falaise, un charretier, labourant sur le monticule ou mamelon qui domine la vallée, sentit glisser sa charrue sur un pavé qui se trouvait à un demi-pied à peu près au-

[1] Les paysans disent encore aujourd'hui *Sainte-Marguerite de Caprimont*. C'est aussi ce nom qui est le plus souvent employé dans les chartes du moyen-âge; quelques titres seulement portent *Quérremont;* le pouillé d'Eudes Rigault, archevêque de Rouen, dit *Caumont;* les actes des siècles postérieurs disent quelquefois *Sancta Margareta ad Mare;* ce sont les plus modernes.

dessous du sol ; on déblaya la terre, et on rencontra une mosaïque, d'un assez bel effet et d'une conservation parfaite. Cette mosaïque est d'une très-vaste étendue. « On l'a sondée à diverses places, distantes de plus de quarante pieds, dit M. Ludovic Vitet, et on l'a toujours retrouvée.. A voir la dimension des cubes, la nature du travail et le style des rosaces et des ornements, on ne peut guère supposer que ce pavé ait été exécuté antérieurement au troisième siècle. Même dans leurs colonies les plus éloignées et les plus obscures, les Romains, avant cette époque, eussent donné à un tel ouvrage plus de précision, plus de richesse et plus de goût. » Cette mosaïque est trop vaste pour ne pas avoir appartenu à un édifice public, et elle provient indubitablement d'un temple romain. Quelques antiquaires, à l'exemple de M. Ludovic Vitet, pensent aussi que ce temple ne doit pas remonter au-delà du troisième siècle de notre ère, c'est-à-dire de l'introduction du christianisme dans cette contrée, qui, par sa position géographique, a dû recevoir la religion nouvelle beaucoup plus tôt que la portion centrale de la Gaule ; nous ne partageons nullement cette opinion, et nous nous empressons même de protester contre elle. Pour construire les temples qu'ils élevaient à leurs dieux, les payens avaient presque toujours soin de choisir le sommet des montagnes, les angles des coteaux, le penchant des collines; or, la situation de cette mosaïque sur une hauteur, au bord de la mer, en face d'un immense horizon, la manière dont le pavé était orienté, les objets que l'on a recueillis dans les décombres, et notamment les médailles de Marc-Aurèle et de Lucile, femme de L. Aelius, tout prouve, d'une manière incontestable, que ce temple était payen, et qu'il avait été construit long-temps avant que la sublime religion du Christ fût venue éclairer cette partie de la Seconde Lyonnaise [1]. — L'église paroissiale de Sainte-Marguerite, dont le patronage et les dîmes, suivant un acte de 1256, appartenaient aux moines de l'abbaye de Saint-Victor-en-Caux [2], est un des plus curieux monuments qui nous soient parvenus du XIe siècle.

---

[1] Les couleurs qui dominent dans la mosaïque de Sainte-Marguerite sont le blanc, le bleu foncé et le rouge pâle. Malheureusement, ce curieux monument des siècles antiques appartient à un sieur De la Tour, homme riche et noble, propriétaire du château de Sainte-Marguerite, qui, après avoir opiniâtrément refusé que l'on déblayât en entier la mosaïque située au beau milieu d'un champ en labour, et exposée à toutes les injures de la pioche et de la charrue, permet que, chaque année, les charretiers de son fermier en détruisent quelque notable portion.

[2] Un aveu, du mois de janvier 1695, nous apprend que l'abbaye de Saint-Victor possédait aussi, à *Quevremont*, un fief seigneurial. En 1738, c'était le seigneur de Sainte-Marguerite lui-même qui nommait les curés de cette paroisse, dont les dîmes, du reste, appartinrent toujours aux abbés de Saint-Victor jusqu'à l'époque de la révolution.

Sa construction date incontestablement de l'époque où les Normands firent la conquête de l'Angleterre. Elle a été en partie restaurée, il y a environ dix ans; mais, chose extraordinaire par le temps qui court, les réparateurs ont eu le bon esprit de conserver à l'ancienne architecture tout son caractère primitif, et ils ont religieusement accompli leur mission; grâces leur en soient rendues!... Malheureusement, le portail est nu et insignifiant; mais, quand on entre dans le temple, on trouve, à gauche, quatre belles arcades à plein-cintre, dont les antiques piliers carrés présentent, sur chaque face, un pilastre orné d'une colonne engagée; le profil des arcades laisse voir deux gros tores ou boudins que surmonte, comme une couronne crénelée, un magnifique feston grec. Les chapiteaux de ces piliers offrent quelques beaux enlacements de galons et de plantes grasses, dans le style byzantin. Ces quatre grands cintres supportent une galerie aveugle, composée de petites arcades byzantines qui, emblèmes de la Trinité, sont toujours accouplées trois par trois; celle du milieu est un peu plus élevée que les deux autres, elle figure le Père-Éternel. Tout ce côté nord, comme celui de l'ouest, appartient donc aux plus belles années du XIe siècle. Malheureusement, le côté méridional est loin d'être en rapport avec cette magnifique construction, dont la pureté et l'élégance rappellent si bien la jolie église abbatiale de Saint-Georges de Boscherville près Duclair. La portion sud est percée de cinq arcades du XVIe siècle, *qui*, dit avec raison M. Ludovic Vitet, *font assez pauvre figure vis-à-vis de leurs aînées.* Cependant, on remarque, de ce côté, un fragment de statue du douzième siècle; c'est une sainte Marguerite, patronne de l'église, foulant aux pieds le dragon tentateur; ce morceau est, pour ainsi dire, noyé dans le mur où on a eu la barbarie de le faire entrer, comme simple pierre de taille, lorsqu'on a rebâti cette partie de l'édifice, dans le XVIe siècle. Quant au chœur et à la petite abside qui le termine, il est certain, d'après les profils, la régularité et la simplicité des chapiteaux, qu'ils sont de la fin du XIIe siècle ou du commencement du XIIIe. Mais, ce qu'il y a surtout d'intéressant, ou, pour mieux dire, d'infiniment précieux, dans la précieuse église de Sainte-Marguerite, c'est la table du grand autel, dont l'existence est, sinon antérieure à la fondation du temple, du moins contemporaine des premières constructions. « Cet autel, dit M. Ludovic Vitet, a six pieds de longueur sur trois de largeur, et quatre de hauteur. La table est épaisse d'un pied au moins, taillée en corniche grossière, et soutenue par cinq colonnettes dont les fûts n'ont pas deux fois la hauteur des chapiteaux... » Ces courtes et épaisses colonnettes serrées les unes contre les autres, ces lourds chapiteaux, cette table massive qui, depuis tant de siècles, sert aux saints mystères, tout fait de ce monument, aujourd'hui si rare, un objet qui suffirait seul pour donner de la célébrité à cette antique église [1]. — La population de Sainte-Marguerite est de 525 habitants. — Entre cette commune et celle de Varengeville, on trouve, sur le sommet de la falaise, le beau phare de l'Ailly, construit par la chambre de commerce de Rouen, en 1775. Ce phare n'est pas *à feu fixe*, mais *à éclipses*; sa portée est de dix lieues en mer. Malheureusement, les ingénieurs qui ont présidé à cette construction ont eu la maladresse de placer la tour à quatre-vingt toises seulement du bord de la falaise. Or, depuis soixante ans, trente ou quarante toises du cap de l'Ailly ont déjà été mangées par la mer. Les flots et les courants minent sans cesse le sol, qui sans cesse s'écroule, et cette magnifique tour, dont la solidité eût pu braver

---

[1] On remarque aussi, dans un coin de l'église de Sainte-Marguerite, de forts jolis fonts baptismaux du XVIe siècle, ayant une forme octogone. Chaque panneau représente une scène de la passion du Christ, encadrée dans une petite arcade surbaissée. Le couvercle qui surmonte la cuvette a la forme d'un pain de sucre; il est également divisé en huit panneaux, dont les sculptures sont originales et franchement exécutées. Ce baptistaire a beaucoup de ressemblance avec celui qui se trouve dans l'admirable église de Caudebec (*Arrondissement d'Yvetot*).

dix siècles de tempêtes, ne peut maintenant durer que soixante à soixante-dix ans tout au plus.

VARENGEVILLE, sur le bord de la mer, à 2 lieues (ouest) de Dieppe, et 2 lieues (nord-nord-ouest) d'Offranville. Originairement, Varengeville faisait partie de la châtellenie de Valmont. Robert d'Estouteville, sire de Valmont et de Varengeville, ayant épousé, en 1320, Marguerite de Hautot, la seigneurie de Varengeville, dans le partage de leurs héritiers, fut réunie à la châtellenie de Hautot-sur-Dieppe. A l'époque de l'occupation anglaise, les possesseurs de cette châtellenie étant demeurés fidèles au drapeau de la France, Jean II de Pewrel, *pour les services importans qu'ils avoit rendus au roi d'Angleterre*, reçut de ce prince, ainsi que nous l'avons déjà vu ailleurs, le 27 juin 1448, à titre de don et de récompense, les fiefs, terres et seigneuries du Porquet, de Hautot, de Varengeville, d'Offranville, etc. Jean III et Guillaume de Pewrel, ses fils, se partagèrent, après sa mort, ces différentes terres, qui, à la suite des victoires de Charles VII, retournèrent toutes à leurs anciens possesseurs. Toutefois, la terre de Varengeville fut en partie aliénée par la maison d'Estouteville, qui ne se réserva, pour ainsi dire, que le fief seigneurial. Ce fief, comme ceux de Berneval, des Loges, du Bec de Mortagne, du Bec-aux-Cauchois, de Valmont, de Fauville-en-Caux, de Hautot-sur-Dieppe[1], etc., fit partie du duché d'Estouteville,

[1] Hautot se trouve à environ 1 lieue 1/4 (sud-ouest) de Dieppe, et 1 lieue (nord) d'Offranville, à peu de distance de la rive gauche de la Scie, et sur la grande route de Dieppe à Fécamp. Cette paroisse, appelée dans les anciens titres *Saint-Remy de Hautot-sur-Mer*, fut autrefois fort considérable. Elle renfermait, outre son église paroissiale, trois chapelles, savoir : 1º, *Notre-Dame*, détruite depuis plusieurs siècles ; 2º, *Saint-Georges*, située dans l'enceinte de la forteresse des sires de Hautot ; et 3º, *la chapelle de Pouhierville*, qui depuis fut érigée en paroisse sous le nom de *Saint-Remi de Pourville*. Cette dernière existait en 1256. — Les sires de Hautot étaient de race normande ; ils s'étaient rendus célèbres par leurs exploits. On les trouve, en 1066, à la conquête de l'Angleterre, et, en 1096, à l'expédition de Jérusalem. Jean de Hautot, Colart de Hautot, et deux autres membres de cette famille, s'enrôlèrent pour cette dernière expédition. La branche masculine s'étant éteinte, ce fut à Marguerite de Hautot, fille unique de Nicolas de Hautot, que tous les biens de cette noble et antique maison échurent en héritage. Marguerite de Hautot, ayant épousé, en 1320, Robert d'Estouteville, châtelain de Valmont et de Hambie, lui porta en dot toutes les terres et seigneuries qu'elle avait reçues de ses pères. La famille d'Estouteville était riche et puissante, et le castel seigneurial de Hautot, appuyé de bonnes et solides murailles, était défendu par de larges et profonds fossés remplis d'eau. Aussi, ces nouveaux châtelains devinrent-ils bientôt la terreur du voisinage. Dieppe lui-même eut plus d'une fois à trembler devant leur audace et leur valeur. Vers le milieu du XIVe siècle, les habitants de cette ville avaient résolu d'agrandir leur cité. Ils prirent à fief, de Robert d'Estouteville, châtelain de Hautot, plusieurs terrains situés au pied du *Mont de Caux*. « Ils fermerent la ville de ce côté là, dit le bénédictin Duplessis ; ils y percerent une grande rue et y eleverent un mur de defense, qu'ils prolongerent jusqu'à la halle au bled. Ces fieffes donnerent lieu à une petite guerre assez animée, mais qui ne fut pas de longue durée : le sieur de Hotot, qui n'etoit point paié, lâcha contre les habitans quelques soldats qu'il tenoit à ses ordres dans son chateau de Hotot, au milieu d'un bois, à une demie

lorsque ce duché fut érigé, en 1534. L'autre partie de la terre de Varengeville était passée, dès la fin du XVe siècle, à la famille de Longueil, dont les héritiers la vendirent au célèbre Jean Ango, le Médicis normand. Né à Dieppe, vers 1480, ce négociant était fils unique de ce même Ango qui, en 1508, avait envoyé deux vaisseaux à Terre-Neuve pour y tenter l'établissement d'une colonie ; c'était un homme d'assez pauvre extraction ; mais ses opérations commerciales le firent bientôt riche. Élevé à l'école d'un père habile, Jean Ango s'élança rapidement sur ses traces, et, d'armateur ordinaire, ne tarda pas à devenir le plus riche négociant de

lieüe de la ville (*mesure ancienne*), et qui ne subsiste plus : les Dieppois, harcelez sans relâche par un homme qui ne leur faisoit point de quartier, lui donnerent enfin une certaine somme de florins, et tout fut pacifié en 1360. Depuis ce temps-là, leur ville s'est agrandie considérablement, etc. » — La châtellenie de Hautot passa, en 1563, avec le duché d'Estouteville, dans la maison de Longueville-Orléans. En 1576, le duc de Longueville permit aux religieux Minimes de la ville de Dieppe de démolir le vieux château de Hautot pour en employer les matériaux à se construire un couvent. Cinquante ans après, en 1626, les Capucins de la même ville sollicitèrent à leur tour du duc de Longueville, et obtinrent la même permission ; et, quoique les frères Minimes eussent mis l'antique forteresse dans un état complet de destruction, les Capucins, cependant, trouvèrent encore assez de matériaux pour suffire à leurs besoins ; c'est avec ces matériaux qu'ils construisirent d'abord leur maison conventuelle, puis leur église, en 1630. Aujourd'hui, ces ruines n'offrent plus, au milieu de landes incultes et stériles, qu'une masse informe de cailloux et de ciment, entourées de buissons et de bruyères : ce lieu effraie par son aspect sauvage. — La population actuelle de la commune de Hautot est de 502 habitants.

France : ses vaisseaux couvrirent les mers, surtout celles de l'Inde et du Nouveau-Monde ; sa fortune devint énorme, son crédit immense. Malheureusement, son orgueil s'accrut avec ses richesses. Un navire portugais ayant insulté un de ses bâtiments, Ango enrôla huit cents hommes bien déterminés à se battre, les réunit à ses équipages ordinaires, puis les envoya tous, avec une escadre de dix grands vaisseaux, escortés de sept petits bâtiments, ravager les rives du Tage et bloquer Lisbonne. Le roi de Portugal, effrayé de semblables hostilités en temps de paix, dépêcha deux ambassadeurs à François Ier pour lui demander des explications. Le monarque français était alors au château de Chambord. Quand il eut écouté les plaintes des députés portugais, il les renvoya à Dieppe trouver Ango, et s'expliquer avec lui. Ango, qui était en ce moment à Varengeville, fit dire aux deux ambassadeurs qu'ils pouvaient venir lui parler dans son manoir, et il les y reçut avec toute la magnificence qu'il avait coutume de déployer dans ces sortes d'occasions, en leur déclarant qu'il se trouvait satisfait, et que les hostilités ne seraient pas poussées plus loin. C'est aussi dans ce manoir de Varengeville qu'il avait reçu, en 1532, François Ier et toute sa cour. Le prince fut tellement enchanté de cette réception, qu'il créa Ango *vicomte et capitaine commandant de la ville et du château de Dieppe*, en remplacement du sieur de Mauroy, qui venait de mourir. Peu de temps après, François Ier le chargea de l'équipement des navires que Dieppe vit sortir de son port pour aller combattre les Anglais. Un poëte du Puy de la Conception chanta l'armateur Ango :

> Ce fust luy seul, luy seul qui fist armer
> La grande flotte expresse mise en mer
> Pour faire voir à l'orgueil d'Angleterre
> Que François estoit roy et sur mer et sur terre.

Une grande partie de ces vaisseaux fut équipée à ses frais, et il prêta d'énormes sommes à l'État. Malheureusement, Ango, par son orgueil, s'était fait beaucoup d'ennemis. François Ier vint à mourir. Jaloux de sa fortune et de sa puissance, ces nombreux rivaux l'attaquèrent à-la-fois. Tout fut employé pour le renverser du piédestal où l'avait élevé son génie. Une fois à bas, on le terrassa, on l'écrasa, on l'anéantit, lui qui avait fait la guerre au roi de Portugal, traité de puissance à puissance avec des ambassadeurs, et reçu dans ses foyers François Ier et tous les grands du royaume !... On voit encore, à Varengeville, les restes de l'ancienne maison de plaisance de ce célèbre négociant. C'est un véritable palais, construit avec tout ce que l'art de la renaissance a pu produire de plus pur, de plus gracieux, de plus parfait. C'est aujourd'hui une ferme appartenant à M. Quévremont, banquier à Rouen, et occupée par le sieur Godeby, cultivateur. Les royales avenues de hêtres, les majestueux massifs de maronniers, les larges et profonds fossés remplis d'eau, les élégants ponts-levis, les sveltes tourelles d'entrées, tout cela a disparu, et rien, à l'extérieur, ne laisse supposer la magnificence du dedans; mais, quand une fois on a franchi la grande porte voûtée, comme l'œil contemple avec délices ces jolies croisées encadrées de festons et d'arabesques; puis, cette galerie à jour si gracieusement portée par ces colonnes élégantes; puis cette tourelle à six étages, avec les charmantes petites fenêtres qui l'éclairent [1]; puis aussi ces médaillons si purement ciselés, représentant Ango et sa femme, François Ier et Diane de Poitiers; puis, enfin, tous ces délicieux débris de sculpture, ces beaux restes de feuillages, de frontons, d'ornements divers!... Aujourd'hui, des constructions rurales, des étables, des écuries, des monceaux de fumier ont remplacé les tapis de fleurs, les verts gazons, les jets d'eau des jardins; mais on voit encore l'encadrement en pierre et la distribution

---

[1] Du haut de cette tourelle, qui s'élève dans un des angles du manoir, on jouit, sur toute la plaine voisine et sur l'océan, de points de vue magnifiques.

des plates-bandes; et un admirable colombier, chef-d'œuvre, peut-être unique en son genre, de la fin du XVIe siècle, viendrait largement indemniser l'antiquaire et consoler l'ami des arts, si l'ami des arts et l'antiquaire pouvaient être indemnisés et consolés à la vue de tant de grandeur déchue, de tant de trésors profanés. L'intérieur des appartements a été complètement bouleversé par les mains des Vandales; il n'est pas de si minces figures, de si imperceptibles fleurons qui n'aient été brisés ou mutilés. Cependant, on remarque encore, au château de Varengeville, de fort jolies cheminées et un bel escalier. Dans un petit ornement, de forme triangulaire, on lit la date de 1544; il y avait alors précisément dix-huit ans que le célèbre armateur avait commencé son manoir. Négociant, grand seigneur, Ango aimait les arts avec passion. Aussi ce fut à Varengeville qu'il vint, au milieu des persécutions dont on l'accabla, chercher un refuge contre le malheur. C'est dans ce manoir qu'il passa les dernières années de sa vie, sur le bord de cet océan dont ses nombreux vaisseaux avaient tant de fois sillonné les plaines, à la vue de ces murs dieppois où il avait si long-temps répandu le travail et la vie, l'or et le luxe, et quelquefois le bonheur et la gloire. Cependant, comme il était demeuré gouverneur du château de Dieppe, ce fut dans ce

dernier château qu'il alla terminer ses jours en 1551 [1].
Après la mort d'Ango, la terre de Varengeville fut divisée en différentes portions, qui passèrent successivement dans plusieurs nobles familles normandes. La maison de Clercy en possédait la majeure partie à la fin du XVIe siècle et au commencement du XVIIe. — L'église paroissiale de Varengeville, dédiée à *saint Valery*, est remarquable par sa position isolée, sur le bord de la mer, loin de toutes les habitations du village. Cette église, d'origine fort ancienne, comme il est facile de s'en apercevoir par plusieurs fenêtres et autres morceaux qui ont été assez mal rapportés dans les constructions modernes, date en majeure partie du XVIe siècle : quelques faibles portions peuvent appartenir au XVe ; la tour du clocher est du XIVe. On remarque, dans cette église, de jolis fonts baptismaux, portant la date de 1613, et deux charmants piliers, recouverts de fleurons et d'ornements divers. Sur la porte d'entrée qui fait face au midi, on lit l'inscription suivante en lettres gothiques : LAM (sic). MIL. VCC. XLVIII (1548).

---

[1] Ango fut enterré à Saint-Jacques de Dieppe, dans une magnifique chapelle qu'il avait fait construire lui-même au temps de sa prospérité. Son tombeau était décoré de ses armes ; il portait *d'argent au lion passant de sable, avec une molette d'éperon*. Son emblème de prédilection était une sphère ou globe terrestre, surmonté d'une croix, avec cette devise : *Spes mea Devs a jvventvte mea* (Dieu a toujours été mon espoir depuis ma jeunesse).

Ce lieu domine une vaste étendue en mer; on y jouit de délicieux points de vue sur les vallons voisins, les plaines et les bruyères. Malheureusement, les innombrables sources d'eaux vives qui s'écoulent des falaises dans la mer minent continuellement ce terrain, et l'instant n'est probablement pas fort éloigné où l'église de Varengeville ne sera plus que des débris épars sur la grève. Déjà, depuis longtemps, les murs et une portion du cimetière s'écroulent d'année en année, et le derrière du chœur ne se trouve plus en ce moment qu'à cinq ou six pieds environ des bords du précipice[1]. — A cent pas environ (nord-ouest) de cet église, on trouve, tout au bord de l'océan, un énorme rempart de terre se dirigeant de l'est à l'ouest. Cette

---

[1] Originairement, le droit de nommer les curés de Varengeville appartenait aux châtelains de Valmont. Ce droit fut donné à l'abbaye de Conches (*département de l'Eure*) par les anciens sires d'Estouteville, qui gratifièrent en même temps les moines d'un fief situé également à Varengeville, et composé de plusieurs pièces de terre, bois et prés. Suivant un aveu du 8 décembre 1600, ce fief avait été aliéné; mais le patronage de la cure appartenait toujours à l'abbaye de Conches, qui jouissait encore des grosses dîmes de Varengeville à l'époque de la révolution.

Outre l'église paroissiale, il y avait anciennement à Varengeville-sur-Mer, deux chapelles, savoir : 1°, *Saint-Jérome*, qui était à la nomination des archevêques de Rouen; elle était encore en titre en 1738, et se trouvait au centre même du village de Varengeville; 2°, *Notre-Dame*, probablement située dans la cour de l'ancien château; elle était encore en titre en 1740 : c'étaient les seigneurs de Varengeville qui en nommaient les titulaires.

motte, qui, comme tous les *castella* antiques, est généralement désignée dans le pays sous le nom de *Catelier* ou *Castellier*, est le dernier vestige d'un camp gallo-romain qui a été dévoré par les éboulements annuels de la falaise. Ce camp, à peu de distance duquel existaient encore, il y a à peine soixante ans, de nombreuses traces d'anciennes fortifications, était destiné tout à-la-fois à observer l'océan au nord, le vallon de Varengeville et la baie de Dieppe à l'est, la campagne et les plaines au sud, et à l'ouest la vallée de la Saâne : son existence explique la présence de la mosaïque de sainte Marguerite, ainsi que celle de tous les tombeaux, vases, médailles, etc., etc., qui ont été rencontrés à l'embouchure de la Saâne, sur Quiberville et sur Saint-Aubin ; cette station devait être fort importante ; c'est incontestablement la station anonyme dont ont parlé quelques géographes, et vers laquelle tendait une voie romaine partant de *Juliobona*. — Varengeville, par sa position élevée, ses beaux points de vue, les champs cultivés et les sites sauvages qui l'environnent, passe, avec raison, pour être le plus joli village de la Normandie ; malheureusement, ses magnifiques allées plantées d'arbres n'existent plus ; tout a été détruit. Cependant, quelques nouvelles plantations ont eu lieu depuis peu d'années ; mais elles ne feront jamais oublier les anciennes, véritablement dignes d'une résidence royale. — Il y a, dans les bruyères de Varengeville, plusieurs sources d'eaux minérales, dont l'exploitation serait fort aisément jointe à celle des bains de mer de Dieppe, si l'efficacité de ces eaux était constatée par la chimie et la médecine. Les curieux viennent surtout visiter la fontaine de Martieu. — La population actuelle de Varengeville est de 1,132 habitants [1].

Rouxmesnil-Bouteilles, à 1 lieue 1/4 (sud) de Dieppe, et 1 lieue (nord-est) d'Offranville, est appelé dans les anciens titres *Saint-Denis de Raoulmenil*, *Roumesnil*, *Roumesnil-sur-Dieppe*, etc. « Ce mot, dit le bénédictin Duplessis, vient ou de *Rollo*, ou de *Radulphus*. » Suivant un aveu du 15 juillet 1495, le patronage de l'église de Rouxmesnil ap-

[1] Au sud-est de Varengeville, dans la vallée de la Scie et sur la grande route de Dieppe à Fécamp, on remarque les jolies ruines de l'ancienne église paroissiale d'Appeville-le-Petit, autrefois *Saint-Remi d'Appeville-sur-Dieppe*, *Appeville-Bas de Hottot*, etc. Cette terre était originairement une dépendance de la châtellenie de Hautot. Le patronage et les dîmes d'Appeville-le-Petit avaient été donnés en 1030, par Goscelin, vicomte d'Arques, à l'abbaye de Sainte-Catherine de Rouen. Après la destruction de cette abbaye, tous ses biens passèrent aux chartreux de Gaillon (*département de l'Eure*), qui en demeurèrent possesseurs jusqu'à la fin du siècle dernier. Appeville-le-Petit était un des siéges particuliers de la haute justice du duché d'Estouteville; c'était-là que se trouvaient les fourches patibulaires de la châtellenie de Hautot; on y exécuta à mort en 1619.

partenait aux seigneurs du Bourg-Dun. — Quant à l'ancienne paroisse de Bouteilles, aujourd'hui supprimée et réunie à Rouxmesnil, son nom est formé du nom teutonique *Butle* (en latin *Butila*), lieu bourbeux, rempli d'eau et de fange. En 1197, Richard-Cœur-de-Lion ayant fait construire contre les Français la forteresse d'Andely, si connue sous le nom de *Château-Gaillard*, Gaultier de Coutances, archevêque de Rouen, auquel appartenait le terrain sur lequel on venait de bâtir, en dépit de ses protestations, ce fort qui devait jouer dans l'histoire de notre province un rôle si glorieux, anathématisa le prince, mit la Normandie en interdit, fit fermer les églises, et porta jusqu'à Rome ses griefs et ses plaintes. Ce fut pour appaiser ce fougueux prélat que Richard-Cœur-de-Lion, roi d'Angleterre et duc de Normandie, se vit obligé de lui abandonner, en dédommagement, le port et la seigneurie de Dieppe, la ville et la seigneurie de Louviers, la terre et la forêt d'Aliermont, la terre et la seigneurie de Bouteilles, les moulins de Rouen, et, enfin, le patronage de tous les bénéfices qui pouvaient se trouver sur le territoire des Audelys. Les archevêques de Rouen reconnurent bientôt combien le traité de Gaultier avait été avantageux pour leur siège primatial, et, depuis cette époque, dans toute la Normandie, on prit l'habitude de dire, en parlant d'un homme qui fait fort bien son marché et ses affaires : *c'est un malin, c'est un fin Gautier*. C'est aussi, en mémoire de cet échange, que l'on vit s'élever, dans les différents carrefours de la ville de Rouen, des croix de pierre, dont une existe encore, et qui, toutes, furent chargées alors de cette inscription en vers héroïques, que le poète Guillaume le Breton a intercalés dans sa Philippide :

> « Vicisti, Galtere; tui sunt signa triumphi
> Deppa, Locoveris, Alacris Mons, Butila, molta :
> Deppa maris portus, Alacris Mons locus amœnus,
> Villa Locoveris, rus Butila, molta per urbem :
> Hactenus hæc regis Richardi jura fuere ;
> Hæc Rex sancivit, hæc Papa, tibique que tuere... »

Bientôt les archevêques de Rouen aliénèrent Bouteilles, et le cédèrent à l'abbaye de Saint-Wandrille. Renaud d'Harcourt voulut contester à cette abbaye le droit de nommer les curés de la paroisse de Bouteilles; mais, au mois de janvier 1226, il crut devoir renoncer à ses prétentions. L'église de Bouteilles, dédiée à *saint Saëns*, et non à *saint Jean* comme le porte un registre de l'an 1596, n'offre d'intéressant que quelques portions romanes de son abside et de son clocher. L'abbaye de Beaubec avait aussi autrefois, à Bouteilles, plusieurs propriétés considérables. C'était à cette abbaye qu'appartenait la terre que l'on nommait alors *le prieuré de Bernesault*, et que l'on appela depuis *la Moinerie*. Vers le milieu du siècle dernier, on voyait encore dans cet endroit quelques restes des anciens bâtiments; mais, depuis long-temps déjà, il n'y existait plus de moines. — En face de Bouteilles, dans la vallée de Dieppe, on trouve une énorme motte, absolument semblable à celle qui, dans la plaine du Vexin, porte le nom de *Vieux Château de Gamaches*. — La population de Rouxmesnil-Bouteilles est de 172 habitants[1].

BRACQUEMONT, sur le bord de la mer, à peu de distance de la grande route de Dieppe à Eu, se trouve à 1 lieue (est) de Dieppe, et 2 lieues (nord-est) d'Offranville. Cette commune est appelée, dans les anciens titres, *Notre-Dame de Brechemont*; ce nom, dont la signification littérale est *le passage de la montagne*, a sans doute été donné à cet endroit à cause de la descente du Puy (autre vieux mot qui signifie *hauteur*), laquelle est pratiquée à peu de

[1] Au nord-est de Bouteilles, après avoir traversé le village d'Etran, on rencontre, en remontant dans la plaine, la commune de Grèges, dont le nom, qui a tant d'analogie avec celui de *Cregi* ou *Gregi*, village situé près Meaux, semble, comme les noms de *Crécy*, *Cróville*, *Cropus*, *Crosdale*, *Croixmarre*, etc., etc, provenir de quelque *Croix* ou potence romaine, élevée autrefois dans ces parages par les maîtres du monde. C'était aux chanoines de la cathédrale de Rouen qu'appartenaient jadis l'église, les dîmes et le fief seigneurial de la paroisse de Grèges. — La population de cette commune est aujourd'hui de 297 habitants.

distance dans le bord de la falaise. En 1096, Renaud de Bracquemont suivit à Jérusalem le duc Robert II (Courte-Heuze). Dans le XIVe siècle, le patronage de l'église de Bracquemont appartenait aux chanoines de la cathédrale de Rouen, qui, à l'époque de la révolution, jouissaient encore des grosses dîmes de cette paroisse. Aujourd'hui la population de Bracquemont est de 641 habitants. — C'est sur cette commune, à environ 3/4 de lieue (nord-est) de la ville de Dieppe, que se trouve, tout au bord de la mer, et sur le sommet d'une immense falaise, les retranchements antiques si connus sous le nom de *Cité de Limes*. On leur a donné aussi la dénomination banale de *Camp de César*. « L'abbé Fontenu, qui avait fait, dit M. Girault de Saint-Fargeau, dans son *Dictionnaire Géographique des Communes de la Seine-Inférieure*, une étude particulière de la castramétation des anciens, pense qu'il existait en ce lieu, non pas un camp, mais bien une ville ou un bourg, qu'on trouve noté sur une ancienne carte de Normandie, sous le nom de Cité d'Olim [1]. » Daviti (tome II, page 423), prétend aussi qu'il existait, dans ces parages, une ville antique nommée *Limes*, à laquelle a succédé la ville actuelle de Dieppe.

---

[1] Ou *Olime*, suivant les Mémoires de l'Académie des Inscriptions et Belles-Lettres, tome X^e.

L'auteur des *Mémoires chronologiques* sur cette dernière ville prétend que le camp de Bracquemont fut élevé par Charlemagne, ou peut-être par Philippe-Auguste. D'autres l'attribuent au fameux Talbot, *surnommé*, dit Noël dans ses ESSAIS SUR LE DÉPARTEMENT DE LA SEINE-INFÉRIEURE, *le César des Anglais*. Quelques autres auteurs, en parlant d'une visite que le roi Louis XIII, accompagné de tous les grands de sa cour, vint faire à la Cité de Limes, au mois de novembre 1617, prétendent que c'est dans cette circonstance solennelle qu'il fut reconnu et décidé que ces vastes et antiques retranchements qui, dans les camgagnes voisines de la commune de Bracquemont, sont encore désignés sous le nom de *Catel* ou *Castel*, avaient été établis soit par Jules-César, le vainqueur des Gaules, soit par un de ses lieutenants, qui y fit camper ses légions. Telle fut l'opinion unanime de la suite du roi Louis XIII, laquelle se composait des ducs d'Orléans, de Mayenne et de Nemours; de MM. de Rohan, de Vitry, de Luynes, etc., etc. « S'il fallait en croire les chroniques manuscrites que j'ai sous les yeux, dit aussi à ce sujet M. Ludovic Vitet, ce serait depuis cette époque, et par respect pour l'autorité et les lumières de ces nobles voyageurs, que la coutume se serait établie à Dieppe de désigner ce lieu sous le nom de *Camp de César*, au lieu de l'appeler *Cité de Limes*, comme on avait fait jusque-là. » Enfin, M. P. Feret, dans un curieux mémoire qu'a publié la Société royale des Antiquaires de Normandie dans le recueil de ses travaux (tome v^e), prétend, après de longues considérations, que la Cité de Limes est un *oppidum* gallo-belge; que les buttes, mottes ou tombelles qui se rencontrent dans l'immense enceinte de ce retranchement, sont des *tuguria* ou des *tumuli;* que les fragments de poterie grossière qu'on y a rencontrés sont de la vaisselle gauloise ou belge, etc., etc. Si, après tant d'opinions, il nous est encore permis d'exprimer la nôtre, nous dirons, à notre tour, que la Cité de Limes n'a jamais été une ville celtique ni un *oppidum* belge. Les villes ou *oppida* des Gaulois étaient comme les nôtres : il y existait des maisons, des édifices, des remparts, des portes d'entrée, et ce que l'on appelle la Cité de Limes ne présente que des remparts de gazon : il ne s'y trouve aucunes fondations importantes ; il n'y existe aucune masse, ni soit de pierres, soit de briques, qui puisse indiquer quelque construction notable; le peu de matériaux que l'on y a rencontrés ne sont ni celtiques, ni belges, mais romains, et ils ne peuvent même pas être comparés à ceux qui se trouvent journellement dans l'emplacement des plus simples, des plus chétives, des plus misérables maisons de fermiers [1]. Les objets

---

[1] Les objets trouvés à Caudecote, à Bonne-Nouvelle-sous-Neuville,

recueillis dans cette enceinte se rencontrent dans tous les camps antiques dont nos plaines, nos vallées et nos collines sont, pour ainsi dire, couvertes. Les objets découverts à Bracquemont sont des médailles de Constantin et de Constance, son frère, des agrafes et des anneaux de cuivre, des débris d'armes en fer, des coquilles de moules, des défenses de sanglier, des fragments de vases antiques de différentes couleurs, des cendres, des charbons, et quelques ossements d'hommes et d'animaux; mais, nous le répétons, il n'existe pas un seul retranchement antique de quelque importance, qui n'offre, et quelquefois au centuple, des objets parfaitement analogues; et, certes, les médailles, les agrafes, les anneaux, les armures et les vases dont nous venons de parler, n'ont jamais appartenu aux grossières et barbares peuplades dont parle M. Féret. Il est vrai qu'il a été recueilli aussi, dans la cité de Limes, deux ou trois hachettes en silex, armes antiques des Gaulois; mais, comme ces hachettes, qui prouvent, d'une manière incontestable, que le peuple qui était obligé de s'en servir ignorait complètement la fabrication des métaux, ne peuvent appartenir à la même époque que les agrafes et anneaux de cuivre, les médailles et les armures en

à Ancourt, à Sainte-Marguerite-sur-Saâne, etc., etc, sont infiniment plus importants que ceux recueillis à Bracquemont; et, néanmoins, aucun de ces endroits, jusqu'à ce jour, ne paraît pas avoir été ce que l'on appelle un *Oppidum*.

fer, dont nous venons de faire mention, il en résulte tout simplement, que le point où elles ont été rencontrées a pu être visité autrefois par deux ou trois gaulois, qui les y auront perdues ou laissées en mourant; peut-être même y ont-elles été apportées à une époque postérieure. Nous ne pensons donc pas que, de la présence de ces hachettes, il soit possible de conclure que les gallo-belges aient élevé autrefois, à Bracquemont, une ville ou un *oppidum*. Si tous les endroits où il a été recueilli de ces haches en silex avaient été autant d'*oppida*, les départements de l'Eure, de l'Orne et du Calvados, et surtout celui de la Manche, où on les recueille parfois par boisseaux, auraient été couverts de villes ou de cités, certes, bien plus importantes que celle de Limes ou de Bracquemont.—Cette enceinte est entourée d'un rempart en terre fort élevé et de fossés profonds et irréguliers; si elle n'est pas due aux Celtes ou aux Belges, elle ne peut appartenir non plus aux Romains proprement dits, puisque, dans leur système de castramétation, ces derniers n'acceptaient que des lignes *pures, régulières et raisonnées*. La Cité de Limes, comme les camps de Sandouville, du Boudeville, de Veulette, de la pointe de la Rocque, de Freneuse, de Brionne, du Goulet près Vernon, etc., etc., appartient à une période de transition, à un peuple *mitigé, moitié barbare, moitié civilisé*; enfin, à des circonstances *graves*, *imprévues*, *précipitées*. Et, d'après la forme des murs, la situation de l'enceinte, la nature des différents objets qui s'y sont rencontrés, on ne peut douter un instant que ce ne soit un camp gallo-romain, construit à l'époque du Bas-Empire, alors que les peuples de la Gaule, au désespoir et abandonnés à eux-mêmes, tentèrent de s'opposer aux invasions sans cesse renaissantes des pirates saxons. Le nom de *Castel* que porte la Cité de Limes prouve que ce n'était point une ville, mais une enceinte retranchée, un *castellum*, un lieu de refuge et de défense. La dénomination de *Camp de César* prouve également que, comme ceux de Varengeville pour la station de Sainte-Marguerite, ces retranchements furent élevés pour protéger la station de Bonne-Nouvelle, non pas par le grand Jules lui-même, mais bien d'après les ordres d'un *César* quelconque, c'est-à-dire, d'après ceux, soit de Constantin, soit de Constance son frère [1]. On sait combien ces deux princes, à l'exemple de Dioclétien et de Maximien,

[1] Tous les empereurs romains portaient le titre de *César;* et, quand on dit en France, le *chemin du Roi*, le *bassin du Roi*, etc., on est loin de vouloir exprimer que le chemin ou le bassin dont on parle ait été établi par Clovis, fondateur de la monarchie française; de même la dénomination banale de *camps de César*, que portent tous les retranchements antiques dont notre pays est pour ainsi dire hérissé, ne signifie point que ces retranchements aient été élevés par Jules César lui-même. On les a appelés *camps de César*, et on a eu raison, puisqu'ils ont été faits d'après les ordres d'un César, c'est à dire d'un empereur romain.

se donnèrent de peines pour mettre à couvert les frontières de l'empire, et surtout celles des Gaules, que les barbares envahissaient de tous les côtés à-la-fois. C'est aux travaux élevés par Constance sur la rive saxonique, que notre Cotentin est redevable de son nom. *Constantiniensis pagus*; il en est de même de la ville de Coutances, appelée autrefois *Castra Constantia*. C'est également sous cette dernière dénomination qu'étaient connus les nombreux retranchements élevés dans la Suisse par ce prince. Enfin, les camps de la Rocque, du Boudeville et de Sandouville, dont nous parlions il y a quelques instants, doivent aussi leur existence à Constance, frère de Constantin, puisque, comme tous les autres, ils portaient son nom ; Ammien Marcellin, en décrivant le cours de la Seine, dit positivement que ce fleuve, après avoir reçu les eaux de différentes rivières, dont il cite les noms, va se jeter dans la mer auprès des camps de Constance : *meantesque protinus*, dit-il, *prope castra Constantia funduntur in mare*. Or, d'après les médailles recueillies dans la Cité de Limes, on ne peut douter que ce ne soit aussi d'après les ordres de Constance que ce camp aura été élevé [1]. La qualification de *Cité* qu'on lui a imposée

---

[1] Dans de nouvelles fouilles exécutées en 1827, à la Cité de Limes, il a été recueilli, dans un des prétendus *tuguria* déblayés par M. Feret, deux médailles gauloises, et de là on a conclu vivement

indique que, dans les temps de guerre ou d'invasion, c'était là que se refugiaient les populations d'alentour. La dénomination de *Limes*, que les Romains donnaient, non-seulement à l'abornement naturel des frontières, mais encore aux villes, aux places fortes, à toutes les barrières, enfin, qui se trouvaient sur les limites de l'empire, ne pouvait être mieux appliquée qu'aux travaux militaires de Bracquemont, puisque ces derniers se trouvent sur l'extrême frontière de la Gaule, tout au bord de la mer : *at Romanus*, dit Tacite, livre 1er de ses Annales, *agmine propero cæsiam, limitemque a Tiberio cœptum scindit : castra in limite locat, frontem ac tergum vallo, latera concædibus munitus* [1]. On le voit,

que c'était avec une profonde raison que l'on avait attribué aux gallo-belges la construction de ces retranchements. Quant à nous, il nous semble que c'était tout le contraire qu'on devait en induire. Le caractère des deux médailles est bien réellement de l'époque gallo-romaine ; mais, en supposant même qu'elles eussent pu être fabriquées par les Gaulois avant la conquête des fils de Romulus, il est impossible, nous le répétons, que les gallo-belges, qui, d'après ce que dit M. Feret lui même, se servaient de hachettes de caillou à l'époque où on leur attribue la construction de la cité de Limes, aient pu, ignorant la fabrication des métaux, s'amuser à frapper ou à couler des médailles. Ces deux pièces ont donc été fabriquées à l'époque gallo-romaine, et non à l'époque gallo-belge.

[1] Ce fragment des Annales de Tacite, où l'on trouve réunis les noms de *Limes* et de *Tibère*, nous a d'autant plus frappé que, par une singulière concordance, les environs de la ville de Dieppe, semés de débris romains, offrent tout-à-la-fois, sur un petit espace, et la cité de *Limes*, et le hameau de *Tiberville*, et le village de *Tibermont*, tout cela à quelques pas seulement de l'antique station de Bonne-Nouvelle.

ce passage de Tacite est formel; le mot *Limes* y donne bien l'idée d'un camp, puisque c'est dans un retranchement commencé par Tibère que Germanicus vient s'établir : *limitem a Tiberio cœptum scindit, castra in limite locat*; et ce camp, dont le front et les derrières sont soutenus par des remparts en terre, est défendu sur ses deux flancs par des arbres abattus. En voilà, certes, plus qu'il n'en faut pour prouver que la Cité de Limes n'est l'ouvrage ni des Celtes ni des Belges. Des hommes qui étaient forcés de se servir de hachettes en caillou faute de savoir travailler les métaux, devaient être bien peu habiles pour creuser de vastes fossés et élever d'immenses retranchements, dont quelques-uns, après tant de siècles d'insultes et de ravages, ont encore plus de trente, et quelquefois quarante pieds de hauteur. De tels travaux demandaient, pour leur construction, tous les ustensiles, tous les moyens de transport en usage chez les nations civilisées. Or, comme tous les objets trouvés dans les fouilles de Bracquemont appartiennent, sans exception, à l'époque du Bas-Empire, il en résulte clairement que tous ceux-là se sont trompés, qui ont affirmé que la Cité de Limes était antérieure à la conquête de la Gaule par les Romains. Si ce camp eût existé alors, ceux de Sandouville, du Boudeville, de la pointe de la Roque, de Brionne, etc., etc., qui offrent absolument le même type, le même caractère de construction, eussent probablement existé aussi. Si ces fortifications eussent été construites, les indigènes, à l'approche des troupes de Jules César, eussent-ils abandonné ces remparts élevés pour eux par la main de leurs pères, pour aller, suivant ce que dit César lui-même, se réfugier dans des lieux qui n'étaient fortifiés que par la nature, c'est-à-dire des montagnes et des marais *(palude et loci natura)* ? Pourquoi, au lieu de se défendre jusqu'à la mort, dans ces retranchements élevés en face du foyer domestique, sur ce même sol qui les avait vus naître, et dont l'aspect ne pouvait que tripler leur courage, s'en allèrent-ils si loin, délaissant leurs femmes, leurs enfants, leurs vieillards, se réunir à une armée qui, n'éprouvant que des revers, finit bientôt par s'abandonner à la clémence du vainqueur?... Il est donc certain, nous le répétons, que les retranchements de la Cité de Limes n'existaient pas encore, et qu'ils appartiennent à une époque de beaucoup postérieure. Les preuves que nous venons de donner nous paraissent irrécusables. — Quant au nom de *Limes*, qui se retrouve dans celui de *Limésy*, commune située à peu de distance de la rivière de Sainte-Austreberthe, et, par conséquent, sur les anciennes limites qui séparaient les peuples du pays de Caux *(Caleti)* d'avec ceux du Vexin *(Velocasses)*, il paraît qu'à une certaine époque, notamment dans les XIVe et XVe siècles, il avait fini par remplacer, momentanément il est vrai, le nom de Bracquemont. D'un côté, en effet, un appendice placé à la fin de l'*Histoire générale de Normandie* par Gabriel du Moulin, cite (page 22), au milieu d'une foule de gentilshommes normands, un *sire de Limes*, lequel portait pour armes un écusson *de gueulles à une fasce d'argent, accompagnée de six tourteaux d'or*. D'un autre côté, dans le chœur de Martin-Église, paroisse voisine de celle de Bracquemont, on lit, autour d'une grande pierre tumulaire, qui aujourd'hui sert de table au maître-autel de cette église, que *messire Regnault Viel*, dont elle recouvrait les cendres, avait été autrefois *curé de Limmes et doien de Envermeu*, et qu'il *trespassa l'an de grace* MIL CCCC LXVI (1466)[1].

BELLEVILLE-SUR-MER, à 1 lieue 1/2 (nord-est) de Dieppe, et 3 lieues 1/4 (nord-est) d'Offranville, est appelé, dans les anciens titres, *Notre-Dame de*

---

[1] Quelques antiquaires, et notamment M. Auguste Le Prevost, prétendent que la paroisse de Limes, mentionnée sur la pierre de Regnault Viel, se trouve en Angleterre et non en Normandie. Nous ignorons s'il existe bien réellement une paroisse de ce nom dans la Grande-Bretagne; mais nous ne pouvons nous empêcher de dire que, d'après notre conviction, ce n'est point de ce lieu qu'il s'agit ici. Le nom du défunt, le titre de doyen d'Envermeu, la proximité de ce bourg et de la paroisse de Bracquemont avec Martin-Église, tout prouve, jusqu'à la dernière évidence, que l'abbé Viel était bien réellement d'origine française; que c'était bien réellement de Brac-

Berleville du Flot. L'église de cette paroisse appartenait à la célèbre abbaye du Bec, qui s'en fit confirmer la possession, en 1141, par Hugues d'Amiens, archevêque de Rouen. La population de Belleville est de 299 habitants. — Derchigny, à l'est-sud-est de Belleville, porte, dans quelques actes des XIVe, XVe, XVIe et XVIIe siècles, les noms de *Saint-Martin de Ercheni, Ersigny, Darsignei, Dersigny,* etc. En 1258, c'était aux rois de France qu'appartenait le patronage de l'église de cette paroisse, droit qui passa successivement aux seigneurs de Derchigny même, puis au fief d'Aussy (situé sur Envermeu), au fief de Bosc-Guillaume, etc. Derchigny est la patrie de notre célèbre De Clieu, gouverneur de la Martinique, auquel on doit l'introduction et la culture du café aux Antilles. M. De Clieu était seigneur de Derchigny. C'est lui qui fit bâtir le château qui existe encore : ce château fut construit avec des pierres que le ministre permit à M. De Clieu d'enlever au château d'Arques. — Graincourt, situé au sud-ouest de Derchigny, est appelé, dans un titre de 1378, *Saint-Valery de Greencort.* Entre Graincourt et Saint-Martin-en-Campagne, il existait une chapelle appelée *Saint-Denis de Vargemont.*

quemont qu'il avait été curé, et que c'est indubitablement en visitant cette partie de son doyenné, que le vénérable pasteur sera tombé malade et aura terminé sa carrière dans le village où il est enterré.

CANTON D'OFFRANVILLE.

Ancourt, à 1 lieue 1/2 (sud-est) de Dieppe, et à 3 lieues (nord-est) d'Offranville, se trouve sur la rive droite de l'Eaulne et sur la grande route d'Envermeu à Dieppe[1]. C'est en faisant cette route, il y

[1] Au sud-sud-ouest d'Ancourt, sur la rive droite de la Béthune, en allant rejoindre la vallée d'Arques, on trouve la commune de Martin-Église, l'une des plus anciennes paroisses de la Normandie. Dès le temps de nos premiers ducs, elle appartenait aux chanoines de la cathédrale de Rouen. Le fameux archevêque Robert, prince du sang ducal et comte d'Evreux, *l'aliena*, dit le bénédictin Duplessis, *et la vendit à des seculiers*. Dans la suite, cependant, l'archevêque Guillaume Bonne-Ame obtint de Guillaume-le-Conquérant, roi d'Angleterre, le droit de rentrer en possession de l'église, des dîmes et de la terre de *Martin-Église* (*Martini Ecclesia*, et non pas *Sancti Martini*). Cette terre était alors possédée par Gaultier II Guiffard, comte de Longueville, qui refusa de s'en dessaisir. L'affaire fut plaidée à Fécamp, au mois d'avril 1080, en présence de Guillaume-le-Conquérant lui-même et de la reine Mathilde, sa femme, *assistez de plusieurs seigneurs et barons*. Le duc-roi, malgré toute la faveur qu'il accordait à l'archevêque, ne voulut pas être injuste, et il fut convenu qu'après la mort de ceux qui la tenaient en ce moment, la terre de Martin-Église retournerait au chapitre métropolitain. C'est, en effet, ce qui eut lieu ; et, depuis lors jusqu'à la révolution, les chanoines de la cathédrale de Rouen demeurèrent paisibles possesseurs des dîmes et de la seigneurie de Martin-Église. L'église de cette paroisse ressemble plutôt à une grange qu'à un temple divin. Quelques parties de la maçonnerie peuvent être anciennes, mais elles n'ont ni formes ni caractère. Le seul objet digne de remarque est la pierre tumulaire de Regnault Viel, dont nous avons parlé précédemment (article *Bracquemont*). L'ancien curé de *Limmes* y est représenté au trait. « Cette figure et les accessoires qui l'entourent, dit M. Vitet, ne sont pas sans mérite : le trait a de la finesse et de la légèreté. » — C'est à Martin-Église que se trouvait l'armée du duc de Mayenne, lorsqu'eut lieu la bataille d'Arques, le 20 septembre 1589. C'est là que, cinq jours auparavant, ce chef des ligueurs avait eu le projet d'envelopper Henri IV. Après s'être emparé de Gournay, de Neufchâtel, de Gamaches et de la ville d'Eu, il vint secrètement, le 15 septembre, se

a peu d'années, que l'on découvrit, sur Ancourt, à l'est-nord-est de l'église, à l'entrée d'un petit vallon, et du côté de Sauchay-le-Bas, une quantité considérable de briques, de tuiles et de poteries romaines : les champs qui avoisinent cette route sont encore aujourd'hui semés de ces débris sur un espace de près de treize acres. Sur l'un des fossés, tout au bord du

poser en face de Dieppe. Il divisa son armée en deux corps. La droite, dont il avait le commandement, alla se placer en vue du Pollet, et la gauche, sous les ordres du duc de Nemours, descendit, par Ancourt, jusqu'à Martin-Église; trois jours après, les colonnes du duc de Mayenne vinrent l'y rejoindre, et c'est là qu'ils attendirent le jour de la bataille. — Aujourd'hui, on a réuni à Martin-Église l'ancienne paroisse d'Etran, que quelques actes appellent *Saint-Pierre d'Estre-Ham*. Ce nom, dont on retrouve l'analogue dans celui d'*Etretat* ou *Oistre-Stat*, est formé des mots teutoniques *Oestre* ou *Wester*, occident, et *Ham*, hameau, village; il signifie donc *le hameau de l'occident*. En 1267, c'était aux archevêques de Rouen qu'appartenait le patronage de l'église d'Etran, mais, depuis 1560, ce droit fut exercé par le roi. L'église d'Etran, assez ancienne, est aujourd'hui complètement démolie. Outre cette église, il y avait autrefois à Etran, sur l'antique hameau de Tibermont, une chapelle dite *de Saint-Léonard*. Cette chapelle, qui était en titre en 1682, et dépendait des religieuses Bénédictines de la ville de Dieppe, existait encore en 1726. Le nom de *Tibermont* rappelle celui de *Tiberville*, autre village situé également près Dieppe. Si, à ces deux noms, on ajoute celui d'*Etran*, puis les remparts de la cité de Limes; puis l'immense quantité d'objets romains qui ont été recueillis à Bonne-Nouvelle-sous-Neuville, puis, enfin, les fioles, les urnes cinéraires et tous les débris du cimetière antique placé au bord du chemin de Caudecôte (nom qui rappelle si bien aussi ceux de Caudebec et du Mont-Calidus, *arrondissement d'Yvetot*), on pourra soupçonner, avec M. L. Vitet, que c'est sous le règne de Tibère qu'ont eu lieu, sur cette partie des rivages de l'océan, les premières tentatives de colonisation. — La population actuelle de Martin-Église, réunie à Etran, est de 462 habitants.

chemin, nous avons remarqué beaucoup de cendres et quelques ossements humains. Diverses personnes nous affirment avoir recueilli, dans ces terrains, depuis un grand nombre d'années, beaucoup de médailles romaines en cuivre, que les habitants du pays nomment *vieux-deux-sous*, *sous à la Vierge*, etc. A ces preuves incontestables de l'existence, en ces lieux, d'un établissement romain, nous ajouterons que, a l'ouest de l'église d'Ancourt, au penchant d'un petit mamelon, en allant du côté de Dieppe, on trouve les restes bien conservés d'une voie antique, que les vieillards du pays appellent encore *le chemin des Romains*. Cette voie, partant de Beauvais par Saint-Omer-en-Chaussée, où elle se divisait en deux branches, venait, par Campeaux, Formerie, Criquiers, Conteville (*Condata Villa*), Flamets, Mortemer-sur-Eaulne et l'Épinay, où elle est bordée de débris romains, gagner Fesques, où elle est encore fort reconnaissable; puis Wanchy et Douvrend, dont les habitants actuels l'ont encore vue dans un état parfait de conservation; ensuite Envermeu et Hybouville, où l'on a trouvé un grand nombre d'objets antiques; et, enfin, Bellengreville, Ancourt et Neuville, d'où elle allait aboutir au bord de la mer, à la station antique qu'a remplacée la ville actuelle de Dieppe, et dont on voit encore les débris à la Chaussée de Bonne-Nouvelle. Ancourt, dans un titre de l'an 1269, est appelé *Elencourt* (Elencuria), ce qui indiquerait que ce nom provient de celui d'Hélène. Plus tard, on trouve *Encourt* dans les archives de l'abbaye de Fécamp; les registres de l'archevêché de Rouen, année 1435, portent *Aencuria*; plusieurs actes de différentes époques disent *Saint-Remi* ou *Saint-Saturnin d'Aiencort*. Le patronage de l'église paroissiale appartenait à l'abbaye de Fécamp. Cette église est une belle construction de la Renaissance; on y remarque sept magnifiques verrières, de la même époque, représentant l'arbre de Jessé, saint Martin, la sainte Vierge, etc. « Je ne sais par quel miracle, dit M. Ludovic Vitet, ces vitraux se sont conservés. Il faut que les bandes protestantes n'aient pas pénétré dans cette vallée solitaire, ou que quelques prêtres intelligents aient dérobé à leurs yeux ces images, qu'ils n'eussent pas manqué de briser en mille morceaux. » Sur une de ces vitres, on lit l'inscription suivante : *En lan cinc cens et XXII fut faicte ceste verriere des deniers des maistres et freres de la Charite.* L'auteur de ces beaux vitraux est un nommé Bardoux, comme on le voit par le manteau de l'un des rois-mages, sur la bordure duquel se trouvent ces mots : *Bardolx pavigerius* ou *paviserius*, c'est-à-dire, *Bardoux pavoiseur* (tapissier, décorateur). On trouve aussi dans l'église d'Ancourt un charmant bénitier du XVI° siècle, analogue, par son style, à celui de Saint-Remi de

Dieppe, que quelques antiquaires ont honoré de dissertations si curieuses et de conjectures si bizarres. On remarque également, dans cette église, deux jolis piliers ceints chacun d'une couronne de coquilles, deux diablotins à l'entrée du chœur, un écusson d'or à trois bandes de gueules, etc. — Il y avait autrefois, sur Ancourt, un pont de pierre qui paraît avoir donné passage à une voie venant d'Arques. On y touchait un péage au commencement du XIe siècle; c'est indubitablement là l'origine d'un fief fort ancien, nommé *le Pont-Tranchard*. Ce fief donnait à ses possesseurs le droit de nommer les curés de la paroisse de Vibeuf *(canton d'Yerville)*. Il relevait directement du roi, comme le prouve un aveu rendu le 30 juillet 1635, par Adrien de Lintot, qui en était alors seigneur. — La population de la commune d'Ancourt est de 463 habitants.

ARQUES. Situé au bord méridional d'une riche et belle vallée, sur la rivière qui porte son nom, et à peu de distance du point de réunion de cette même rivière avec celles de l'Eaulne et de la Béthune, ce bourg, dont le nom est devenu si célèbre, fut autrefois une ville importante.

D'après la carte de Peutinger, la voie romaine partant de *Corocotinum* (Oudales, ou peut-être le port de Lheure) et conduisant à *Bononia* (Boulognesur-Mer), devait suivre la côte, et passer sur le territoire où Arques s'est élevé depuis. En effet, tout le bas de la vallée, en descendant vers l'endroit où se trouve aujourd'hui la ville de Dieppe, devait être alors une baie, ou du moins un vaste marécage, que le flux et le reflux de la mer couvraient deux fois par jour. Les hautes marées devaient faire de tous ces parages un véritable océan. Arques était donc le passage le plus commode, ou, pour mieux dire, le seul passage possible. Cet état de choses et l'importance d'une communication sûre et rapide entre les deux plaines voisines forcèrent les Romains de construire, dans la vallée d'Arques, un pont qui, suivant l'usage d'alors, devait être fortifié. A l'extrémité nord-nord-est de ce pont, de l'autre côté de la vallée, et sur la rive droite de la rivière, il se trouvait une chaussée qui, reunie à la voie de Beauvais, allait aboutir, par Etran, à la station anonyme de Bonne-Nouvelle-sous-Neuville.

Suivant M. Auguste Le Prevost et le savant Adrien de Valois, ce fut le voisinage de ce pont qui fit donner aux remparts et à la ville qui, par la suite, s'élevèrent dans ces lieux, le nom latin *Arcæ* ou *Arcus*, dont on a fait *Arques* en le transportant dans notre langue [1].

---

[1] C'est à tort que le bénédictin Duplessis a prétendu que le nom primitif d'Arques était *Hasdans*. « Stationem navium, dit Guillaume

Lorsque les Francks se furent établis dans les Gaules sur les débris de la puissance romaine, le pays des *Caleti*, dont Lillebonne avait été la capitale, fut divisé en deux comtés ou gouvernements principaux. L'une de ces divisions conserva le nom de Pays de Caux, et renferma Fécamp, Colbosc et Harfleur. L'autre reçut le nom de Talou *(Talogium, Talogiensis Pagus)* [1], et Arques fut son chef-lieu. Cette dernière circonscription, suivant quelques géographes, était bornée à l'orient par la Bresle, et au couchant, suivant Fournier *(Notitia Orbis.* liber VI, cap. 2.), par la rivière de Scie [2].

A l'époque des invasions des hommes du nord,

de Jumiéges, apud Hasdans quæ Archas dicitur. » Cette phrase ne désigne point la ville dont nous parlons, mais bien le territoire qu'occupent aujourd'hui la ville du Pont-de-l'Arche et le village des Damps *(département de l'Eure)*.

[1] On a souvent confondu le Talou avec le petit pays de Telle ou Tellau, situé dans le Vexin, entre l'Epte et l'Andelle; la ressemblance de ces deux noms *a donné lieu*, dit M. A. Le Prevost, *à de fréquentes méprises et confusions, même dans les chartes*.

[2] Et non pas par la rivière du Dun, comme le prétend Dom Toussaint Duplessis (tome Ier, page 49). Deux chartes, citées par le père Pommeraye à la fin de son *Histoire de l'abbaye de Sainte-Catherine du Mont*, et appartenant l'une à l'année 1030 (donnée par Goscelin, vicomte d'Arques), et l'autre à l'année 1073 (donnée par Raoul de Varenne), ne laissent aucun doute à ce sujet. En effet, suivant la première de ces deux pièces, Appeville près Dieppe se trouvait dans le Talou, tandis que, suivant la seconde, Omonville près Bacqueville, faisait comme Anglesqueville-sur-Saâne, Motteville-les-deux-Clochers et Flamanville-l'Esneval, partie du pays de Caux : *Quatuor villarum Caletensis pagi*, dit cette dernière charte, *Maltevillæ scilicet, Flamenvillæ, Amundivillæ et Angliævillæ, ecclesias*.

c'étaient les religieux de Saint-Wandrille qui possédaient l'église et les dîmes de la ville d'Arques. Il est probable que, dans cette malheureuse période de dévastations et de massacres, cette ville aura eu à subir de la part des avides barbares de nombreuses visites et de déplorables attaques.

Il paraît, cependant, que la capitale du Talou ne tarda pas à réparer les désastres de l'invasion.

En effet, suivant Frodoard, le roi Louis IV (d'outre-mer) traversait cette contrée en 944, avec Arnulf, Herluin et quelques évêques de France et de Bourgogne. Arnulf, précédant le roi, rencontra une troupe de Normands qui étaient en garnison, ou du moins en observation, à Arques. Arnulf les mit en fuite, et parvint ainsi à assurer le passage du monarque français.

D'accord avec le nom *Arques*, qui, comme nous venons de le voir, signifie un pont, et un pont fortifié, ce fragment du vieux chroniqueur prouve que, dès-lors, cet endroit avait une certaine importance[1].

Après celle donnée par Frodoard, la date la plus ancienne où il soit fait mention d'Arques est 989. Guillaume de Jumièges rapporte que ce fut en cette

---

[1] Quelques auteurs ont tour-à-tour affirmé, sans aucune vraisemblance, que le château d'Arques avait été originairement fondé ou par Charles Martel, ou par Pepin le Bref, ou par Charlemagne, ou par Carloman. Nous verrons plus bas que ces différentes versions sont complètement dénuées de vérité. Le bénédictin Duplessis

année-là, au village d'Équiqueville, non loin de la ville d'Arques (*haud procul ab oppido Arcarum, in villa quæ dicitur Schechevilla*), que le duc Richard Ier, étant venu à la chasse, connut pour la première fois la belle et célèbre Gonnor, *qu'il aima si tendrement*, dit le bon bénédictin, *et dont il eut plusieurs enfants.*

Enfin, en 1024, le duc Richard II donna, en faveur de l'abbaye de Saint-Wandrille, une charte par laquelle il restituait à cette abbaye le patronage de l'église d'Arques, la dîme de cette ville avec quelques autres droits sur son territoire, et aussi tous les biens qui, avant l'invasion des hommes du nord, avaient appartenu à ce célèbre monastère.

Quatre ans après, en l'an 1030-1031, cette restitution fut confirmée par le duc Robert Ier, surnommé le Libéral, qui, dans sa charte, mentionne aussi les églises de Bouteilles et de Saint-Aubin-le-Cauf. Parmi les signatures de cet acte, lequel est daté du palais de Fécamp, on remarque celle de Henri Ier, roi de France, qui, suivant ce que porte ce même titre, était venu alors chercher un refuge

---

assure toutefois que, de son temps, il existait encore, sur une des portes du château d'Arques, une pierre où étaient gravés trois chiffres, savoir : un 7, un 4, et enfin un 5, qui avait beaucoup de ressemblance avec un 7 ou un 9. De là, le naïf bénédictin conclut que la forteresse d'Arques a dû être construite soit en 745, soit en 749!..

sur la terre normande : *tunc temporis, profugus habebatur in hac terra* [1].

C'est aussi vers cette époque qu'il faut placer la véritable fondation de la ville de Dieppe par les habitants d'Arques, dans un emplacement occupé autrefois par une station gallo-romaine, laquelle avait été détruite, soit par les flots de l'océan dans des jours de tempête, soit par les barbares, pirates saxons ou autres, qui vinrent si souvent ravager ces contrées. Le sol, désolé et sauvage, où s'élève aujourd'hui cette ville, si célèbre dans les annales de la marine française, faisait depuis long-temps partie du territoire d'Arques, lorsque, vers les années 1020 et 1025, quelques pêcheurs de ce dernier endroit s'avancèrent du côté de la mer. Peu à peu ils s'y établirent en plus grand nombre; la commodité de la pêche et le commerce des salines avaient à leurs yeux un attrait assez puissant, pour leur faire transporter leurs foyers à quelques pas de leurs premières demeures. Dans la charte de Goscelin, dont nous avons parlé plus haut, et de laquelle nous allons bientôt donner quelques extraits, il est fait mention, non pas des *salines d'Arques*, comme l'ont dit Duplessis

---

[1] En effet, Henri Ier avait été obligé de fuir devant ses sujets révoltés contre lui par les intrigues de Constance de Provence, sa mère, qui, appuyée par Eudes, comte de Champagne, voulait placer la couronne de France sur la tête de Robert, son second fils (*voir notre Notice Historique sur la ville de Fécamp*, page 200).

et plusieurs autres auteurs, mais bien du *fief de Dieppe*, du *port de Dieppe*, des *salines de Dieppe*[1]. Tout cela prouve que dès l'an 1030, date de la confection de cette charte, Dieppe, quoiqu'en aient dit certains antiquaires, existait bien réellement, et que, si ce lieu ne jouait alors aucun rôle historique, puisque ce n'est qu'en 1188 qu'il fut fortifié, et à la hâte, par Henri II, duc de Normandie, roi d'Angleterre, il n'est pas moins vrai que, comme hâvre de pêcheurs, il avait déjà acquis une certaine importance. Du reste, il est bien certain que c'est aux établissements créés sur le bord de la mer par les habitants d'Arques, que Dieppe est redevable de son origine.

Depuis l'établissement des Normands, le pays de Talou, comme tous les antiques *pagi*, avait été divisé en petits comtés, dont Eu, Aumale, etc., étaient devenus les chefs-lieux. Arques lui-même, tout en restant la capitale de son ancien *pagus*, était devenu le centre d'une de ces circonscriptions particulières; c'est du moins ce que prouvent les vers suivants du poète Robert Wace :

> Ceux du comté d'Oo, et ceux du Taloois,
> Et ceux du comté d'Arche, ensemble o les Cauchois.

Le duc Richard II ayant eu de son troisième mariage un fils nommé Guillaume, ce dernier, après la

[1] On voit encore, au hameau de l'Epinay près Dieppe, une motte, sur laquelle, dit-on, l'on faisait sécher le sel autrefois.

mort de Robert Ier, surnommé *le Diable* ou *le Libéral*, voulut, contre les droits du jeune fils d'Arlette, son neveu, s'emparer du sceptre ducal. Le jeune prince, que l'on appelait alors Guillaume *le Bâtard*, et que l'on surnomma bientôt *le Conquérant*, crut pouvoir arrêter les projets ambitieux de son oncle en accablant celui-ci de ses bienfaits. Après lui avoir donné de vastes et nombreux domaines, il le créa comte du Talou. Toutefois, il laissa la vicomté d'Arques à Goscelin, ancien vicomte de Rouen, lequel l'avait reçue à fief de Robert Ier, dès les premières années du règne de ce prince.

Ce fut ce Goscelin, vicomte d'Arques, qui, ainsi que nous l'avons vu ailleurs, fonda, en 1030, les abbayes du Mont-Sainte-Catherine et de Saint-Amand, à Rouen.

Au premier de ces monastères, il donna une terre appelée Canehan, une autre terre nommée Viller ou Villiers, avec trois moulins, une église et toutes ses appartenances; dans la même contrée, au village de Caudecôte, une métairie avec toutes ses dépendances, c'est-à-dire des salines, une terre labourable au bord de la mer, des bois et des pâtis; puis, la chapelle du Petit-Appeville, un fief à Dieppe, et, au port même de Dieppe, cinq salines et cinq masures, fournissant par année cinq milliers de hareng saur. Il y ajouta le poisson pris chaque jour de dimanche dans les pêcheries d'Arques, l'église et les dîmes de Muchedent, une portion de la terre du Tot (*patrimoine de Goscelin*), etc.[1].

Au deuxième, il donna : 1°, une forêt située entre la rivière de Varenne et la Scie, et tout le terrain défriché qui en dépendait; 2°, l'église de Manéhouville, avec un domaine et un moulin ; 3°, plusieurs propriétés à Monville, à Esletes, à Fresquienne, à l'Épinay et à Cardouville ; 4°, la terre, le village et la forêt de Malaunay, etc.[2].

Quelques auteurs ont prétendu que c'est dans ce dernier monastère que le vicomte Goscelin termina

---

[1] « *In pago Tallou*, dit le duc Robert Ier dans la charte de confirmation, *villam unam quæ ab incolis dicitur Kanchen. In eodem etiam pago, Villare cum tribus molendinis et una ecclesia, cum omnibus videlicet quæ ad ipsam videntur appenditia. In ipso quoque pago prædium ad villam Caldecota pertinens, cum omnibus appenditiis suis, idest salinis, terra in humectis maritimis, et in campis, et in silvis, pascuis. Ecclesiam unam supra mare positam cum triginta sex jugeribus, et capellam de Apparilla, et unum fisigardum in Dieppa, et apud portum ipsius Dieppæ quinque salinas et quinque mensuras quæ solvunt per singulos annos quinque millia halecium; dies dominicos piscariæ de Archis; ecclesiam de Mucedent, villæ etiam quæ dicitur Tot partem illam que ad Goscelinum pertinebat*, etc.

[2] « *Concedimus etiam supradicto monasterio sylvam illam quæ habetur inter aquas, scilicet Garennam et Sedam, cum terra culta quæ pertinet ad eam, cum omnibus supradictis; etiam totum dominium quod hactenus tenuimus in Manehousvilla, lætanter prædicto loco concedimus cum ecclesia et molendino; et quicquid habuimus in Montvilla, præter ecclesiam, et in Esletis, et in Freschennis, et in Cardonvilla : tandem supradictis sanctis concedimus villam quæ dicitur Spinetum cum his quæ pertinent ad ipsam, videlicet cum terra unius carrucæ, et cum te'onio..* »

ses jours, après y avoir embrassé la vie religieuse. D'autres prétendent qu'il n'avait eu qu'une fille, nommée Béatrix, laquelle avait également embrassé, avec Emmeline sa mère, la vie religieuse dans l'abbaye de Saint-Amand, à Rouen.

Cependant, une charte de Guillaume-le-Conquérant, donnée en faveur de l'abbaye de Saint-Georges de Boscherville, cite un Richard, fils de Goscelin, tandis que, de l'autre côté, les archives de l'abbaye de Fécamp mentionnent un Renaud, vicomte d'Arques. Ce dernier vivait vers l'an 1040; il donna à ce monastère le patronage et les dîmes de plusieurs églises situées dans le voisinage de la ville d'Arques.

Ce Renaud étant venu à mourir à son tour, vers l'an 1048, sans laisser, à ce qu'il paraît, d'héritiers mâles, la vicomté d'Arques retourna au domaine ducal. Avec un peu de prudence, nécessitée, d'ailleurs, par les coupables tentatives d'une foule de seigneurs et de barons, dont l'ambition effrénée rendit si orageuses et la minorité et les premières années du règne de Guillaume, celui-ci eût dû conserver, sous son autorité et à sa disposition, la ville d'Arques, que son importance et sa situation naturelles rendaient fort précieuses. Malheureusement, il n'en fut pas ainsi. Le jeune duc eut la faiblesse de remettre cette place aux mains de son oncle, déjà comte du Talou. Il voulait, par cette nouvelle preuve de confiance et de générosité, s'assurer, sinon l'appui, du moins la neutralité du perfide Guillaume, mais son imprudence faillit lui coûter cher[1]. Le frère de Robert-le-Diable était un homme avide et audacieux; il paya son jeune et trop confiant neveu de la plus noire ingratitude.

A peine se fut-il mis en possession de la ville d'Arques, qu'il se hâta de faire construire, sur le sommet de la haute colline qui la commande du couchant au midi, un château de formidable défense : *Arcas castrum in pago Tellau primus statuit*, dit la Chronique de Fontenelle. C'est donc lui qui fut le premier et véritable fondateur de la forteresse dont il existe encore aujourd'hui de si imposantes ruines. Suivant Guillaume de Poitiers, historien contemporain, cette construction lui coûta d'immenses travaux : *Operosissime*, dit-il, *extruxit in prœalti montis Arcarum cacumine*.

Lorsque tout fut terminé, le comte de Talou se

---

[1] Voici comment Robert Wace s'exprime au sujet de cette donation :

> Pur honur de sun parenté
> E pur aveir sa feelté,
> Li a li dus en fieu duné
> Arches è Taillou le cunté.

Le poète ajoute également que ce fut l'oncle de Guillaume-le-Conquérant qui fit construire le château d'Arques :

> Pur dangier fere à son seignenr
> Fist desus Arches une tur.

12

déclara hautement contre son bienfaiteur. Le jeune duc se saisit rapidement de la forteresse d'Arques, et y plaça une nombreuse garnison.

Malheureusement, le comte du Talou parvint à séduire les officiers de son neveu, et une guerre affreuse menaça le duché.

Cependant, le bâtard de Falaise, le futur conquérant de l'Angleterre, ne se laissa pas abattre par le danger. En 1053, il vint lui-même assiéger le château d'Arques. La famine força les rebelles à se rendre: ils avaient été réduits à l'état le plus affreux. Voyant qu'il n'était que faiblement secouru par son allié le roi de France, dont l'armée, campée à Saint-Aubin-le-Cauf, venait d'être en partie détruite par les troupes du jeune duc, le fils de Papie reconnut ses torts; il demanda grâce à son neveu, et celui-ci lui pardonna généreusement. Honteux, cependant, de son exécrable conduite, il quitta la Normandie, volontairement selon les uns, forcément selon les autres, et s'en alla, avec sa femme, finir ses jours auprès d'Eustache, comte de Boulogne.

Après l'avoir retirée à son oncle, le duc de Normandie donna la vicomté d'Arques à un autre seigneur, nommé également Guillaume. Ce dernier était fils de Godefroy Guiffard, fils puîné d'Osbern Guiffard, sire de Bolbec, et d'Ameline, sœur de la duchesse Gonnor; c'était, par conséquent, la branche cadette des Longueville de Normandie et des Guiffard-Buckingham d'Angleterre.

C'est à l'embouchure de la rivière d'Arques, qui, suivant l'usage, généralement adopté en Normandie, d'appliquer aux rivières le nom des lieux qu'elles arrosent [1], portait alors le nom de Dieppe, que Guillaume-le-Conquérant vint s'embarquer, le 6 dé-

[1] C'est ainsi que la rivière de Valmont prend le nom de rivière de Fécamp en passant par Fécamp ; que celle de la Bresle est appelée rivière d'Aumale par les habitants d'Aumale, et rivière de Blangy par les habitants de Blangy : c'est ainsi que la Béthune est appelée ruisseau de Saint-Saire à Saint-Saire-en-Bray et rivière de Neufchâtel en traversant Neufchâtel ; c'est ainsi que la Risle est appelée rivière de Rugles par les habitants de Rugles, rivière de Beaumont par les habitants de Beaumont-le-Roger, rivière de Brionne par tous les habitants des campagnes voisines de cette ville, et rivière de Pont-Audemer par tous les riverains depuis Appeville-Annebault jusqu'à la pointe de la Rocque ; c'est ainsi, enfin, que la rivière de Varenne elle-même, qui n'est autre que celle dont nous nous occupons en ce moment, a été appelée rivière d'Arques par les habitants d'Arques, et rivière de Dieppe par les habitants de Dieppe.
Cependant, malgré de si nombreuses et de si accablantes preuves, quelques auteurs se sont obstinés à dire que *Dieppe* est le nom de la rivière, et non pas celui de l'emplacement où s'est élevée la ville qui le porte aujourd'hui ; et, pour appuyer cette assertion, on affirme que le mot *Depp* ou *Diep*, dont l'origine est danoise ou teutone, signifie un *canal*. Malheureusement, cette circonstance prouve précisément tout le contraire de ce que l'on voulait prouver. Le mot *canal*, en effet, dans sa naturelle et véritable acception, ne désigne pas une rivière, mais bien *l'espace*, *le lit*, *le terrain cavé* ou *creusé* par où s'écoulent soit les eaux d'une seule source, soit celles de plusieurs sources réunies. Or, le nom Dieppe est exactement celui qui convenait, et qui a été effectivement donné, non pas à la rivière d'Arques ou de Varenne, mais bien au lit, au sol creusé de la vallée par lequel les eaux de cette rivière, réunies à celles de l'Eaulne et de la Béthune, vont se jeter dans l'océan.

cembre 1067, pour retourner en Angleterre : *deinde sexta nocte decembris*, dit Orderic Vital, page 509, *ad ostium amnis Deppæ, ultra oppidum Archas, accessit*[1]. Il est probable que c'est aux communications continuelles qui, à la suite de l'admirable conquête de l'Angleterre, s'établirent entre ce royaume et la Normandie, que le hâvre de Dieppe, offrant le plus court trajet entre les deux capitales, fut redevable de son accroissement. Le fragment d'Orderic Vital prouve que ce lieu devait avoir déjà une certaine importance, puisque son port pouvait donner entrée et sortie aux navires qui portaient Guillaume-le-Conquérant et sa cour, presque toujours composée d'une nombreuse suite d'illustres barons.

Comme le vicomte Goscelin, Guillaume d'Arques n'avait eu aussi qu'une fille. Elle se nommait Mahaud, c'est-à-dire Mathilde. Ce fut elle qui porta les biens de cette famille, et, en particulier, la terre de Monville près Rouen, dans l'illustre maison de Tancar-

---

[1] Les mots *sexta nocte*, dont se sert ici l'historien de Saint-Évroult pour exprimer *le sixième jour*, sont d'autant plus curieux, qu'ils rappellent les ténébreux mystères des druides et la vénération si profonde, si religieuse, qu'avaient les Gaulois pour les heures de la nuit. On sait, en effet, que c'est par nuits, et non par jours, que comptaient ces derniers ; et, c'est indubitablement de cet usage, si antique, si sacré, que les habitants de nos campagnes ont conservé, jusqu'à l'époque actuelle, l'habitude de dire *à-nuit* au lieu de *aujourd'hui*. L'expression *à-nuit* vient incontestablement du latin *à nocte*.

ville, par son mariage avec Guillaume Ier de Tancarville, grand-chambellan de Normandie.

Après la mort de Guillaume d'Arques, le duc Robert II (Courte-Heuze), voulant se créer un appui contre les nombreux ennemis qui le menaçaient, donna en 1089 à Hélie de Saint-Saëns, fils de Lambert, sire de Saint-Saëns, sa fille naturelle en mariage, lui accordant à titre de dot, et pour qu'il pût défendre le comté du Talou, les châteaux d'Arques et de Bures avec tout le territoire circonvoisin.

Malheureusement, les événements terribles qui se préparaient ne devaient pas laisser long-temps Hélie en possession du comté d'Arques.

Guillaume-le-Roux, roi d'Angleterre, non satisfait d'avoir ravi cette couronne à Robert Courte-Heuze, son frère aîné, voulut encore lui enlever le duché de Normandie. A cet effet, il suscita dans cette province des troubles désastreux; bientôt quatre armées l'envahirent à-la-fois; toutes les places fortes qui, d'ailleurs, étaient vendues d'avance, se rendirent spontanément. Seul, Hélie de Saint-Saëns, fidèle aux intérêts de son beau-père, voulut faire quelque résistance; mais, comme tous les autres, il fut obligé de céder à la force. Sur ces entrefaites, le duc Robert, pour mettre fin aux tracasseries que lui suscitaient son inexpérience et sa légèreté, ne crut mieux faire que d'acheter la paix dans son propre pays pour aller chercher la guerre dans des contrées lointaines. Emporté par son bouillant courage, ou plutôt par son imagination avide d'aventures et de hauts faits chevaleresques, il partit, en 1096, pour la conquête de Jérusalem, après avoir engagé à Guillaume-le-Roux, pour cinq années et moyennant une somme de 10,000 marcs d'argent, son beau duché de Normandie.

A son retour, Robert voulut reprendre le royaume d'Angleterre, qui, après la mort de Guillaume-le-Roux, était passé à Henri, le troisième des fils de Guillaume-le-Conquérant. Frustré deux fois de cette couronne qui, par les droits du sang et les lois générales de l'époque, n'appartenait qu'à lui seul, le malheureux Courte-Heuze eut recours aux armes. Après de longs combats, la victoire le trahit, et il tomba du trône dans les fers. Son barbare frère lui fit crever les yeux.

Craignant sans doute que le jeune Guillaume Cliton, fils de cet infortuné prince, dont l'éducation avait été confiée au brave et loyal sire de Saint-Saëns, ne vînt un jour à réclamer ses droits et à le renverser des deux trônes qu'il avait usurpés, Henri Ier crut prudent d'arracher à son sage et vertueux précepteur l'unique et légitime héritier de la branche aînée de nos ducs. Hélie de Saint-Saëns, dont

Guillaume Cliton était en même temps et le beau-frère et le pupille, refusa de le livrer aux mains de ses bourreaux. Henri envoya aussitôt une troupe de satellites, sous la conduite du comte Guillaume de Varenne, pour arracher au courageux ami de son frère l'enfant dont la présence lui était si odieuse, et punir en même temps de la peine capitale le téméraire refus du précepteur. Cependant, prévenu à temps de l'arrivée de ses ennemis, le sire de Saint-Saëns parvint à s'enfuir avec son élève. Tous deux trouvèrent à la cour de Flandre un asile protecteur, et Henri, pour tout moyen de vengeance, ne put que continuer, à son propre profit, le système de confiscation si habilement commencé depuis longtemps déjà par son glorieux frère et prédécesseur Guillaume-le-Roux, roi d'Angleterre. C'est ainsi que ces deux princes, pour punir Hélie de Saint-Saëns de sa fidélité, le dépouillèrent tour-à-tour de tout ce qu'il possédait : *Roberto enim duci et Guillelmo filio ejus*, dit Orderic Vital, *semper fidelis fuit; et, sub duobus regibus Guillelmo et Henrico, multa pertulit, labores videlicet et exhæredationem, damna, exilia ac multa pericula*.

Henri Ier entra donc en possession de la ville et du comté d'Arques. C'était en 1118. L'usurpateur se voyant menacé de la guerre par Baudouin, comte de Flandre, s'empressa de remplir et cette forteresse et ses autres châteaux de garnisons nombreuses et dévouées.

Bientôt, en effet, le comte de Flandres, indigné de l'injustice dont était frappé le jeune prince qui était venu à sa cour demander un asile, pénétra en Normandie à la tête d'une puissante armée, à laquelle rien ne résista. Il s'avança jusqu'au pied des murs d'Arques, et, en présence des troupes anglo-normandes, sous les yeux mêmes de Henri, il pilla et incendia toutes les places du Talou. Suivant Guillaume de Malmesbruy, ce fut sous les remparts d'Arques que le comte de Flandre reçut la contusion dont les suites négligées le conduisirent au tombeau.

Effrayé de l'audace du prince flamand, Henri Ier doubla et tripla la garnison du château d'Arques, et depuis lors on vit cette place tenir rang parmi les plus importantes du duché. De cette époque, son nom marcha de pair avec ceux de Rouen, de Bayeux, de Coutances, de Falaise, etc.

En 1119, lorsqu'elle eut reçu toutes les réparations et augmentations dont elle pouvait être susceptible, la forteresse d'Arques devint la prison du farouche Otmond ou Osmond, sire de Chaumont, que Henri Ier venait de faire prisonnier dans la bataille livrée par lui au roi de France Louis-le-Gros, à Brenmulle près Écouis. « Otmond, dit Orderic Vital, était un vieux scélérat qui protégeait les voleurs et les brigands, et ne rougissait pas d'employer tous les genres d'attaques contre les pauvres, les veuves et les habitants des monastères. » Une longue captivité fut le juste prix de ses infâmes exploits : il demeura renfermé dans le château d'Arques jusqu'au traité de paix.

En 1137, il existait à Arques, au hameau d'Archelles, qui depuis fut érigé en paroisse [1], une maladrerie ou hospice pour les lépreux, connue sous le nom de *Saint-Étienne*; nous en reparlerons plus bas.

En 1144, le château d'Arques avait pour gouverneur un moine flamand, qui fut tué imprudemment par un des gens d'armes du fort.

Sept ans après, en 1151, Louis-le-Jeune, roi de France, étant entré sur les terres de Normandie, accompagné d'Eustache de Boulogne, fils du roi Étienne, lequel réclamait à son tour la couronne de son père, l'armée française s'avança jusque sous les murs du château d'Arques, au secours duquel Henri II, roi d'Angleterre, se hâta d'accourir.

[1] Le hameau d'Archelles, connu aussi sous le nom des *Arquettes* (de *Arculis*, disent les anciens titres), renfermait, dès 1122, une chapelle appelée successivement *Notre-Dame*, *Saint-Clement*, etc. C'est cette chapelle qui fut érigée en paroisse. Du reste, cette érection était fort moderne. En 1610, c'étaient encore les curés d'Arques qui nommaient les desservants de l'église d'Archelles, aujourd'hui supprimée.

C'est alors qu'à l'exemple de son père, Henri II fit faire à la noble et vieille forteresse de notables réparations. Il l'augmenta même d'un donjon et d'une nouvelle enceinte de murailles, si nous en croyons Robert du Mont : *Turre et mœnibus mirabiliter firmavit*, dit ce chroniqueur. La majeure partie des ruines que nous voyons aujourd'hui date incontestablement de cette dernière époque, et non de celle du comte Guillaume de Talou, comme l'ont cru quelques antiquaires.

Malgré toutes ces précautions, le prince Henri au Court-Mantel s'étant révolté contre son père en 1173, le château d'Arques, comme ceux de Gournay, Neufchâtel, Aumale, etc., tomba et resta jusqu'en 1174 au pouvoir du nouvel Absalon, lequel, il est vrai, était appuyé de toutes les forces des comtes de Flandre et de Bourgogne. C'est en marchant vers Arques, dit Raoul de Diceto, que Mathieu, comte de Boulogne, fut blessé à mort, le 25 juillet 1173.

Henri II, cependant, finit bientôt par s'en rendre maître ; mais, en 1189, Jean de Ponthieu, qui, à son tour, venait de lui déclarer la guerre, s'empara successivement des châteaux d'Aumale, de Neufchâtel, d'Arques, etc., et se mit ensuite à ravager toute cette partie de la Normandie.

Dans les guerres de Philippe-Auguste avec Richard Cœur-de-Lion, le château d'Arques est souvent cité.

D'après le traité conclu au mois de janvier 1193, entre le roi de France et les ministres plénipotentiaires de Richard, Neufchâtel et Arques devaient être mis en dépôt entre les mains de l'archevêque de Rheims. Cependant, c'est au roi de France que ces deux places furent livrées, et Philippe-Auguste les remit à Jean-Sans-Terre, alors son allié. Il est vrai que le comté d'Arques ne resta que quelques mois au pouvoir de ce dernier, puisque, dès la fin de 1194, il était rentré aux mains du monarque français.

L'année suivante, 1195, le comté d'Eu et le château d'Arques furent compris dans la constitution de dot d'Alix de France, sœur de Philippe-Auguste, lors du mariage de cette princesse avec Guillaume III, comte de Ponthieu.

Bientôt, cependant, Richard-Cœur-de-Lion voulut rentrer en possession de cette place, l'un des plus beaux fleurons de sa couronne ducale et royale, et il vint en faire le siége. Philippe, survenant tout-à-coup avec six cents hommes d'élite, attaqua brusquement les assaillants, et, au pied même du château d'Arques, mit en pleine déroute l'armée du monarque anglo-normand. Peu satisfait de cette victoire, Philippe, pour mieux assouvir la haine dont il était dévoré contre Richard, s'en alla piller, ravager et brûler Dieppe, dont il enleva les dépouilles et emmena avec lui les habitants en esclavage.

Le traité d'Issoudun vint néanmoins changer l'état des choses.

Voyant que jamais il ne jouirait paisiblement du château d'Arques, Guillaume de Ponthieu vendit cette place, moyennant trois mille marcs d'argent, à Philippe-Auguste son beau-frère, qui, à son tour, la remit à Richard-Cœur-de-Lion (1196).

Malheureusement, la guerre ne tarda pas à se rallumer, et, en 1202, Philippe, avec une nombreuse armée, revint livrer à la vieille forteresse de nouvelles attaques. Durant quinze jours, ses pierriers et ses machines battirent continuellement les murailles sans pouvoir y faire une seule brèche. Au bout de ce temps, les assiégés allaient le contraindre à s'éloigner de leurs remparts, lorsque la nouvelle de la défaite et de la prise d'Arthur vint le forcer à lever précipitamment le siége et à se rendre en Touraine.

En 1204, Arques et Verneuil étaient les deux seules places de la province de Normandie qui tinssent encore contre Philippe-Auguste, alors que ce prince, vainqueur et maître de tout le reste du duché, menaçait de les écraser. Cependant, comme elles avaient formé avec Rouen une seule et même confédération, elles obtinrent un article spécial dans l'acte de capitulation de cette dernière ville. Pressées fortement de se rendre, elles promirent d'obéir, si, dans le délai de trois jours, elles n'étaient secourues par le roi Jean. Ce prince, aussi lâche que dépravé, s'étant enfui honteusement à Londres, ne répondit point à l'appel de ses trop fidèles sujets, et, le 4 juin 1204, Arques et Verneuil, malgré leur profonde répugnance pour tout ce qui était français, étaient devenues villes françaises.

« A partir de cette époque, dit M. A. Le Prevost, Arques cesse d'occuper une place distinguée dans les annales de notre province; son nom, si familier aux historiens des rois normands et des Plantagenets, semble disparaître avec la domination de ses fondateurs. »

Il est juste de dire, cependant, que, comme elle l'avait été sous nos ducs, cette ville resta la seule dépositaire des étalons des poids et mesures qui devaient avoir cours dans la majeure partie de la province. Chef-lieu d'un bailliage royal dont la juridiction s'étendait sur les faubourgs de Dieppe, la Barre et le Pollet, ainsi que sur six bourgs du voisinage et plus de deux cents autres paroisses du pays de Caux et du pays de Bray, Arques avait encore une gruerie, une maîtrise particulière des eaux et forêts, etc., etc. La vicomté d'Arques comprenait quatre-vingt-onze paroisses, et son élection deux cent vingt-une [1]. Tous ces endroits ayant leur centre commun à Arques, un très-grand nombre de routes, qu'on rencontre souvent à des distances fort éloignées de cette ville et de son territoire, ont conservé jusqu'à nos jours le nom de *chemins d'Arques*. Il est probable que ce nom sera long-temps encore une des preuves de l'antique importance de cette place qui, durant tout le moyen-âge, fut le principal, ou, pour mieux dire, l'unique boulevard de la Normandie, du côté du nord.

En 1222, il existait à Arques, outre la lépro-

[1] En 1595, Dieppe s'agrandissant toujours aux dépens de la ville d'Arques, on voulut transférer au faubourg du Pollet le siége de l'élection dont cette dernière ville, depuis un temps immémorial, avait toujours été le chef-lieu. Un arrêt de la cour des aides de Rouen s'opposa à cette prétention. L'année suivante, le parlement de Normandie défendit, à son tour, que l'on changeât le lieu de résidence du lieutenant-général du bailliage. Cependant, malgré toutes ces décisions, un arrêt du conseil vint tout-à-coup briser l'ancien ordre de choses, et il fut arrêté que le siége de la juridiction d'Arques se tiendrait désormais à Dieppe, au faubourg de la Barre. En 1633, cette juridiction fut renvoyée à Arques; puis, peu de temps après, définitivement rétablie à Dieppe. C'est ainsi que, malgré toutes les réclamations de ses habitants, Arques s'est vu dépouiller tour-à-tour de son élection, de sa maîtrise particulière des eaux et forêts, etc., etc., par sa voisine la ville de Dieppe, qui, semblable à une fille avide et dénaturée, a fini, pour jouir en paix de ses dépouilles, par égorger celle qui lui avait donné le jour. Il est vrai, cependant, qu'ici l'on a encore agi avec plus de cruauté, car on a ajouté l'ironie à l'assassinat. En effet, juiqu'en 1789, l'élection, la maîtrise et le bailliage, quoique fixés et établis à Dieppe, portèrent toujours le nom de *bailliage d'Arques*, *élection d'Arques*, etc.

serie de *Saint-Étienne*, dont nous avons parlé plus haut, un Hôtel-Dieu ou hôpital civil pour les pauvres malades. Cet Hôtel-Dieu portait le nom de *Saint-Julien*. C'étaient les archevêques de Rouen qui en nommaient les administrateurs. En 1329, le procureur du Roi voulut contester ce patronage au prélat; un long procès s'engagea à ce sujet, mais un arrêt de l'échiquier de Normandie donna gain de cause à l'archevêque en 1335 [1].

En 1360, la ville et le château d'Arques avaient été cédés aux Anglais par le traité de Brétigny.

Rendu à la France, Arques ne tarda pas à être menacé de nouveau par nos ennemis d'outre-mer. C'est dans son sein que les habitants de Dieppe, menacés par l'armée d'Édouard, vinrent se réfugier, en 1337, avec leurs mobiliers et leurs trésors.

Prise, enfin, en 1419, par Warwick et Talbot, cette place resta sous la domination anglaise jusqu'en 1449, époque où elle fut rendue à Charles VII par un des articles de la capitulation de Rouen.

En 1485, Arques fut pris de nouveau. Des sol-

---

[1] Plusieurs fois détruit par les guerres, l'Hôtel-Dieu de *Saint-Julien* n'était plus, en 1610, qu'une simple chapelle. Cette chapelle existait encore en 1664; mais, trente ans après, un arrêt du conseil-d'état, daté du 22 décembre 1694, ordonna de la supprimer. Les biens et revenus de cet Hôtel-Dieu furent donnés par Louis XIV à l'hôpital de la ville de Dieppe.

dats, deguisés en matelots, s'étant approchés des murs sans inspirer aucune défiance, égorgèrent les sentinelles et se rendirent maîtres de la place.

Durant les guerres de religion, Arques se fit remarquer par le fanatisme de ses habitants. Cependant, à l'époque de l'invasion du Protestantisme, l'immense majorité de ces mêmes habitants était catholique. En 1562, ils chassèrent de leur ville la poignée de protestants qui, là comme ailleurs, avaient semé le trouble et la division en insultant, de la manière la plus grossière, à la foi, au culte, aux mœurs du plus grand nombre. Menacés par les Dieppois, qui avaient embrassé avec enthousiasme le parti des nouveaux sectaires, les habitants d'Arques élevèrent des retranchements du côté de Dieppe et repoussèrent vigoureusement leurs ennemis, qui étaient venus les attaquer avec trois pièces de canon. Peu de temps après, les protestants revinrent de nouveau et surprirent les Arquois, qui n'eurent que le temps de se réfugier dans le château et dans l'église. Les protestants, n'ayant pu parvenir à forcer dans leur retraite les catholiques, se retirèrent après avoir pillé et saccagé la ville d'Arques.

Quelques mois s'étaient à peine écoulés, que les disciples de Luther et de Calvin revinrent pour la troisième fois visiter les habitants d'Arques. Employant alors la plus infâme perfidie, la ruse la plus infernale, ils finirent par triompher. Quelques-uns, s'étant déguisés, accourent éperdus au milieu des rues et des carrefours d'Arques, disant à haute voix que l'incendie est dans les environs; leurs cris : *Au secours!* volent de maison en maison, se répètent de bouche en bouche, et, en un instant, tout ce qu'il y avait dans Arques de jeunes gens et d'hommes vigoureux courent, n'écoutant que leur courage, à moitié vêtus, sans armes, ne sachant où, tomber dans une ancienne rue, espèce de ravine profonde, étroite et tortueuse, bordée d'un côté par un marais fangeux, et de l'autre par des broussailles et d'immenses fosses remplies d'eau. Là, les malheureux Arquois se trouvent tout-à-coup enveloppés par leurs voisins de Dieppe, qui, sortant avec impétuosité des lieux où ils se tenaient cachés, les assaillent au milieu des ombres épaisses de la nuit, et les égorgent sans pitié. Tous les trésors amoncelés dans l'église, furent pillés; vivres, habits, troupeaux, meubles, tout fut enlevé à Dieppe, et c'en était fait probablement de la ville d'Arques, devenue dès-lors simple bourg, si le duc d'Aumale ne fût accouru au secours de ses infortunés habitants.

Tout ce qu'il y avait de catholiques fut obligé d'abandonner cette contrée, pour se soustraire aux exactions, aux viols, aux assassinats commis par les prétendus disciples de la Réforme. Pendant vingt ans, les religionnaires d'Arques, de Dieppe et de Neufchâtel, réduisirent le pays de Caux et le pays de Bray au plus affreux état de misère dans lequel ces contrées se soient jamais trouvées.

Cependant, la cause de Henri IV finit par rapprocher quelques catholiques des protestants. Le principe de la légitimité, source première de la famille, base unique de la société, et, par conséquent, seul fondement solide des états, était alors tout-puissant dans les cœurs. Devant ce principe, qui trois fois déjà avait sauvé la France, tous les autres principes devaient tomber. Pour lui, on fut jusqu'à oublier les haines religieuses, si vivaces, si brûlantes, si implacables. Aussi, avec son seul nom de Bourbon et quelques hommes dévoués, Henri IV était-il plus fort, plus riche et plus redoutable, à lui seul, que ses nombreux ennemis, qui disposaient à leur gré de tous les trésors et de toutes les ressources de l'État.

Malgré donc les dissentiments de religion, les habitants d'Arques, d'Eu et de Dieppe, restèrent fidèles au blanc panache du Béarnais. En 1589, ces trois villes étaient les seules de la Normandie, ou, pour mieux dire, de la France entière, qui n'eussent pas adopté le parti de Ligue. Aussi était-ce dans ces parages, que Henri IV se plaisait le mieux à tenir la campagne.

Enfin, arriva le jour qui devait être tout à-la-fois pour Arques et le dernier et le plus beau de ses annales.

Ce fut là qu'eut lieu, le 20 septembre 1589, le combat où Henri IV vainquit l'armée de la Ligue, commandée par les ducs de Mayenne et de Nemours. Henri ne comptait sous ses drapeaux que 3,000 soldats, dont 600 cavaliers. Mayenne avait 25,000 hommes de pied et 8,000 chevaux. Son armée, divisée en deux corps, était campée, moitié sous ses propres ordres, entre le village de Tibermont et la paroisse de Neuville; et l'autre moitié, sous les ordres du duc de Nemours, entre Martin-Église et la vallée d'Arques. Au nord, et tout en face de ce bourg, on voit, de l'autre côté de la vallée, un coteau que couronne une ancienne chapelle; c'était la maladrerie de *Saint-Étienne*, dont nous avons déjà parlé plus haut, et qui aujourd'hui n'est plus qu'une ferme. C'est sur la pente de ce coteau, tout autour de cette chapelle, que le combat eut lieu[1]. La

---

[1] Ainsi que nous l'avons dit précédemment, la maladrerie de Saint-Etienne existait en 1137. Dévastée par les guerres de Richard-Cœur-de-Lion et de Philippe-Auguste, elle ne fut rétablie que vers le milieu du XIIIe siècle, par les soins du roi saint Louis, qui dota la nouvelle chapelle de cet établissement de vingt-quatre acres de bois à prendre dans la forêt voisine. Cette chapelle fut dédiée le 12 juillet 1257.

La léproserie de Saint-Etienne était alors gouvernée par des religieux qui avaient soin des malades. Long-temps les archevêques de Rouen, les administrateurs du duché de Normandie, et, enfin, les

bataille s'engagea vers dix heures du matin et dura jusqu'à onze heures. Le commencement de l'action avait été accompagné d'une petite pluie et d'un

habitants d'Arques, se disputèrent le patronage de cette antique maladrerie. Cependant, une sentence du bailli de Caux donna définitivement, au mois de février 1364, gain de cause au prélat.

A cette dernière époque, il y avait à peine un siècle que la maladrerie de Saint-Etienne, comme nous venons de le voir, avait été complètement renouvelée, et, cependant, elle était déjà retombée dans un état complet de dégradation, causé indubitablement par la coupable incurie de ses avides et rapaces administrateurs. On la remit de nouveau dans sa situation primitive ; mais, sous le prétexte qu'elle avait été gouvernée autrefois par des religieux, les archevêques de Rouen y introduisirent, malgré toutes les réclamations des habitants d'Arques, une société de chanoines réguliers, sous l'obéissance d'un prieur. Quelques-uns de ces chanoines y étaient encore en 1492.

Cependant, cet établissement ne tarda pas *à retomber*, dit Dom Toussaint Duplessis, *sous la puissance de je ne sçais quels titulaires, qui se mirent bientôt seuls en possession de la place ; la communauté fut dissipée ; le prieur commendataire s'empara de tout le revenu du bénéfice, et, par une conséquence nécessaire, le service divin et les pauvres en souffrirent.*

Le jour de la bataille d'Arques, en 1589, les bâtiments et la chapelle de la maladrerie de Saint-Etienne furent d'abord occupés par les royalistes. Bientôt elle tomba au pouvoir des ligueurs ; mais M. de Chastillon, l'un des plus braves capitaines de l'armée royale, essaya de la reprendre. Il l'attaqua vaillamment, l'emporta pour ainsi dire d'assaut, et massacra ou fit prisonniers tous ceux qu'il trouva au-dedans des murs ; aucun poste ne fut plus vivement disputé que cette maladrerie pendant la bataille d'Arques.

Depuis cette époque, la chapelle Saint-Etienne, profanée et souillée, avait été convertie en grange, lorsqu'en 1647, Louis XIV et sa mère, passant par Dieppe, voulurent visiter la vallée d'Arques et le champ de bataille de Henri IV. « Les tranchées, quoique ouvertes depuis cinquante-huit ans, dit M. Vitet, existaient encore, soit sur le coteau de Saint-Etienne, soit aux alentours du bourg. » Le roi voulut tout voir, et l'on assure qu'il demanda à un jésuite de

brouillard si épais, que l'artillerie du château d'Arques, qui dominait tout le champ de bataille, était devenue inutile; mais, le brouillard s'étant dissipé, les canons de la vieille forteresse firent une décharge si juste, et d'un effet si terrible, que les ligueurs en furent ébranlés ; quatre autres volées s'étant succédé assez rapidement, le plus grand dé-

Dieppe pourquoi la maladrerie de Saint-Etienne ne se trouvait pas dans un meilleur état Le jésuite allégua pour raisons, d'abord, qu'elle avait été arrosée de sang humain, que les revenus de la communauté ne suffiraient pas à son entretien, etc., etc. On ignore ce que répondit le roi ; mais ce que l'on sait, c'est que, quarante-sept ans après cette visite, un arrêt du conseil-d'état, daté du 22 décembre 1694, ordonna de supprimer totalement la maladrerie de Saint-Etienne, et de réunir à l'hôpital de Dieppe les revenus dont elle était dotée. Cependant, cet arrêt ne reçut pas d'exécution. Le titre de bénéfice ne fut éteint que le 28 décembre 1708, par un décret de l'archevêque de Rouen, qui en donna alors les revenus à la maison des jésuites de Dieppe, à condition, toutefois, que les révérends pères feraient célébrer toutes les semaines, à perpétuité, deux messes dans la chapelle de Saint-Etienne. Les jésuites se conformèrent d'abord à cette condition ; mais bientôt ils finirent par l'éluder, et, tout en leur laissant les biens de l'antique maladrerie, M. de Tressan, archevêque de Rouen, leur permit, le 23 mai 1725, de n'y plus célébrer l'office divin.

C'est à quelques pas seulement de la maladrerie de Saint-Etienne, sur la pente du coteau, et en face d'un admirable point de vue, que l'on a élevé, il y a dix ou douze ans, en commémoration de la bataille, un obélisque de pierre, qui, malgré son peu d'élévation, est aperçu de fort loin. Les inscriptions, rappelant que c'était en la présence et par la générosité de Mme la duchesse de Berri que cet obélisque a été élevé à la gloire du bon aïeul de son fils, ont été arrachées et enlevées en 1830, comme le prouvent encore, quoi qu'en ait bien voulu dire M. Ludovic Vitet, les débris des gonds et la place des fiches.

sordre se mit dans l'armée ennemie, qui fut forcée de battre en retraite et d'abandonner le champ de bataille. Le duc de Mayenne perdit 600 hommes.

Après cette victoire, Henri IV se retira à Arques, et, suivant son usage, se rendit à l'église pour y remercier le Dieu des armées. Là, les catholiques chantèrent un *Te Deum*, et les protestants récitèrent des psaumes. Quelques heures après, Henri écrivait à l'un de ses plus fidèles amis cette lettre si connue : *Pends-toi, brave Crillon, car nous avons combattu à Arques, et tu n'y étois pas.*

La victoire de Henri IV est le dernier fait d'armes dont le château d'Arques ait été témoin. Devenu depuis long-temps inutile par sa position, et surtout par les progrès qu'a faits l'art de la guerre, ce château, cependant, demeura à-peu-près intact jusqu'à la fin du XVIIIe siècle, temps où l'on commença à le détruire. Nous avons vu précédemment que c'est avec des pierres provenant de cette antique forteresse que le château de Derchigny, appartenant au célèbre De Clieu, fut construit. La permission de démolir, accordée à cette époque par le ministère français, fut plusieurs fois renouvelée en faveur de diverses personnes, et notamment à l'égard des dames de l'abbaye d'Arques, jusqu'en 1768. En 1771, ce droit fut accordé à tous les habitants de la ville en général, et, enfin, en 1780, il ne restait plus de la noble forteresse de nos ducs qu'une masse à-peu-près informe. Dépouillés de leurs revêtements, ces débris, quoique fort curieux encore, sont loin de pouvoir être comparés aux ruines, si belles et si poétiques, des châteaux de Gisors, d'Andely et de Tancarville. Quoiqu'il soit encore très-facile de reconnaître les différents types de construction qu'a subis cette forteresse, et qui appartiennent tous aux XIe, XIIe et XVe siècles, aucuns vestiges ne laissent deviner aujourd'hui la distribution intérieure des anciens escaliers, des anciens corridors, des anciennes salles d'armes [1].

[1] M. Sollikoff, naguère inspecteur des douanes à Dieppe, a fait la découverte d'un mémoire qui donne l'état du château d'Arques en 1708. L'enceinte, de maçonnerie fort épaisse, était, comme aujourd'hui, flanquée de quatorze tours, tant grosses que petites, rondes ou carrées, mais la plupart comblées par les ruines des parapets supérieurs. A la grosse porte d'entrée du côté de Dieppe, il existait des galeries pratiquées dans l'épaisseur des murs, lesquels offraient un double rang de créneaux et de meurtrières ; il fallait donc, pour franchir cette muraille, passer entre deux feux. Le donjon, de forme carrée, était divisé, à l'intérieur, en deux portions, par une muraille épaisse de cinq pieds : de chaque côté se trouvaient divers magasins, des chambres, des galeries, et, enfin, au-dessus de tout cela, une chapelle ; la dernière voûte supportait une plate-forme dominant toutes les hauteurs environnantes.

Suivant Dom Toussaint Duplessis, les fondements du château d'Arques reposaient sur de très-belles arcades, taillées pour la plupart dans le roc, hautes de 10 à 12 pieds, et de largeur suffisante pour laisser passer six hommes de front. « Le tems ne les a point encore détruites, écrivait ce bénédictin en 1740. A leur extrémité, qui est bornée par une forte muraille, l'eau de la rivière est reçue dans un grand réservoir de pierre, dont le principal usage est de servir

Les vieux donjons ne s'élèvent plus, pour ainsi dire, vers le ciel, que sur un de leurs pans; tout est troué, dépecé, disloqué. L'extérieur est dans un meilleur état de conservation. Là, le mur d'enceinte, défendu par un vaste fossé et un énorme rempart de gazon, présente, ainsi que la grande porte d'entrée qui fait face à la ville de Dieppe, une physionomie et un caractère qui, du moins, en présence de tant d'affreux ravages, consolent un peu l'ami de notre histoire et de nos antiquités nationales. « Au temps de sa splendeur, dit un écrivain, l'enceinte du château d'Arques s'étendait beaucoup plus loin qu'aujourd'hui: des ouvrages avancés, un mur qui régnait à une grande distance, des fossés, une porte qu'on voyait encore il y a peu d'années, occupaient, autour du fort, un espace de terrain que la culture a revendiqué[1]. Des plantations récentes ont eu lieu

à abreuver les chevaux de la garnison, quand il y en a une ». Duplessis ajoute que c'est de ces mêmes arcades, et non d'un pont bâti sur la rivière qui arrose la vallée voisine, que la ville et le château d'Arques ont dû tirer leur nom : nous ne partageons nullement cette conjecture. Il est probable, cependant, que les arcades dont parle Duplessis, et qui doivent exister encore sous les fondements du château, remontent à l'époque gallo-romaine.

[1] Quoiqu'en dise l'écrivain que nous citons, nous ne pensons pas que les anciennes constructions dont il parle aient jamais appartenu au château d'Arques. Il existe encore, au penchant de la colline où s'élève ce château, de nombreuses traces de retranchements, dont les lignes droites et parallèles, formées de fossés, aujourd'hui remplis, et de terrassements presque entièrement affacés, doivent remonter à une époque beaucoup plus ancienne que le moyen-âge.

dans les vastes cours du château; des plates-bandes y ont été allignées, des chemins tracés au cordeau, des gazons disposés régulièrement; sur un des points les plus élevés des ruines *(à l'angle oriental du château)*, on a construit un pavillon demi-rustique, d'où l'on jouit du spectacle de trois vallons couronnés de noires forêts, et tapissés de vastes prairies, qu'arrosent leurs trois rivières [1] ; de là, on

Peut-être tous ces objets proviennent-ils d'une ville gauloise nommée *Bel*, que la tradition du pays place précisément dans l'emplacement qu'occupa depuis la forteresse d'Arques. Cette dénomination de *Bel* est fort ancienne. Elle désignait originairement une *tour*, un *donjon*, *une bastille élevée exprès pour découvrir au loin le pays et transmettre des signaux*. En langue teutonique, ce mot désigne une *cloche*, et c'est de là qu'est venu le nom de *Beffroi*, c'est-à-dire *Belfroi* ou *Belfrid*, cloche de la liberté. Bellay, Bellencombre et un grand nombre d'autres lieux en ont reçu leurs noms. A Criel près la ville d'Eu, il existait une église appelée *Saint-Léonard du Bel*. Une des portes de la ville de Fécamp s'appelait *porte du Bel*. Suivant deux aveux des années 1495 et 1499, c'était aux seigneurs de Thiboutot, fief situé sur la paroisse de Maniquerville, que devait être remise la garde de cette porte lorsque le roi visitait Fécamp. A Rouen, une des maisons de la Vieille-Tour portait le nom de *Loyis du Bel*. Enfin, suivant une déclaration de l'an 1433, il y avait sur Arques un fief dont le seigneur était tenu, en temps de guerre, de garder et défendre, pendant quarante jours, *la première porte du Bel*. Si à cette antique dénomination on ajoute le voisinage de la mer et de plusieurs vallées, la situation du château d'Arques au milieu de plusieurs chaines de coteaux, l'existence, enfin, à quelques pas seulement de l'enceinte de ce château, de plusieurs terrassements, ouvrages avancés, pieds de murailles, fossés, portes, etc., etc., on verra que la tradition populaire n'est pas autant à dédaigner que quelques personnes pourraient le croire.

[1] Quoique arrosé par trois rivières, le territoire qui avoisine Arques est cependant privé de ce grand nombre d'établissements

embrasse tout le cours d'une spacieuse et riante vallée, arrosée par de belles eaux, encadrée par des collines mollement inclinées, et terminée, à l'horizon, par la ville de Dieppe et la mer, qui se confond avec l'azur des cieux. » Le château d'Arques était devenu, il y a quelques années, la propriété d'un sieur Larchevêque, marchand de bois, lequel l'a vendu, le 18 août 1836, pour la somme de 25,000 francs, à madame veuve Reiset, de Rouen. Placée désormais sous une telle sauve-garde, la vieille forteresse de nos ducs, si long-temps témoin des hauts faits de Guillaume-le-Conquérant, de Richard-Cœur-de-Lion, de Philippe-Auguste, de

hydrauliques qui ont rendu si célèbres les vallées de Déville et de Darnétal près Rouen.

Il y a peu d'années encore, il n'existait, dans toute cette contrée, qu'une seule filature à coton.

Au mois de février 1822, les ouvrières employées dans cet atelier de filature furent prises tout-à-coup de nausées, de vertiges et de convulsions. Ces attaques spontanées produisirent un tel trouble dans leur cerveau, que bientôt elles crurent voir des spectres et autres monstres fantastiques s'élancer sur elles et les saisir à la gorge. Le peuple ne manqua pas de s'écrier, suivant sa coutume, qu'*un sort avait été jeté sur la filature*, et mille cérémonies ridicules furent faites pour chasser le susdit sort. D'après un mémoire de M. Nicolle, pharmacien à Dieppe, ces affections spasmodiques provenaient du gaz oxide de carbonne, résultant de la décomposition de l'huile par la chaleur d'un poêle de fonte, sur lequel on avait l'habitude de déposer plusieurs vases de ce liquide. Ce produit gazeux est plus léger que l'atmosphère, et c'est ce qui explique pourquoi les femmes des étages supérieurs de l'atelier s'étaient trouvées successivement atteintes alors que leurs compagnes du rez-de-chaussée n'avaient encore rien éprouvé.

Henri-le-Béarnais et de tant d'autres héros, l'honneur de leur pays et de leur siècle, est maintenant assuré pour long-temps, il faut l'espérer du moins, contre toutes les chances de destruction et d'oubli qui, dans notre malheureuse époque d'ingratitude et de cupidité, font disparaître si rapidement, de jour en jour, les plus belles, les plus sublimes pages de notre histoire [1].

En parlant, il y a quelques instants, des démolitions qu'a eues à subir le château d'Arques, nous avons dit qu'une partie des matériaux provenant de cette ancienne forteresse avait été concédée par les ministres du roi à une communauté de dames religieuses. Cette communauté, de l'ordre de Citeaux, avait été établie à Arques, en 1636, par les seigneurs de Guiran de Dampierre. Approuvée d'abord par un décret de l'archevêque de Rouen, daté du 24 juin de cette même année, puis par des let-

[1] A l'occasion des nombreuses visites que S. A. R. madame la duchesse de Berri aimait tant à faire sur le théâtre des exploits de Henri IV, sur ce sol glorieux où, persécuté de toutes parts, accablé par le nombre, le grand aïeul de son fils, appuyé sur son droit et sur son nom, avait vaincu ceux qui lui avaient ravi la couronne, on avait incrusté en différents endroits, dans les murs et à l'intérieur du château d'Arques, quelques tablettes en marbre blanc, offrant les noms de Henri IV, de Henri V, etc. Sans respect pour les propriétés, comme pour les souvenirs des lieux, les mêmes mains, sans doute, qui ont arraché les inscriptions dont était décoré l'obélisque de la maladrerie de Saint-Etienne, se sont empressées de venir briser ou mutiler ces derniers témoignages de l'amour du peuple pour ses anciens rois.

tres-patentes de Louis XIII, datées du mois d'août suivant, cette maison fut érigée en abbaye le 7 mai 1637. L'eglise de ce monastère était dédiée sous l'invocation de *Notre-Dame* et de *Saint-Joseph*. Louise de Guiran, religieuse professe du prieuré de Saint-Aubin près Gournay, en faveur de laquelle le monastère d'Arques avait été fondé, n'en fut que directrice : ce fut Louise de Guiran, sa nièce, qui en fut la première abbesse. Cette dernière, présentée par Eustache de Guiran, baron de Dampierre, fut élue le 3 mars 1695.

Outre cette abbaye et les différents autres établissements religieux que nous avons mentionnés dans le courant de cette notice, il y avait encore sur le territoire d'Arques, du côté de Dieppe, une antique chapelle dite *de Saint-Guinefort*. Mentionnée dans les titres de l'abbaye de Saint-Wandrille, et détruite en 1562 par les protestants, cette chapelle dut être reconstruite vers 1607, car elle se retrouve mentionnée de nouveau dans un acte de 1609. On y allait en pélerinage pour les maladies qui laissaient peu d'espoir de guérison. On y déposait un cierge allumé, en prononçant à haute voix l'invocation suivante : *A saint Guinefort, pour la vie ou pour la mort;* ce qui signifie que le malade pour lequel on faisait le pélerinage devait *mourir ou guérir de suite, sans souffrir plus long-temps*.

De toute son ancienne splendeur, Arques ne conserve plus aujourd'hui, avec les débris de sa vieille forteresse, qu'une charmante église paroissiale, dédiée à la sainte Vierge. Ce monument, construit en belles pierres de taille et orné d'une haute tour, date de plusieurs âges. Le chœur et quelques autres parties appartiennent au XVe siècle. Tout le reste de l'église est du XVIe. La nef est voûtée en bois; mais elle offre de beaux détails de l'époque de la Renaissance, dus à l'habile ciseau de Nicolas Bediou, qui, après les longues interruptions apportées par les guerres dans la construction de cette église, fut chargé de la terminer. On remarque, à l'entrée du chœur, un élégant jubé, d'une conservation parfaite, et appartenant au style grec le plus pur; l'escalier qui y conduit est d'une légèreté et d'une simplicité admirables. Les lambris des chapelles latérales, faits en 1613, offrent des sculptures et des découpures fort jolies. Les vitraux qui garnissaient autrefois les magnifiques fenêtres de ce temple ont en partie disparu; ce qui en reste, quoique dans un mauvais état, mérite cependant encore de fixer l'attention. Un de ces vitraux présente le nom et les armes du petit-fils de cet intrépide Desmarets qui, en 1431, chassa les Anglais de la ville de Dieppe, et, durant cinq mois, en 1442, empêcha cette ville, assiégée par toute l'armée de

Talbot, de retomber au pouvoir de ces insulaires. Il y a peu d'années, on voyait encore dans la chapelle qui se trouve à côté du chœur, vers le midi, un buste de Henri IV, avec une inscription rappelant que c'était là, et non dans le chœur même (où, en sa qualité de protestant, il ne lui était pas permis d'entrer), que le vainqueur de Mayenne vint remercier Dieu de la défaite de ses ennemis. La chapelle du côté du nord renferme la majeure partie de ce qui reste de vitraux à tout l'édifice. C'est aussi de ce côté, à peu de distance des marches du grand autel, que se rencontre la pierre tumulaire de l'architecte Nicolas Bediou. Cette pierre porte l'inscription suivante : CY GIST NICOLAS BEDIOU VIVANT M^c MACON DE LEGLISE DARQUES LEQUEL DECEDA LE 12e JOUR DE DECEMBRE 1572 ET PREZ DE LUY BONNE LIGUARD SA FEME LAQUELLE DECEDA LE 4e FV^{er}. A quelques pas, est enterré un archer, nommé Louis Mollard, mort en 1626. Une des chapelles présente un médaillon portant la date de 1570. Différents frontons, cartouches, etc., donnent les dates de 1566, 1589 *(année de la bataille d'Arques)*, 1610, etc. La tour du clocher date de 1628.

On remarque aussi dans le bourg d'Arques, si pittoresquement bâti au penchant d'une colline, plusieurs maisons et édifices des XIVe, XVe et XVIe siècles, dont la distribution et l'architecture ne sont pas indignes d'intérêt. Quelques-unes même de ces constructions méritent d'être étudiées.

Arques, maintenant si déchu de son ancienne puissance, possède cependant encore un marché le lundi de chaque semaine, et deux foires annuelles très-fréquentées. La première de ces foires se tient le 11 juin, et la seconde le 29 août ; le principal commerce qui s'y fait consiste en bestiaux, vaches, porcs et moutons, et surtout en chevaux.

La population du bourg d'Arques est de 911 habitants [1].

[1] A environ une lieue (ouest) d'Arques, de l'autre côté de la colline, on trouve, dans la vallée de la Scie, et sur la route de Rouen à Dieppe, l'antique commune de Saint-Aubin, située à 1 lieue 3/4 (sud) de cette dernière ville, et 1/2 lieue (est) d'Offranville. Entre les années 1035 et 1040, Renaud, vicomte d'Arques, donna aux moines de l'abbaye de Fécamp le patronage et les dîmes de l'église de Saint-Aubin-sur-Scie, avec une terre noble située sur la même paroisse, et à laquelle était attaché le patronage de six églises des environs. Cette donation fut confirmée en 1104 par le pape Pascal II. L'église de Saint-Aubin a été plusieurs fois rebâtie ; elle n'offre rien d'intéressant, si ce n'est toutefois une jolie croix sculptée, adossée à la murailile, au-dessus des fonts baptismaux. Cette croix provient de l'ancienne collégiale de Sauqueville; c'est le seul débris de cette charmante construction qui ait été sauvé. Il y avait aussi autrefois, à Saint-Aubin, une maladrerie ou hospice pour les lépreux, et une chapelle connue sous le nom de *Notre-Dame des Vertus*. Cette chapelle, fondée le 25 mai 1637, par David Valle, bourgeois de Dieppe, était à la présentation de l'abbaye de Fécamp, qui, à l'époque de la révolution, en touchait encore les revenus, ainsi que toutes les dîmes de la paroisse. — Quant à la léproserie, elle appartenait tout à-la-fois aux habitants de Saint-Aubin et à ceux de la paroisse de Saint-Remi de Dieppe. Elle se nommait *Sainte-Madeleine de Janval*, et existait dès 1157. Cent ans après, le roi saint Louis la

Arques est la patrie de M. H.-M. Du Crotay de Blainville, membre de l'Institut de France. Formé à l'école de Cuvier, qu'il suppléa dans ses leçons

réunit, à titre d'annexe et de succursale, à l'Hôtel-Dieu de Dieppe, connu alors sous le nom d'*Hôpital de la Vase*. Deux siècles s'écoulèrent ainsi, mais, en 1467, lorsque cette ville, autorisée par lettres-patentes de Louis XI, commença à prendre l'administration temporelle de son hôpital, les frères qui desservaient ce dernier établissement se retirèrent dans la léproserie de Janval. Cette léproserie ayant été brûlée par Henri IV, lors de la bataille d'Arques, en 1589, les religieux qui l'habitaient retournèrent à Dieppe, et, réunis aux sœurs de la Charité, s'empressèrent de donner leurs soins aux pauvres malades de la cité. Peu de temps après, Janval fut rétabli; les frères hospitaliers y revinrent; mais, à l'époque de la révolution, il y avait déjà long-temps que leur communauté n'existait plus. — Suivant un aveu du 12 août 1675, c'était aussi en la paroisse de Saint-Aubin-sur-Scie, que se trouvait le chef-mois de la baronnie du Jardin, appartenant à l'abbaye de Fécamp. Cette baronnie, formée probablement de la terre qu'avait donnée en l'an 1035 ou 1040 le vicomte Renaud d'Arques, procurait aux religieux de Fécamp le droit de nommer non-seulement les curés de Saint-Aubin-sur-Scie, mais encore ceux de Tourville-la-Chapelle, de Bures, d'Intraville, de Maintru, d'Osmoy-sur-Varenne et de Saint-Valery-en-Bray. — Enfin, c'est de Saint-Aubin-sur-Scie que dérivent à Dieppe, par des canaux souterrains, creusés dans toute l'épaisseur de la colline, les eaux qui alimentent les nombreuses fontaines, soit publiques, soit particulières de cette ville. Il est juste de dire, toutefois, que c'est sur Offranville que se trouve la source de ces eaux. L'aqueduc de Saint-Aubin, commencé par ordre de François Ier, daté du 27 février 1532, ne fut complètement terminé qu'après vingt-cinq années de travaux et de sacrifices de tout genre, sous la direction d'un nommé Toutain, fontainier de Rouen. Cependant on en fit l'ouverture dès 1552. « Le clergé des deux paroisses (*de la ville de Dieppe*), dit un auteur, s'y rendit en procession, accompagné des maire et échevins et d'un concours nombreux d'habitants. A l'heure indiquée, l'eau jaillit avec force par les différents tuyaux de cette fontaine : aussitôt le clergé entonna le *Te Deum* en action de grâce, et tous les citoyens remercièrent

au Jardin des Plantes et au Collège de France, M. de Blainville devint bientôt professeur-adjoint de zoologie, d'anatomie et de physiologie, à la Faculté des Sciences. Cet illustre savant, travailleur infatigable, a fait connaître beaucoup de faits ignorés, et donné plusieurs classifications méthodiques. Il a continué plusieurs travaux commencés par Vicq-d'Azir. Il a publié, sur différents sujets de zoologie et d'anatomie, un grand nombre de *Mémoires*, où l'on trouve des vues très-profondes, mais quelquefois un peu hasardées. Du reste, M. de Blainville est un des savants les plus recommandables de l'Eu-

---

Dieu d'une arrivée si utile et si désirée. » — On exploite sur Saint-Aubin quelques carrières de pierre calcaire. — Le fameux abbé Frilay était curé de cette paroisse. — La population de cette commune est de 482 habitants.

A peu de distance de Saint-Aubin-sur-Scie, sur le sommet de la côte, au bord de la plaine, on rencontre le beau château de Miromesnil, ancienne résidence du chancelier de France de ce nom. On prétend même que c'est là que mourut, en 1796, ce garde-des-sceaux du roi martyr; on sait que c'est lui qui avait contresigné l'abolition de la torture. Ce château, quoique en présentant des réminiscences du XVIe siècle, semble appartenir au temps de Louis XIV. « L'ordonnance en est grandiose, surtout du côté de la cour, dit M. Vitet; la corniche est surmontée de belles mansardes qui accompagnent le toit et déguisent son élévation : quatre jolies tourelles le flanquent aux quatre coins, et la brique et la pierre dont il est bâti se marient harmonieusement. Mais la principale beauté de cette demeure, ce sont les immenses plantations de hêtres dont elle est entourée. Le dessin de ces avenues est d'un beau caractère; elles doivent, ainsi que le château, avoir été conçues par un architecte distingué. Ce sont les proportions de Versailles, mais avec la végétation de Normandie... »

rope. Admis à l'Institut en 1825, il est aujourd'hui professeur en titre au Jardin des Plantes.

Arques est aussi la résidence de M. Rebsomen, colonel de l'ancienne armée, et chevalier de la légion-d'honneur. Noble et vieux défenseur de la France, amputé, sur les champs de bataille, de la jambe droite et du bras gauche; M. Rebsomen est parvenu à se créer, pour son usage personnel, la charmante *flûte solimane*, qui a valu à son auteur les éloges de l'Académie Royale des Beaux-Arts *(séance du 13 juillet 1822)* et de la Société libre d'Émulation de Rouen *(année 1823)*.

Bourg d'Envermeu.

Situé sur la rive droite de l'Eaulne, dans une contrée fertile et abondante en excellents pâturages, le bourg d'Envermeu se trouve à 3 lieues (est-sud-est) de Dieppe, et 13 lieues (nord-nord-est) de Rouen.

Le nom d'Envermeu paraît formé de trois mots celtiques ou teutoniques. *En*, dont on retrouve l'analogue dans *Enne, Aisne, Seine, Varenne*, etc., désigne toujours une rivière. *Wern* ou *Vernm*, que l'on retrouve dans *Vernon, Verneuil, Vernier*, etc., signifie un amas, un monceau, une montagne. *Eu* ou *Oo*, que l'on retrouve dans *Aubeuf, Oudales*, la ville d'*Eu*, *Oo* près Caen, *Oo* en Angleterre, etc., sert toujours à exprimer une prairie, un marais. Toutefois, nos plus anciens titres français portent *Envermeuil* ou *Envermeur*, et non *Envermeu*. Presque toutes les chartes latines disent *Anvermodium* ou *Evremodium*.

Dès le commencement du XIe siècle, il y avait à Envermeu une église paroissiale dite de *Saint-Lau-*

rent. Le patronage de cette église appartenait aux sires d'Envermeu, et cette paroisse, comme on va le voir par ce qui suit, avait alors une étendue fort considérable.

En effet, Hugues d'Envermeu, frère de Turold d'Envermeu, qui fut fait évêque de Bayeux vers l'an 1098, et qui embrassa ensuite la vie monastique dans l'abbaye du Bec, avait fondé, vers l'an 1052, en la paroisse dont nous parlons, et sur son patrimoine, un riche et puissant prieuré, dans lequel il plaça des chanoines. Il donna à ces chanoines l'église *Saint-Laurent*, avec tous les biens, dîmes et revenus qui s'y trouvaient attachés. Hugues d'Amiens, archevêque de Rouen, confirma cette donation en 1141. Depuis cette époque, le prieuré d'Envermeu porta toujours le nom de *Saint-Laurent*.

Privés désormais de leur église, devenue la propriété des moines, les habitants d'Envermeu se construisirent bientôt un nouveau temple. Ce dernier fut consacré sous l'invocation de *Notre-Dame*.

Mais, peu satisfaits de cette nouvelle église, ces mêmes habitants, tout dévoués, à ce qu'il paraît, au culte de *saint Laurent* leur ancien patron, qu'ils regrettaient, élevèrent, vers 1179, une chapelle en son honneur. C'est cette chapelle qui fut érigée depuis en seconde paroisse. On la nomma d'abord *Saint-Laurent le Petit*, pour la distinguer de la grande église du prieuré. Elle se trouvait dans la vallée d'Eaulne, à peu de distance de la rivière, et au couchant du bourg actuel.

Le patronage et les dîmes de ces trois établissements religieux appartenaient à l'abbaye du Bec, qui s'en fit confirmer la possession en 1184, par le pape Luce III.

Vers le milieu du XIIe siècle, l'abbé du Bec laissait au prieur d'Envermeu la faculté de choisir lui-même les deux curés de cette vaste paroisse ; mais cette faveur ne fut pas de longue durée. Le monastère du Bec était trop riche et trop puissant pour pouvoir abandonner ainsi ses droits de suprématie. On retira donc au prieur d'Envermeu le patronage des églises de Notre-Dame et de Saint-Laurent.

Depuis long-temps, ce prieuré n'existe plus. Complètement anéanti durant les guerres de la Ligue, ce n'était plus, depuis deux cents ans, lorsque la révolution arriva, qu'un simple bénéfice appartenant à l'abbaye du Bec. Seulement, comme ce bénéfice rapportait encore, en 1726, quatre mille livres de rente, on avait eu soin de lui conserver le titre de Collége [1].

---

[1] Les mêmes biens qui, en 1726, rapportaient quatre mille livres de rente, en rapporteraient aujourd'hui 11,760.

La plupart des titres du prieuré de Saint-Laurent d'Envermeu, ayant été transférés à Dieppe, furent déposés dans les combles ou greniers de la mairie de cette ville ; on les y voit encore aujourd'hui confusément épars.

Quant à l'église Notre-Dame, qui est aujourd'hui la seule paroisse du bourg, c'est un des plus curieux monuments qui nous soient restés du XVIe siècle. Construite entre les années 1507 et 1525, cette église présente un vaisseau divisé en trois nefs, dont tous les ornements, corniches, culs-de-lampe, bas reliefs, etc., sont autant de chefs-d'œuvre d'élégance et de délicatesse. L'extérieur n'est pas moins soigné que l'intérieur, et les ornements des fenêtres, des piliers et du rond-point, ne le cèdent en rien à ceux de la tour du clocher, dont la forme fantastique produit de loin un si excellent effet dans l'ensemble du paysage[1].

---

[1] L'église Notre-Dame d'Envermeu renferme un charmant bénitier du XVIe siècle, en pierre sculptée, et un assez grand nombre d'inscriptions gothiques, toutes relatives à des fondations pieuses. La plus intéressante de ces inscriptions est celle qui se trouve dans la chapelle Saint-Nicolas, du côté de l'Evangile. C'est une pièce de vers, portant date de 1556. Voici, du reste, ce curieux monument du style funéraire de nos aïeux : nous regrettons de ne pouvoir donner ici une idée exacte de la manière bizarre avec laquelle les lignes et les mots ont été disposés et gravés sur la pierre :

> Jeãne Heribel, Thomas Hornoy sō filz
> pbre, pēsat leurs corps nostre q. redre,
> Ont dōne, lan cinq cens quarāte et six,
> trente douzains quils auoiēt droit de prēd.
> sur les Gripons, estant subiects de redre
> par chascun an au thesor de ceans;
> Ont faict obit vingtiesme de decēbre,
> voullants toursiōs prier por les āciēs
> Lad. Jeāne, en lā cinq cens cinquāte,
> quizicsme daoust, iour de lassumption,

BOURG D'ENVERMEU.

Ontre son prieuré et ses deux églises paroissiales Envermeu renfermait encore : 1°, un hôpital, dit de *Saint-Nicolas*; 2°, une chapelle connue sous le nom de *Saint-Guilain*; et 3°, un manoir seigneurial, appelé encore aujourd'hui *le fief de la Motte*.

L'hôpital Saint-Nicolas fut fondé à Envermeu par Michel Taupin et Ameline Guillemette, sa femme.

> ayant vescu des ans virõ octante
> de corps et dame eust separation.
> Son corps a faict cy deuãt ensepulir,
> atẽdant resurrectiõ future;
> son fils Thõas pẽsãt quil fault mõur
> au mesmes lieu demade sepulture.

Autour on lit : QVI IVDICAT DOMINVS EST ; au-dessous : ATTENDE TIBI (1556) ET DOCTRINE ; et sur plusieurs points : DVC IN ALTVM.

Cette autre inscription se trouve sur le premier pilier de la nef, au-dessous du chœur, du côté de l'évangile :

> En octobre le jour sainct Edouard,
> Laurens Ferment sentit mort tost passée
> fin de travail, ayant á Dieu esgard
> quen plus grans biens lame est recõpẽsee;
> lan precedent sa femme est trespassee
> iour Sainct Vincent, cincq^{cc} quarãte et troys;
> Nonne approchoit quand, saine de pensee,
> rendit lesprit a Jesus roy des roys.
> — Obit ceans la veille de Toussaincts
> par un nome Toussains pbre, l^{er} fil₃,
> fondé; priãt, por estre en Dieu cõioincts,
> voy beuant auec culx estre mis.

Toutes les autres inscriptions datent de 1525, 1529, 1535, 1554, 1557, 1566, 1567, 1598, 1627 et 1631. Quelques-unes de ces inscriptions font mention de *Notre-Dame de Envermeur*.

Quelques années après, par acte du mois de février 1289, les deux fondateurs ajoutèrent quelques biens à ceux qu'ils avaient primitivement donnés. L'abbé et les religieux du Bec avaient approuvé cette fondation au mois de novembre 1278, et le roi Philippe-le-Bel la confirma par une charte donnée exprès au mois de juin 1296. C'était aux archevêques de Rouen qu'appartenait le droit de nommer les administrateurs de cet hôpital. Au mois de juin 1344, une sentence du bailli de Caux confirma le prélat dans l'exercice de ce droit, que le procureur du roi, au nom du duc de Normandie, lui disputait alors. Il paraît, cependant, que, dégoûtés par les querelles qu'on leur suscitait au sujet de ce patronage, les archevêques finirent par y renoncer en partie. Différents aveux, relatifs au plein fief de Haubert d'Envermeu, *autrement dit de la Motte*, et appartenant aux années 1559, 1672, etc., nous apprennent qu'à ces deux époques, c'était le seigneur de la paroisse qui choisissait le sujet destiné à desservir l'hôpital; il le présentait ensuite à l'archevêque de Rouen, qui lui conférait alors les pouvoirs définitifs.

Quant à la chapelle *Saint-Guilain*, elle servait encore au culte avant la révolution. Suivant différents actes des années 1579, 1663, 1710, 1730, etc., c'était aux seigneurs du fief de *Brais* ou *Brest* qu'appartenait le droit de nommer les titulaires de cette chapelle, qui existe encore aujourd'hui, parfaitement conservée.

En 1562, tandis que la peste exerçait ses ravages dans la ville et les environs de Dieppe, une troupe de protestants, sortie de cette ville, se répandit dans les alentours et y mit tout à feu et à sang. Les églises d'Envermeu, de Bellengreville, d'Ancourt, des deux Sauchay, de Greiges, de Graincourt, d'Étran et de la Neuville, furent complètement pillées et dévastées par ces brigands.

En 1589, les églises d'Envermeu, et, en général, toutes celles des paroisses voisines de Dieppe, furent de nouveau pillées et saccagées par les ligueurs.

En 1740, Gouchaupré n'était encore qu'une succursale de Notre-Dame d'Envermeu.

Envermeu avait aussi une sergenterie et une haute justice. Ce bourg était en même temps le chef-lieu d'un doyenné rural qui comprenait cinquante paroisses des environs, parmi lesquelles on remarquait celles de Dieppe *(en partie)*, les Grandes-Ventes, Bailleul-sur-Eaulne, les trois paroisses d'Aliermont, celle de Bracquemont, etc., etc.

Aujourd'hui, on a réuni à Envermeu les anciennes paroisses de Saint-Laurent, Hybouville et Auberville

Nous avons vu précédemment que, dans les temps anciens, la première de ces trois paroisses avait toujours fait partie du territoire d'Envermeu; elle forme actuellement l'un de ses principaux hameaux 1.

Quant à Hybouville, que quelques vieux titres appellent indistinctement *Saint-Sauveur d'Ibolville*, *Notre-Dame d'Ybonville*, et, enfin, *Huboville*, ce hameau est situé au nord-ouest d'Envermeu. Suivant dom Toussaint Duplessis, son nom viendrait de *Hubaud* ou *Huboud*, nom propre d'homme, en latin *Hubaldus* ou *Huboldus*. Quoi qu'il en soit de cette étymologie, il est certain que ce hameau est fort ancien. On y a trouvé, il y a quelques années, dans l'enceinte du cimetière, un grand nombre de vases romains [2]. L'église appartenait aux moines de l'abbaye du Bec près Brionne. On remarque, sur cette

---

[1] En allant du bourg d'Envermeu au hameau de Saint-Laurent, on trouve, immédiatement après avoir passé la rivière, sur la droite du chemin, une forte motte, faite de main d'homme, laquelle paraît correspondre avec une autre, placée à une certaine distance. On prétend que, sur la côte de Tranquefer, il existait un fort, destiné à protéger un antique chemin connu sous le nom de *Chausée de Flandres* et allant de Picardie à Rouen.

[2] Les cimetières de Saint-Sulpice et d'Ancourt, paroisses voisines d'Envermeu, sont également remplis de vases antiques. Sur le territoire même d'Envermeu, en faisant la nouvelle route de Dieppe, il a été recueilli un grand nombre de tuiles à rebords. Nous devons à l'obligeance de M. Grout, notaire et maire de ce bourg, la communication de quelques médailles de Faustine, Commode, Néron et Antonin, trouvées, ainsi qu'une infinité d'autres pièces semblables, depuis une vingtaine d'années, sur le même territoire d'Envermeu, dans une pièce de terre qui est située entre le hameau du *Buc* et la commune d'*Intraville*, à peu de distance du *Bois Dangereux*. Cette dernière dénomination est incontestablement un souvenir des Druides, et les noms de *Buc* et d'*Intraville* ne sont pas moins anciens.

ancienne paroisse, le joli domaine appartenant à M. le comte Gallye d'Hybouville. La grande porte d'entrée de la cour du château est fort belle : cette porte date de 1657.

Auberville, sur la rive gauche de l'Eaulne, au-dessus et au sud-est d'Envermeu, est appelé, dans nos plus antiques chartes latines, *Osberti villa*. En 1141, Hugues d'Amiens, archevêque de Rouen, confirma aux religieux de l'abbaye du Bec la possession de l'église de cette paroisse. Avant sa réunion à Envermeu, la commune d'Auberville renfermait 172 habitants.

Dans un pré, sur la rive droite, et à peu de distance de la rivière d'Eaulne, on voit les restes de l'antique château des sires d'Envermeu. On y remarque une motte connue dans le pays sous le nom *Catel* ou *Castel*.

Il se tient à Envermeu un marché le samedi de chaque semaine, et des foires le troisième samedi de juillet et le premier samedi de novembre [1]. Le principal commerce de ce bourg consiste en toiles, grains, beurres et bestiaux.

[1] Les habitants d'Envermeu furent successivement confirmés dans leurs droits de foires et marché par Henri V, roi d'Angleterre, le 30 mars 1422; par Charles VII, roi de France, le 22 juin 1450; par Louis XI et Charles VIII, le 14 novembre 1463 et le 17 octobre 1483; et, enfin, par Louis XII et François Ier, les 24 mai 1502 et 26 février 1531. Les lettres-patentes de François Ier furent enregistrées au bailliage d'Arques le 22 avril 1532.

En 1726, la population d'Envermeu était de 1610 habitants. Malheureusement, un incendie dévora ce bourg il y a environ un siècle, et voilà pourquoi, malgré l'agglomération des trois autres communes qu'on y a réunies, cette population ne s'élève encore aujourd'hui qu'à 1,420 individus.

Canton d'Envermeu.

Ce canton se compose de trente communes, et renferme 14,547 habitants.

Saint-Nicolas d'Aliermont, à 3 lieues (sud-est) de Dieppe, et 1 lieue (sud-ouest) d'Envermeu, tire son nom du vaste territoire qui s'étend entre les rivières d'Eaulne et de Bethune, depuis Bayeul et Bures jusqu'au-dessous d'Arques. Ce terrain forme une haute, longue et large colline, dont le plateau, autrefois couvert de forêts, est, depuis plusieurs siècles, livré à la culture. Toute cette contrée avait reçu le nom d'*Aliermont* ou *Alacer Mons*. Que ce nom, comme celui d'Alliquerville, vienne des mots celtiques *Al, Ker, Mont*, qui signifient *habitation de la montagne*; qu'il soit purement romain, comme l'indique très-bien sa forme latine; qu'il soit dû à une famille Alacre, dont l'un des descendants, Alacre des Mares, chevalier, se trouve encore mentionné, en 1398, dans un aveu rendu par Jean d'Estouteville; qu'il appartienne, enfin, comme celui de Valliquerville près Yvetot, à un seigneur du moyen-âge, appelé Walker ou Vaucher : toujours est-il que le sol qu'il désigne est habité depuis fort longtemps. Cinq paroisses y existaient avant 1150, et quatre de ces paroisses ont conservé le nom d'Aliermont; ce sont: 1°, *Saint-Nicolas d'Aliermont;* 2°, *Saint-Jacques d'Aliermont* [1]; 3°, *Notre-Dame d'Aliermont* [2]; et 4°, *Sainte-Agathe d'Aliermont.* La cinquième, qui pourrait bien être la plus ancienne, est *Saint-Étienne*

---

[1] Saint-Jacques d'Aliermont, que quelques vieux titres nomment aussi *Saint-James*, possédait, dès avant 1150, une église paroissiale. Outre cette église, il y avait anciennement sur cette commune : 1°, un hermitage ; 2°, une chapelle proprement dite ; et 3°, une maladrerie ou hospice pour les lépreux. L'hermitage connu sous le nom de *Bosc Alihermont* ou *Bois d'Aliermont*, devint une chapelle en titre, sous le nom de *Saint-Remi;* c'étaient les moines du prieuré de Longueville qui en nommaient les desservants en 1177 et encore en 1419. Quant à l'autre chapelle, que les registres de l'archevêché de Rouen, de l'an 1521, appellent à tort *Saint-Yved*, elle était dédiée sous l'invocation de *saint Evroult*, et était toujours en titre en 1543. Enfin, suivant les archives de l'archevêché de Rouen, la léproserie de Saint-Jacques d'Aliermont existait en 1250; il ne s'y trouvait plus de lépreux en 1589. C'était aux archevêques de Rouen qu'appartenait le droit de nommer les desservants et administrateurs de ce dernier établissement, ainsi que les curés de l'église paroissiale. La population actuelle de Saint-Jacques-d'Aliermont est de 342 habitants.

[2] C'était aux archevêques de Rouen qu'appartenait le patronage de l'église de Notre-Dame d'Aliermont, ainsi que celui d'une chapelle dite *de Saint-Jean*, située sur la même paroisse. — La population de cette paroisse est de 853 habitants.

de Croixdalle; cette dernière, comme celle de Sainte-Agathe, se trouve sur l'arrondissement de Neufchâtel-en-Bray. Ces cinq paroisses, avec Dieppe, Louviers, Bouteilles et les moulins de Rouen, furent cédées en 1197, par Richard-Cœur-de-Lion à l'archevêque Gaultier de Coutances, pour terminer la fâcheuse querelle qui s'était élevée entr'eux au sujet du terrain sur lequel Richard avait fait construire la forteresse d'Andely. Dans les vers latins gravés sur les nombreuses croix de pierre qui furent élevées à cette occasion dans la cité rouennaise, l'immense territoire où se trouvent les cinq paroisses dont nous parlons est appelé *Alacris Mons, locus amœnus.* Aujourd'hui, après bientôt six siècles et demi, ce pays est toujours le même. Les cinq paroisses communiquent entre elles par une large et magnifique voie, que sa rectitude d'alignement prouve appartenir, sinon à la période romaine elle-même, du moins aux premiers temps de la monarchie française. Cette voie, bordée dans toute sa longueur d'un double rang de maisons, régulièrement rangées comme les rues d'une grande ville, et alternativement coupées par des massifs de pommiers en fleurs, par de jolis jardins, par de riantes métairies, par de riches campagnes chargées de moissons, s'étend, en traversant la vallée d'Eaulne, la forêt d'Arques, les plaines d'Aliermont, la forêt de Neufchâtel, les campagnes de Bival et de Beaussault,

depuis Dieppe jusqu'à Beauvais, en passant par Gaillefontaine et Songeons. — Quant à Saint-Nicolas d'Aliermont, il y avait autrefois sur cette commune, outre l'église paroissiale, une chapelle dite de *Saint-Hubert*. Elle se trouvait dans la cour d'un ancien manoir appartenant à la famille de Crodalle ou Croixdalles, et existait encore en 1738. — C'est à Saint-Nicolas d'Aliermont que naquit, vers la fin de l'année 1684, le révérend père Maugeard, supérieur des Augustins de Rouen, si connu par ses disputes au sujet de la bulle *Unigenitus*. Parmi les nombreux écrits qu'il publia au sujet de cette fameuse bulle, depuis 1742 jusqu'en 1750, on cite ses deux *Lettres d'un disciple de saint Augustin à un grand prélat* (1750). — On remarque à Saint-Nicolas d'Aliermont une fabrique considérable de mouvements de pendules perfectionnés. C'est à l'honorable M. Pons, maire de cette commune, que le pays est redevable de ce précieux établissement, où l'on fabrique, chaque année, de cinq à six mille mouvements de pendules. — La population de Saint-Nicolas d'Aliermont est de 1,659 habitants.

Équiqueville, sur la Béthune, à 4 lieues 1/2 (sud-est) de Dieppe, et 2 lieues 1/2 (sud) d'Envermeu, est nommé dans les anciens titres *Equcovilla*. Ce nom, comme ceux d'Écultot, Écuquetot, etc., est d'origine gallo-romaine. Au commencement de l'*Itinéraire d'Antonin*, il est fait mention d'un lieu appelé *Ecucotitium*. Si, d'un côté, cette circonstance ne peut laisser de doute sur l'antiquité d'Équiqueville, nous avons, de l'autre côté, pour corroborer notre opinion, l'immense quantité de tuiles et d'objets romains de toute nature que l'on retrouve chaque jour sur cette ancienne paroisse en labourant la plaine, du côté des Grandes-Ventes, au triage des *Hautelets* ou *Hautelots*. L'emplacement des ruines paraît être fort considérable. Cependant, Guillaume de Jumiéges appelle Équiqueville *Schechevilla*. Cet historien nous apprend que c'est à Équiqueville, non loin de la ville d'Arques (*haud procul ab oppido Arcarum , in villa quæ dicitur Schechevilla*), que le duc Richard Ier connut pour la première fois, en 980, la belle et célèbre Gonnor, qui, du sein d'une misérable chaumière, s'en alla briller au milieu d'une cour pompeuse et s'asseoir sur le trône de ces princes normands, qui allaient bientôt donner des rois à l'Angleterre, et dont l'alliance devait être si souvent briguée par les monarchies les plus puissantes. Richard était venu chasser à Équiqueville. La femme d'un de ses forestiers, nommée Sainfrie, lui ayant plu, le duc *commanda au mari un triste sacrifice*. La femme du forestier substitua prudemment à sa place sa sœur Gonnor, jeune fille encore plus jolie qu'elle. Le duc, ayant reconnu la fraude, se réjouit de ce qu'on lui avait épargné le sujet d'un repentir. Il aima tendrement Gonnor, l'épousa, et en eut plusieurs enfants, savoir : 1°, Richard II, qui fut duc de Normandie et aïeul de Guillaume-le-Conquérant; 2°, Robert, archevêque de Rouen et comte d'Évreux; 3°, Mauger, comte de Corbeil et père de Guillaume de Mortain; 4°, Emma, reine d'Angleterre; 5°, Havoise, duchesse de Bretagne; et 5°, Mathilde, comtesse de Chartres. — Originairement, la terre d'Équiqueville formait deux paroisses, *Saint-Vaast* et *Saint-Pancrace*; la première, située sur la rive droite de la Béthune; et la seconde, sur la rive gauche. C'est cette dernière que l'on désigne spécialement sous le nom d'Équiqueville; suivant un aveu du 25 avril 1419, le patronage et les dîmes de cette paroisse, aujourd'hui supprimée, appartenaient aux moines du prieuré de Longueville. La population de ce village est de 169 habitants. — Quant à Saint-Vaast d'Équiqueville, il a conservé jusqu'à ce jour le titre de commune. Le patronage de son église paroissiale appartenait autrefois aux chanoines de la cathédrale de Rouen. La population de Saint-Vaast est de 362 habitants [1].

[1] A une demi-lieue environ (nord-ouest) et au-dessous d'Equiqueville, on trouve, sur la rive gauche de la Béthune, la commune de Freulleville, laquelle avait des seigneurs particuliers dès 1190.

Saint-Aubin-le-Cauf, sur la rive droite de la Béthune, à 2 lieues 1/2 (sud-est) de Dieppe, et 2 lieues (sud-ouest) d'Envermeu, est appelé, dans quelques anciens titres, *Saint-Albin le Caouf*, en latin *Sanctus Albinus Calvus*. Ce dernier mot, qui désigne ordinairement un lieu sauvage et inculte, une côte dépouillée de végétation, doit être ici un nom d'homme, suivant Duplessis. Richard le Cauf était seigneur d'Épaignes près Cormeilles (Eure), en 1406. On a appelé aussi cette commune *Saint-Aubin-sur-Arques* et *Saint-Aubin-sur-Osmonville*. Lorsque le comte Guillaume du Talou se révolta, en 1053, contre l'autorité de Guillaume-le-Bâtard son neveu, duc de Normandie, Henri Ier, roi de France, amena au secours du prince rebelle, alors assiégé par le jeune duc dans le château d'Arques, une armée, destinée tout à-la-fois à attaquer les assaillants et à introduire dans la place les vivres et les munitions dont elle avait un si pressant besoin. Suivant Guillaume de Jumiéges et Robert Wace, ce fut

---

L'un de ces seigneurs disputait, en 1256, à l'archevêque de Rouen, le patronage de l'église de cette paroisse, dédiée à *Notre-Dame*. En effet, c'était au manoir seigneurial de Freulleville qu'était attaché, de temps immémorial, le droit de nommer les curés de cette église. La terre de Freulleville était un quart de fief relevant de la baronnie de Cleville, et appartenant aux sires d'Estouteville, châtelains de Valmont. En 1495, ces seigneurs avaient aliéné la terre et le patronage de Freulleville. La population actuelle de cette commune est de 552 habitants.

à Saint-Aubin-le-Cauf que cette armée, sous les ordres du roi, vint placer son camp (*castrametari apud Sanctum Albinum jussit*). A peine instruits de l'arrivée des Français, les chefs normands résolurent eux-mêmes de les attaquer, et, pour mieux réussir dans leur projet, ils employèrent la ruse. Ayant fait choix de tout ce que l'armée du duc pouvait compter de plus fidèles et de plus intrépides chevaliers, ils placèrent la moitié de leurs soldats en embuscade dans des lieux sombres et difficiles, et envoyèrent ensuite les autres en avant, avec ordre de rétrograder aussitôt qu'ils se verraient approcher par les troupes françaises. Le stratagème réussit complètement. La majeure partie de l'armée royale, ayant aperçu les Normands, marcha à leur rencontre. Ceux-ci, pour tromper leurs ennemis, firent d'abord bonne contenance; puis, fuyant tout-à-coup, entraînèrent au loin les Français sur leurs pas. Arrivés au lieu où se tenaient cachés leurs compagnons d'armes, les Normands s'arrêtent, font volte-face, et un combat meurtrier s'engage. Presque tous les soldats royaux furent taillés en pièces ou faits prisonniers. Enguerrand II de Ponthieu, connu sous le nom de *comte d'Abbeville*, perdit la vie sur le champ de bataille, tandis que Hugues, surnommé *Bardouf*, s'en alla traîner la sienne dans les fers. A la nouvelle de ce désastre, le roi Henri se hâta d'abandonner les retranchements qu'il avait élevés à Saint-Aubin-le-Cauf, puis s'en retourna à Saint-Denis près Paris cacher sa honte et sa douleur. Dès son origine, la seigneurie de Saint-Aubin-le-Cauf était un plein-fief de Haubert. En 1225, cette terre appartenait à Robert, comte de Dreux, qui, d'accord avec Aënor ou Aliénor, sa femme, y fit construire, en cette même année, une chapelle à peu de distance du manoir. Cette terre, qui appartient aujourd'hui à M. le duc de Fitz-James, fut divisée vers 1577. En 1579, la moitié du fief était réunie à celui de la Cour-le-Comte, situé sur Pierre-le-Vieux. Cependant, au mois de janvier 1603, Claude Groulard, premier président du Parlement de Rouen, obtint de Henri IV des lettres-patentes qui érigeaient en sa faveur le fief de Saint-Aubin-le-Cauf en châtellenie, *avec droit de fourches patibulaires à quatre pilierz*. Dans un aveu du 15 mars suivant, le premier président déclare *tenir du roi, à cause de la vicomté d'Arques, la pleine châtellenie et demi-fief de Haubert de Saint-Aubin-le-Cauf*. — Quant à l'église de la paroisse, elle avait été donnée, dès la première moitié du XIe siècle, à l'abbaye de Saint-Wandrille par Robert Ier, duc de Normandie, surnommé le Diable. En 1474, 1564 et 1738, ce monastère présentait encore à la cure de Saint-Aubin-le-Cauf, mais ce patronage était exercé alternativement par les seigneurs du lieu;

en 1579, ce fut le seigneur de la Cour-le-Comte qui nomma le curé de Saint-Aubin; mais, en 1603, ce droit était revenu à la châtellenie dont nous venons de parler. L'église de Saint-Aubin-le-Cauf n'offre rien d'intéressant sous le rapport de l'art. La population de cette commune est de 593 habitants.

BELLENGREVILLE, sur la rivière d'Eaulne, à 2 lieues (sud-est) de Dieppe, et 1 lieue (nord-ouest) d'Envermeu, est appelé, dans les anciens titres, *Saint-Germain de Berengerville (de Berengarii Villa)*; ce nom est incontestablement le véritable. Le patronage de l'église de cette paroisse était attaché au fief seigneurial de Bellengreville. En 1260, le sire de Bellengreville, sénéchal du comté d'Eu, nomma le curé de cette paroisse. Jean d'O, également seigneur de Bellengreville et sénéchal héréditaire du comté d'Eu, le nomma, à son tour, en 1556. En 1589, le sire de Bellengreville fut député par les ligueurs de la ville d'Eu pour prier les royalistes de Dieppe de ne point les inquiéter durant la guerre civile. Un autre sire de Bellengreville, probablement fils du précédent, fut grand prévôt de France. Au moment de la bataille d'Ivry, il était gouverneur de la ville de Meulan pour Henri IV; il mourut vers 1603. En 1682, Bellengreville n'était plus qu'un huitième de fief. Outre l'église paroissiale, il y avait anciennement, sur cette commune, une chapelle dite de la *Veauvois* ou *Vaux-Veie* (la voie des vallons). Cette chapelle existait encore en 1738. La population de Bellengreville et de 162 habitants [1].

SAUCHAY-LE-HAUT, ainsi nommé à cause de sa position dans une plaine élevée, se trouve à 2 lieues (sud-sud-est) de Dieppe, et 1 lieue 1/4 (nord-ouest) d'Envermeu. Ce lieu était appelé anciennement *Notre-Dame du Bosc;* quelques titres portent même *la Ville du Bois*. Sauchay, en effet, avait originairement une très-vaste étendue. Son territoire comprenait, d'un

[1] Saint-Sulpice, au sud-est de Bellengreville, sur la rive gauche de la rivière d'Eaulne, est appelé indistinctement, dans les anciens titres, *Bérengrevillette* ou *Bellengrevillette*, *Saint-Sulpice de Berengreville*, *Saint-Supplix de Manneville* ou *Manéhouville*, etc. Les deux premières dénominations prouvent que cette paroisse, aujourd'hui supprimée, faisait originairement partie de Bellengreville. Le comte Guillaume d'Essex avait donné, vers la fin du XIIe siècle, l'église de Saint-Sulpice à l'abbaye de Mortemer en Lions ; cette donation fut confirmée par sentence du bailli de Caux en 1315. Cependant, après de nombreux procès, les religieux de Mortemer finirent par être dépouillés du patronage de Saint-Sulpice, lequel, ainsi que le fief seigneurial de cette paroisse, était réuni en 1495 à la baronnie de Manéhouville. En 1582, ce fut le duc de Longueville qui nomma le curé de Saint-Sulpice ; ce droit fut exercé en 1650 et 1662 par le comte de Tancarville. Outre l'église, il y avait anciennement, à *Saint-Supplix sur Elne* (sur Eaulne), une chapelle dite *de Notre-Dame;* cette chapelle était encore sur pied en 1485 — On a recueilli à Saint-Sulpice, dans l'ancien cimetière de cette paroisse, une grande quantité de poteries antiques, des médailles romaines, des hachettes en bronze, et, à quelques pas de là, deux cercueils en pierre calcaire des environs.

côté, toute la plaine qui s'étend depuis Grèges et Graincourt jusqu'à Tourville-la-Chapelle et Intraville et, de l'autre côté, tout l'espace qui se trouve entre Ancourt et Bellengreville, sur la rive gauche de l'Eaulne. Ce territoire fut divisé en deux paroisses : la première portion s'appela *Sauchay-le-Haut*, et la deuxième portion, à cause de la vallée, *Sauchay-le-Bas* ou *Sauchay-en-Rivière*. Les seigneurs de Sauchay-le-Haut portaient le titre de *barons haut-justiciers et connétables héréditaires du comté d'Eu*. C'était à eux qu'appartenait, en 1266, le droit de choisir les curés des deux paroisses du nom de Sauchay. En 1500 et 1561, ce patronage était passé aux comtes d'Eu; mais, en 1738, il était revenu aux barons de Sauchay. Outre l'église paroissiale dédiée à la sainte Vierge, il y avait autrefois sur Sauchay-le-Haut : 1°, une chapelle connue sous le nom de *Fricaut*, laquelle existait en 1471 ; et 2°, un prieuré appelé *Saint-Nicolas des Rendus*. Eudes Rigault, archevêque de Rouen, avait dédié l'église de ce monastère le 13 juillet 1257. Ce prieuré relevait de l'abbaye de Sery près Blangy ; les moines y exerçaient encore les fonctions curiales en 1738. La population actuelle de Sauchay-le-Haut est de 233 habitants. — Quant à Sauchay-le-Bas, maintenant supprimé, il est appelé, dans quelques vieux titres, *Saint-Martial de Saulchoy-sur-Eaulne*. Son ancienne église est assez curieuse. Le portail est du XVIe siècle; un petit pampre, sculpté en relief, en décore le cintre. L'angle nord du chœur est du XIe siècle, ainsi que la crypte qui se trouve sous le sanctuaire. Cette crypte a été remaniée et décorée de peintures dans le XVe siècle. Entre Ancourt et Sauchay-le-Bas, on a recueilli, dans un petit vallon qui faisait autrefois partie de cette dernière paroisse, une quantité considérable de briques, de tuiles et de poteries romaines [1].

[1] A une lieue 1/4 (nord-est) de Sauchay, en remontant dans la plaine, vers la ville d'Eu, on trouve la commune de Tourville-la-Chapelle, laquelle est appelée, dans quelques chartes, *Notre-Dame de Catteville*. En 1104, le pape Pascal II confirma aux religieux de l'abbaye de Fécamp la possession du patronage et des dîmes de l'église de cette paroisse, qui, ainsi que nous l'avons dit ailleurs, était une dépendance de la baronnie du Jardin. La population de Tourville-la-Chapelle est de 670 habitants.—Saint-Martin-en-Campagne, sur la route de la ville d'Eu à Dieppe, à 2 lieues (nord-nord-ouest) d'Envermeu, dépendait anciennement de la baronnie de Berneval. Il y existait une église paroissiale avant 1068. Les religieux de l'abbaye royale de Saint-Denis la cédèrent, par échange, avec cette baronnie, à Guillaume de Calletot, seigneur de Montmélian près Paris. En 1284, ce Guillaume de Calletot fonda, dans l'église de Saint-Martin-en-Campagne, une chapelle connue sous le nom de *Notre-Dame des Avoines* ou *Notre-Dame des Champarts*. Le patronage de cette chapelle, ainsi que celui de l'église, appartint toujours aux barons de Berneval. Guillaume de Calletot avait encore fait construire, en 1284, une autre chapelle sur Saint-Martin-en-Campagne, du côté de Derchigny et de Graincourt; cette chapelle portait le nom de *Saint-Denis de Vargemont* ou *Vergemont*. Il y avait en outre, sur Saint-Martin, une maladrerie appelée indistinctement dans nos anciens titres *Sainte-Catha*, *Saint-Catal*, *Sancti Cathœi*, *Sanctus Cathaldus*, *Sainte-Catho*, etc., dénominations qui

Penly, sur le bord de la mer, à 2 lieues 1/2 (nord-est) de Dieppe, et 2 lieues (nord-nord-ouest) d'Envermeu, a été successivement appelé *Saint-Denis de Pœneli* et *Saint-Guy de Pentli*. Ce nom est visiblement formé du mot celtique *Pen* ou *Pent*, pointe, hauteur, rocher élancé vers le ciel. Peut-être aussi vient-il du latin *Pœnitentiale* : alors il devrait son origine à une maison religieuse, à un couvent de pénitens. L'église de Penly appartenait autrefois à l'abbaye du Tréport. La population de cette commune est de 362 habitants. — Biville-sur-Mer, à environ une demie-lieue (est) de Penly, et à peu de distance de la grande route d'Eu à Dieppe, est appelé, dans les archives de l'archevêché de Rouen, *Saint-Remi* et *Saint-Jean de Biville*. En 1161, c'était à l'abbaye d'Eu qu'appartenaient le patronage et les dîmes de l'église de cette paroisse. La population de Biville-sur-Mer est de 519 habitants. — Guilmecourt, à 1 lieue (sud-est) de Biville, et 2 lieues (nord) d'Envermeu, tire visiblement son nom de celui de Guillaume (*Guillelmi Curia*), ou peut-être aussi de Guilmer ou Wilsmer, en latin *Gislemarus*. Il y avait ancienne

ne sont autre chose que la grossière altération du nom de *Sainte-Catherine*. Cet établissement ayant été ruiné dans les guerres des Anglais, il n'en restait plus que la chapelle en 1488. Cette chapelle, comme celle de Saint-Denis de Vargemont, était à la présentation des barons de Berneval. La population de Saint-Martin-en-Campagne est de 679 habitants.

ment deux églises à Guilmecourt, l'une sous le vocable de *saint Amand*, et l'autre sous le vocable de *saint Vaast*. En 1256, c'étaient les abbés du Tréport qui nommaient les curés de la première de ces deux églises; le patronage de la seconde appartenait aux seigneurs de Guilmecourt. En 1392, l'abbaye de Saint-Wandrille voulait aussi exercer une partie de ce patronage. En 1406, il ne restait plus à Guilmecourt que l'église Saint-Amand, mais avec deux portions de cure. En 1685, l'église Saint-Vaast avait été rétablie; elle existait encore en 1738. Sous le rapport de l'administration civile, cette dernière paroisse faisait partie de la vicomté d'Arques, tandis que celle de Saint-Amand relevait de la vicomté d'Eu. Outre ces deux églises, il y avait autrefois à Guilmecourt une maladrerie ou hospice pour les lépreux : elle portait le nom de *Saint-Claude*; c'était aux seigneurs des Granges, quart de fief situé également sur Guilmecourt, qu'appartenait le droit de nommer les desservants et administrateurs de cette maladrerie. En 1694, les biens et revenus de cet établissement furent donnés par Louis XIV à l'hôpital de Criel. Quant à la seigneurie de Guilmecourt proprement dite, c'était un plein-fief de Haubert, connu originairement sous le nom de *baronnie de Cornillon*. Les barons de Cornillon-Guilmecourt avaient fait à l'église Saint-Amand plusieurs donations importantes. Aujourd'hui la population de Guilmecourt est de 502 habitants [1].

AVESNES, à 5 lieues (est) de Dieppe, et 2 lieues 1/2 (est-nord-est) d'Envermeu, est appelé indistinctement, dans les anciens titres, *Saint-Mellon d'Avenne (de Avena)*, *Saint-Meslain d'Avesnes* et *Avesnes-sous-Agumont (Acuto Monte)*. Cette dernière dénomination est probablement la plus ancienne; prise dans la nature même des localités, elle désignait incontestablement la haute colline qui borne Avesnes à l'orient, comme un autre coteau le domine au cou-

[1] A une demi-lieue (sud) de Guilmécourt, dans une plaine coupée par de grands bois, on rencontre la commune de Grény, qui, dès l'an 1147, possédait une église paroissiale dédiée à la sainte Vierge. Le patronage de cette église a successivement appartenu aux religieux du Tréport, à l'abbaye de la ville d'Eu, et enfin aux comtes d'Eu. « Je soupçonne, dit en parlant de cette paroisse le bénédictin Duplessis, que l'on a dit autrefois *Guerni;* et ce nom viendroit de *Guerne*, qui signifie *un aune* (arbre aquatique). » La population actuelle de Grény est de 272 habitants. — Saint-Quentin des Prés, a un quart de lieue (sud-est) de Greny, était appelé naguère *Saint-Quentin au Bosc*. En 1144, Hugues d'Amiens, archevêque de Rouen, confirma à l'abbaye du Bec la possession de l'église de Saint-Quentin, qui, du reste, n'appartenait à ce monastère que comme dépendance du prieuré d'Envermeu. C'était même le directeur de ce dernier établissement qui, dans le XIIIe siècle, nommait encore les curés de Saint-Quentin. En 1572, Charles de Gouberville fonda, dans l'église de cette paroisse, une chapelle dite *de Saint-François et de Saint-Antoine*, laquelle devait être desservie à perpétuité par deux chapelains à-la-fois. En 1726, la terre de Saint-Quentin appartenait à Nicolas de Caqueray. La population actuelle de cette commune est de 182 habitants.

chant : c'est un site sauvage qui semble faire partie d'un désert. L'église paroissiale d'Avesnes, qui appartenait autrefois à l'abbaye de Tréport, n'offre rien d'intéressant ; mais on remarque sur cette commune la propriété de M. A. Delestre. Les seigneurs d'Avesnes avaient le droit *de chasser à la grosse et à la petite betes dans toutes les forets du comté d'Eu* : c'était sans doute pour cela qu'il étaient obligés de sonner du cor lorsque les princes allaient eux-mêmes y chasser. — On a réuni à Avesnes les anciennes paroisses de Saint-Aignan, Villy-le-Haut et Caude-côte-Suce. Saint-Aignan, appelé autrefois *Saint-Agnan-sur-Sept-Meules*, avait, en 1260, une église dédiée à la sainte Vierge. Le patronage de cette église, qui appartenait aux archevêques de Rouen, fut vivement disputé à ces prélats en 1308 et 1341 par plusieurs seigneurs. En 1666, il était devenu alternatif entre les possesseurs du fief de Saint-Aignan et les religieux de l'abbaye du Lieu-Dieu (*diocèse d'Amiens*). Ce droit était venu à ces religieux à cause de la réunion à l'église de Saint-Aignan des biens et revenus d'un antique prieuré que possédait, sur cette même paroisse, l'abbaye du Lieu-Dieu. Ce prieuré se nommait *Jupigny;* mais ce nom, depuis plusieurs siècles, est complètement oublié dans le pays. Peut-être cet établissement avait-il succédé à l'abbaye de dames qu'une charte de Pépin-le-Bref, datée de l'an 754, place sur Sept-Meules. Par cette charte, que dom Mabillon nous a conservée dans sa diplomatique (page 490), Pépin, qui n'était pas encore monté sur le trône de France, mais qui allait bientôt l'occuper, confirme à l'abbaye royale de Saint-Denis près Paris, et en dépit de Reine (*Ragana*), abbesse de Sept-Meules, la propriété d'un village du Talou nommé alors *Curhorius*. — Villy-le-Haut, ainsi nommé à cause de sa situation au penchant d'une colline fort élevée, sur la rive droite et à peu de distance de la rivière d'Yères, est appelé, dans quelques titres, *Saint-Martin de Vailli*; le pouillé d'Eudes Rigault, archevêque de Rouen, dit *Verleium*. Suivant un aveu du 14 décembre 1469, le patronage de l'église de Villy, attaché au fief seigneurial de cette paroisse, appartenait, ainsi que le fief lui-même, à l'abbaye du Tréport près la ville d'Eu. Outre cette église, il y avait encore sur Villy, au hameau de Maisoncelle, une chapelle dite *de Saint-Nicolas*. Suivant un aveu du mois de juillet 1713, c'était aux seigneurs de Caudecôte qu'appartenait le droit de nommer les desservants de cette chapelle. — Caudecôte (*colline brûlante*), et non pas *Cottecote* comme l'ont écrit quelques auteurs, tire son nom de la côte élevée sur le sommet de laquelle il est bâti. Quant à son surnom *Suce*, ce n'est pas un nom d'homme : il devrait s'écrire *sus*, c'est-à-dire *dessus*. Au reste, Caudecôte était une paroisse fort moderne à l'époque de la révolution, puisque, en 1738, elle n'était encore que l'annexe, que la succursale de Villy. — La population actuelle d'Avesnes, y compris les différentes réunions dont nous venons de parler, s'élève à environ 479 habitants.

BAILLY-EN-RIVIÈRE, sur le petit ruisseau qui porte son nom, se trouve à 4 lieues (est) de Dieppe, et 1 lieue 1/2 (nord-est) d'Envermeu. Son nom, comme ceux de *Bailleul*, *Baillou*, *Baillolet*, etc., est formé du mot celtique *Bali*, qui désigne ordinairement une avenue d'arbres. Dès le XIe siècle, il existait à Bailly une église paroissiale dédiée à *saint Martin*. Deux cents ans après, il y avait dans cette église trois portions de cure. L'un de ces bénéfices était à la présentation de l'abbaye de Saint-Wandrille, en 1260; la nomination du second était attachée à la présentation du fief seigneurial de la paroisse, en 1392 et 1484; enfin, le patronage du troisième appartenait aux comtes d'Eu, en 1663. Outre ces trois bénéfices, il y avait encore à Bailly-en-Rivière : 1°, trois chapelles ; 2°, un hôpital ; et 3°, quatre fiefs ou manoirs seigneuriaux. — La chapelle *Saint-Nicolas de Monthuit* se trouvait sur le fief du même nom; elle était en titre en 1477, et à la présentation des seigneurs de ce fief. La chapelle

Notre-Dame de Moy se trouvait également sur le fief ainsi dénommé: elle existait d'abord, en 1613, dans le cimetière de la paroisse; mais différents actes des années 1667 et 1693 nous prouvent qu'elle avait été transférée dans le château seigneurial de la commune, car c'était au manoir de Moy qu'était attaché ce titre. Enfin, la chapelle *Saint-Antoine de Pellevert* ou *Polvers* se trouvait de même sur l'antique fief dont elle avait conservé le nom; elle était en titre en 1516, et existait encore en 1694. — Quant à l'hôpital, il paraît avoir été détruit dans les guerres des Anglais; sa chapelle seule était encore en titre en 1505; c'étaient les seigneurs du fief de Tendos qui nommaient les desservants de cette chapelle. — La seigneurie de Bailly-en-Rivière était dans l'origine un plein-fief de Haubert, avec titre de châtellenie. Cette terre ayant été divisée, le château devint la propriété de la maison de Moy; cette portion prit le nom de *Moy-Bailly*; elle appartenait, vers le milieu du XVIe siècle, à la famille Pimont. L'autre portion, étant passée à la famille Tendos, prit, de son côté, le nom de *Bailly-Tendos*: de sorte que celle-ci était la *terre*, et l'autre la *châtellenie*. François de Pimont, châtelain de Bailly, chevalier des ordres du roi, gouverneur de la ville et de la forteresse de Neufchâtel, laissa, pour unique héritière, une fille nommée Madeleine. Cette

Madeleine de Pimont épousa Joachim de Thibermesnil, gentilhomme ordinaire de la chambre du roi, seigneur du Caule, de Franqueville, de Capval, des Noyers, etc. Elle vendit la châtellenie de Bailly le 18 mai 1587, à Adrien de Pardieu, écuyer, seigneur de Maucomble, de Saint-Aignan, etc. Jacques de Pardieu, son fils, chevalier, marquis de Bailly, sire de Maucomble, vivait en 1663; il acheta, en 1667, de Guillaume Guiran, baron de Dampierre, six acres de prairies situées à Bailly-en-Rivière. Marie-Catherine de Pardieu, petite-fille de Jacques de Pardieu, fut dame de Bailly-en-Rivière, de Maucomble, du fief de Tendos, du fief de Monthuit, du fief de Polvers, de Pierrepont, de la Graverie, de Brétigny, de Saint-Aignan, etc., etc. Elle épousa Henri-Charles Le Veneur, chevalier, dont elle était veuve en 1766. C'est par contrat du 19 octobre de cette même année qu'elle fonda, sur la paroisse de Bailly-en-Rivière, une école gratuite pour les petites filles de Bailly, de Saint-Aignan et de Saint-Ouen-sous-Bailly [1]; elle dota cet établissement de cent cinquante livres de rente, payables sur les États

---

[1] Saint-Ouen-sous-Bailly, à trois quarts de lieue (sud-ouest) de Bailly-en-Rivière, dans la même vallée, avait dès le commencement du XIIe siècle, une église, dont Hugues d'Amiens, archevêque de Rouen, confirma en 1141, la possession à l'abbaye du Bec, probablement à titre de dépendance du prieuré d'Envermeu. A peu de distance de Saint-Ouen-sous-Bailly, au sommet d'une des côtes qui

de Bretagne. — Aujourd'hui Bailly-en-Rivière est une espèce de petit bourg, fort agréable, dont la population est de 652 habitants.

Douvrend, sur la rivière d'Eaulne, à 4 lieues 1/4 (sud-est) de Dieppe, et 1 lieue 1/4 (sud-est) d'Envermeu, paraît tirer son nom des mots celtiques ou teutoniques *Durr* ou *Dour*, torrent, courant d'eau, et *And* ou *End*, montagne, colline élevée qui projette au loin son ombre. Le nom de Douvrend est d'autant plus curieux, que, comme celui de Londinières et celui de Wanchy-Capval, paroisses voisines de celle-ci, il semblerait annoncer qu'il y eut là, dans l'origine, une colonie d'Anglais, lesquels, en souvenir des lieux de leur naissance, Douvres et Londres, laissèrent ces noms aux lieux qu'ils étaient venus habiter. Ce serait cependant une grave erreur. Londinières existait en 907 sous le nom de *Nundinières;* Wanchy portait son nom dès le commencement du règne de Guillaume-le-Bâtard, c'est-à-dire à une époque où les peuples de la Grande-Bretagne, loin d'aller s'installer chez les autres, se renfermaient prudemment dans leur modeste coin de terre, et semblaient, par leur nonchalance et

---

dominent la vallée, on remarque de curieux terrassements qui doivent provenir d'un camp antique. La population de Saint-Ouen-sous Bailly est de 307 habitants.

leur inertie, inviter leurs voisins à venir les conquérir. Quant à Douvrend, il est certain, comme nous allons le prouver, qu'il existait avant l'établissement de la monarchie française. Si donc la singulière concordance que l'on remarque entre les noms de ces trois communes et les noms de Londres, de Douvres, etc., prouve bien réellement la présence d'un même peuple sur ces deux rivages, il en faut conclure que ces lieux ont été fondés, non pas par des Anglais, mais bien par les Celtes ou Gaulois, qui, comme on le sait, occupaient originairement ces contrées, ou peut-être encore par les pirates saxons, lorsqu'ils infestaient nos côtes. Quoi qu'il en soit, il est certain que Douvrend a une origine fort ancienne. Dans le voisinage d'une voie antique qui, suivant une note que nous devons à l'obligeance de M. de Douvrendel, est encore connue aujourd'hui sous la double dénomination de *Chemin de César* et de *Chaussée des Romains*, on a trouvé à Douvrend, il y a environ vingt-six ans, dans un lieu que les traditions populaires relatives aux revenants et fantômes ont décoré du nom de *Clos-Blanc* (actuellement *Clos-Billot*) : 1°, quatorze ou quinze médailles de Gordien Pie et de Constantin, petit module, moyen-bronze ; 2°, une petite hache et une pique ; 3°, une urne et quelques fibules ; et 4°, enfin, plusieurs tombeaux en plâtre ou en pierre calcaire, ayant tous la forme d'une auge. Tous ces cercueils avaient la tête placée, soit à l'orient, soit à l'occident, de sorte que les pieds se trouvaient bout à bout[1]. Il y a peu d'années, la voie dont nous venons de parler offrait encore à Douvrend, sur une longueur de plus de cent vingt toises, un profond et solide encaissement, parfaitement intact. Cette voie

[1] Depuis que cette notice est rédigée, et au moment de la mettre sous presse, nous avons appris que l'on vient encore de trouver sur Douvrend (*mois d'avril* 1838), d'abord, deux squelettes accompagnés de quelques poteries romaines; puis, plus de cinquante autres squelettes accompagnés également de poteries, d'armes, d'agrafes et de petits ornements en verre, de diverses formes et grandeurs. « Il a été trouvé, dit une note publiée dans le *Journal de Rouen* (n° du 20 avril), une médaille en bronze, petit module, dans laquelle est passée un fil de laiton; elle fut portée à l'aide de ce fil. Cette médaille est de CLAUDE-LE-GOTHIQUE. Il n'en faut pas conclure que ces sépultures appartiennent précisément au temps de cet empereur, qui régna dans la seconde moitié du IIIe siècle; mais probablement elles en sont voisines.

« Les vases que l'on trouve avec les squelettes sont de fabrique plutôt germaine que romaine. Parmi les armes, il s'en trouve aussi qui n'appartiennent pas aux légions. Elles ont dû être portées par des soldats germains. Mais, en supposant que les restes que l'on découvre à Douvrend viennent des troupes impériales, les armes étrangères qui s'y trouveraient mêlées ne pourraient former une difficulté, car on sait qu'à l'époque dont il s'agit, les forces de l'empire étaient formées en grande partie d'hommes enrôlés chez ces nations dites *barbares*.

« Ces découvertes peuvent devenir fort intéressantes. On doit à M. Prudent Delacroix, qui habite Envermeu, d'avoir contribué beaucoup à la conservation des premiers objets trouvés. M. le sous-préfet (*de Dieppe*) a donné depuis des instructions à M. le maire de Douvrend pour la conservation de tout ce que l'on viendrait à découvrir. »

est celle dont nous avons déjà parlé ailleurs, et qui allait de Beauvais à Dieppe, en passant par Formerie, Mortemer-sur-Eaulne et Ancourt; elle avait vingt-quatre pieds de largeur [1]. — L'église de Douvrend, dédiée à *sainte Madeleine*, appartenait, de temps immémorial, aux archevêques de Rouen. Cette église ayant été en partie détruite pendant les guerres des Anglais, on construisit, dans les premières années du XVIe siècle, celle que l'on voit aujourd'hui, en conservant néanmoins ce qui était demeuré intact de l'ancien édifice. Cette église offre de curieuses peintures, quelques restes de beaux vitraux, deux ou trois pendentifs ou culs-de-lampe assez jolis, et un plancher en bois fort intéressant. Ce plancher, qui recouvre *à plat* toute l'étendue de la nef, est divisé en petits carrés offrant, sur un fond bleu semé d'étoiles, soit les chiffres de Jésus et de Marie, soit des anges, des génies ou des amours, tenant dans leurs mains des banderolles chargées de devises latines en l'honneur de la Vierge;

---

[1] Il y a peu d'années aussi, en creusant une sablière à Boissay-sur-Eaulne, au triège de Bethencourt, au penchant de la vallée, et sur la rive droite de la rivière, on a découvert un encaissement fort solide, ayant environ deux pieds et demi d'épaisseur; c'était incontestablement la voie romaine dont nous parlons. A Auberville, avant que l'on n'entreprit la route actuelle, cette voie était tellement bien conservée, que pendant plus de trente ans on n'y fit aucunes réparations : mais à quelque distance de là, elle était impraticable, surtout pour les chevaux et les voitures.

ces devises sont des passages des *Litanies*, du *Salve Regina*, etc. Ces peintures, quoique exécutées d'une manière fort médiocre, n'en sont pas moins dignes d'être conservées avec soin; et, cependant, nous apprenons que le précieux plancher de l'église de Douvrend va être immédiatement détruit pour être remplacé par une voûte de lattes et de mortier, *lambrissée à la moderne*. Sur les murs de cette église, on remarque un assez grand nombre d'inscriptions gravées, portant les dates de 1529, 1576, 1582, 1602, 1684, etc.; toutes sont relatives à des fondations pieuses, excepté la suivante, qui est pour nous d'un haut intérêt, et que nous avons copiée littéralement. Elle est gravée sur une pierre en belles lettres gothiques : *Lā de grace mil cinq^{cc}. vingt neuf, l· XIIIe io^r. de may, maist^e. Nicole de Coquinuillz, docteur en theologie, p. la pmissiō diuē euesq. de Veriëse, suffragant et vicaire en ceste part de tres reuerend pere en Dieu Mōs^r. larcheuesq̄. de Rouē, seignr. et patron de ceste parroisse de Douvrend, dedia ceste presente eglise. Et dōna a tous catholicques crestiens quarāte jours de vray pardō, qui deuotement visiteront tous les ans la dicte eglise, en y donnāt et osmonāt de leurs biens, depuis les premieres vespres de la veille de lad. dedi^{ce}. jusqz a lendemain soleil couchant inclusiuement. Et estoit pour lors cure de la dicte egse maistre Nicole de Ciuile : mess^e. Robert Langlois son vicaire, leq^l.*

veilla lad. egse : *Guille de la Boulloye, Raoul et Saufraiso̅*, *thesauries. A͞pnt pries Dieu pour les dessus dictz et pour tous les trespasses.* — Outre cette église, il y avait autrefois à Douvrend : 1°, une chapelle dite *de saint Antoine*, fondée ou plutôt restaurée en 1652; et 2°, une maladrerie ou hospice pour les lépreux, située à quelques pas seulement de l'église actuelle : la chapelle de cette léproserie portait le nom de *Notre-Dame*[1]. On remarquait aussi sur cette commune le fief noble de *Douvrendel*, qui existe encore; l'antique propriété de *Humesnil*, attachée autrefois au domaine royal; et, enfin, l'immense ferme du *Luxembourg*, qui fut en partie donnée au couvent des Capucins de Dieppe. — A la fin du XVIe siècle, Douvrend portait le titre de bourg; c'était le siége de deux tabellions (ou notaires), et il s'y tenait une foire et un marché. Cette foire, qui a encore lieu tous les ans, le 25 juillet, doit son origine au cardinal de Bourbon, archevêque de Rouen, qui l'établit, vers l'an 1576, en faveur de la fabrique de l'église paroissiale, à condition

---

[1] C'est probablement cette léproserie et le voisinage de son cimetière qui ont fait donner le nom de *Chemin des Morts* à la route qui conduit de l'église de Douvrend à Bailly-en-Rivière : ce chemin longe le presbytère de Douvrend. Peut-être aussi ce nom fait-il allusion à la voie romaine, qui, ainsi que nous l'avons vu plus haut, était, suivant l'usage général des fils de Romulus, bordée d'urnes et de cercueils.

que les trésoriers de cette fabrique feraient faire chaque année, à cette église et au presbytère, toutes les réparations que les archevêques de Rouen, seigneurs et patrons de cette paroisse, avaient été tenus eux-mêmes d'y faire faire jusqu'alors [1]. La foire de

[1] Nous sommes redevables de ces renseignements à feu M. l'abbé Michel, curé de Douvrend. Dans la course archéologique que nous fîmes en cette commune au mois de mars 1837, ce vénérable prêtre, homme instruit et ami des arts, nous reçut chez lui avec toute la cordialité et la simplicité des siècles antiques. Le sieur Testu, instituteur à Douvrend, nous accompagnait, ainsi que la jeune Élisa Testu, sa fille. Tous nous prodiguèrent, à nous et à nos deux compagnons de voyage (MM. Eugène Denise et Ernest Vienne), les soins les plus nobles et les plus désintéressés. Certes, nous n'eussions pas dit alors que huit mois plus tard, dans la nuit du 20 au 21 novembre dernier, le respectable et vertueux abbé Michel, âgé de 86 ans; le sieur Carpentier, son beau-frère, âgé de 68 ans; la fille Latteux, leur servante, âgée de 73 ans, périraient, massacrés de la manière la plus atroce, dans cette modeste demeure où jamais l'indigent, quelque fussent ses mœurs, sa foi ou sa patrie, n'était venu demander en vain le pain de la charité!.. Tous étaient baignés dans leur sang, tous avaient été broyés sous la main de fer de leurs assassins. Seule, Élisa Testu, âgée de 15 ans, avait, comme par miracle, échappé au fer de ses bourreaux; il est vrai qu'ils l'avaient crue morte.

Ce n'est qu'après quatre mois d'efforts inouis et presque prodigieux, que la justice a pu enfin saisir les coupables : c'étaient un bûcheron, puis un boucher, puis deux autres bouchers, puis trois femmes ou filles de bouchers!..

Après huit jours et une nuit de débats terribles, dans lesquels ont été entendus près de cent quatre-vingts témoins, médecins ou experts, les nommés Jean-Nicolas-Toussaint Fournier, âgé de 35 ans, boucher à Saint-Martin-le-Gaillard; Jean-Baptiste-Napoléon Gaudry, âgé de 28 ans, bûcheron à Saint-Martin-le-Gaillard; Nicolas Fournier père, âgé de 61 ans, boucher à Wanchy-Capval; et, enfin, Jean-François Fournier, âgé de 33 ans, boucher à Sept-Meules, ont été atteints et convaincus, non-seulement d'avoir tué

Douvrend est une des plus fréquentées de l'arrondissement de Dieppe; il s'y fait un commerce considérable en bestiaux, surtout en chevaux et poulains : il s'y vend aussi quelques toiles et merceries. — La population actuelle de Douvrend est de 693 habitants.

les trois vieillards et assassiné la jeune fille de Douvrend, mais encore d'avoir antérieurement égorgé ou assommé : 1º, la veuve Lambert, de Saint-Pierre-des-Jonquières, âgée de 87 ans ; 2º, l'abbé Lhermina, curé de Saint-Martin-le-Gaillard, âgé de 80 ans; 3º, la femme Céleste Paris, servante de ce vieillard, âgée de 40 ans ; et 4º, enfin, la jeune Marie-Rose Cayeux, nièce de cette servante, âgée de 18 ans. Déclarés coupables par le jury, ces infâmes assassins ont été condamnés, le 24 mars, à 2 heures du matin, par la cour d'assises du département de la Seine-Inférieure, à avoir la tête tranchée sur la place publique de Saint-Martin-le-Gaillard. Par le même arrêt, Marie-Madeleine-Sophie Gaudry, femme de J.-N.-Toussaint Fournier, âgée de 32 ans, et complice de tous les crimes affreux qui ont jeté dans cette contrée une si profonde épouvante, n'a été condamnée, en vertu de circonstances atténuantes, qu'aux travaux forcés à perpétuité. Quant aux deux autres femmes, Marie-Marguerite-Justine Guerin, âgée de 26 ans, femme de J.-B-Nicolas Gaudry, et Marie-Euphémie Gaudry, âgée de 21 ans, elles ont été acquittées, vu l'insuffisance des charges.

Bourg de Bellencombre.

Situé sur la rive gauche de la Varenne, dans une de ces charmantes vallées qui se rencontrent si fréquemment en Normandie, et qui sont comme un souvenir de celles de la Suisse, Bellencombre se trouve à 6 lieues 1/2 (sud-sud-est) de Dieppe, et 7 lieues 1/2 (nord-nord-est) de Rouen.

Comme toute la contrée environnante, l'emplacement où s'élève aujourd'hui cette commune était, dans les temps anciens, occupé par une vaste forêt, dont les bois qui existent encore ne sont plus que les derniers vestiges.

La tradition du pays, les objets celtiques et romains que l'on a recueillis à différentes reprises sur cette commune, l'existence, enfin, de plusieurs retranchements antiques sur les hauteurs du voisinage, tout semble prouver que c'est aux ravages de la guerre, soit à l'époque de la conquête des Gaules par les troupes de César, soit dans une des dissensions civiles qui désolèrent si souvent cette contrée, soit même lors des invasions des barbares (Huns, Saxons, Vandales ou Alemans), que cette forêt aura été en partie détruite par les flammes; le fer aura fait le reste. Ce moyen, que les peuples anciens employaient presque toujours pour soumettre leurs ennemis, dut laisser dans le pays de longs et pénibles souvenirs, et c'est indubitablement à cette circonstance que le bourg qui fait le sujet de cette notice est redevable de son nom. *Bellum* signifie *guerre*, et *combri*, dans le langage de la basse latinité, désigne toujours un *encombrement de bois abattus* [1].

[1] Suivant Dom Toussaint Duplessis, le mot *bel* est d'origine teutone; il désigne ordinairement un donjon, ou plutôt une tour destinée à recevoir et à transmettre des signaux. C'est de ce mot que s'est formé celui de *belfred* ou *belfrid*, c'est-à-dire *beffroi*. Dans ce dernier cas, Bellencombre remonterait au moins jusqu'à la première race de nos rois, et son nom devrait se traduire en latin par *Bellus in Combris*, c'est-à-dire *un beffroi, un clocher, placé au milieu de bois abattus ou essartés*.

Si l'on en croyait l'auteur des *Mémoires Chronologiques pour servir à l'histoire de Dieppe*, ce serait dans l'emplacement actuel de Bellencombre que Clotaire Ier, fils de Clovis, poursuivi par Childebert son frère, se serait vu forcé, en 537, de suspendre sa marche, et, dans la crainte d'être surpris, d'élever, au milieu des bois, un camp, qu'il fortifia d'une immense quantité d'arbres qu'il fit abattre exprès Assurément on ne peut mieux expliquer l'origine du nom de Bellencombre; mais, malheureusement, l'auteur des *Mémoires*, dépourvu de toute espèce de critique, a confondu les bois de Bellencombre avec l'antique forêt d'*Arelaunum*, aujourd'hui *de Brotonne*. Voici, du reste, la manière curieuse dont cet écrivain exprime son opinion sur la situation du lieu où s'arrêta Clotaire, et sur la dénomination que portait ce lieu *du temps de*

Après la conquête de la Normandie, en 1204, par Philippe-Auguste, la châtellenie de Bellencombre fut attachée au domaine royal. Elle y demeura réunie jusqu'en 1269, époque où le roi saint Louis, toujours fidèle à sa politique religieuse, donna le fief de Bellencombre à un *clerc*, c'est-à-dire à un homme d'église, nommé Richard Borel, à la charge, par ce dernier, de mettre à exécution les condamnations à mort ou à peines afflictives, prononcées contre les criminels du pays, les blasphémateurs, etc., etc. Dans son zèle plus ardent que réfléchi, l'*ecclésiastique* Borel marcha vite en besogne. Toutefois, comme sa qualité de *clerc*, qui égalait presque celle de *prêtre*, alors si privilégiée, le dispensait d'exécuter lui-même les nombreux coupables, il employa, à cet affreux métier, plusieurs valets dont il ne put obtenir les services qu'à prix d'or. Aussi, en 1260, Richard Borel adressa-t-il au roi une réclamation, prétendant que la Couronne lui

---

Grégoire de Tours. « On l'appelloit, dit-il, de son temps, Bellencombre, à cause du grand nombre d'arbres qui y avoient été abattus, et il étoit entre *Oromella* et le fort d'*Arelanum*, à peu près également éloigné de l'un et de l'autre, et entre les rivières de Varenne et d'*Adelanum*. — Ces traits s'appliquent parfaitement au bourg sis sur la première de ces deux rivières, dans la forêt d'Eawy, à côté de celle d'Yaulne, à quatre lieues environ d'Ormesnil, qui est au-dessus, et d'Arques qui est au-dessous. On le nomme encore aujourd'hui Bellencombre, sans qu'on puisse assigner à cette dénomination une autre époque que celle de l'abatis de bois fait par Clotaire. »

devait, pour chaque jour de l'année, les vivres de tous ceux qu'il employait. On ignore ce qu'il advint de cette réclamation ; mais ce que l'on sait, c'est que le peuple, dans le dégoût profond que lui inspiraient les officiers de sire Richard Borel, donna aux valets le nom du maître, et que ce nom, volant de bouche en bouche par tout le royaume de France, fut généralement adopté pour désigner l'exécuteur des hautes-œuvres ; telle est, suivant plusieurs écrivains, l'origine du mot *bourreau* [1].

Richard Borel étant mort vers 1305, le roi Philippe-le-Bel, par acte du mois de mai 1309, céda *a perpetuité à Robert de la Heuze, chevalier, la maison et le château de Bellencombre, avec son usage en la forest d'Yavy* (Eawy) *et la garde des bois, en recompense de celui de Mortemer-sur-Eaulne* [2].

---

[1] Voyez à ce sujet la *Collection de pièces relatives à l'Histoire de France*, publiée par M. Charles Leber, tome VII, page 6e. — Voir aussi les *Mémoires chronologiques pour servir à l'Histoire de Dieppe*, etc., etc.

Du temps de Monstrelet, on appelait encore *bourrel* l'exécuteur des hautes-œuvres : *lesquels, par le bourrel, les uns et les autres eurent la tête coupée*, dit cet historien, tome 1er de ses *Chroniques*, chapitre 47.

[2] Le château de Mortemer-sur-Eaulne, dont on voit encore d'importants vestiges sur le bord de la grande route de Neufchâtel à Aumale, était fort ancien. Comme nous l'avons dit dans notre *Description géographique et historique de l'arrondissement de Neufchâtel* (pages 30, 31 et suivantes), Mortemer était une place importante en 1055, époque où eut lieu la sanglante bataille de Mortemer, dans laquelle l'armée française fut taillée en pièces par les

Ce Robert de la Heuze, devenu ainsi châtelain de Bellencombre, était fils de Richard de la Heuze, seigneur de Cressy, et de Marie de Moy, fille de Jean de Moy. En 1210, Henri de la Heuze, son grand-père, tenait de Philippe-Auguste les terres Normands. Roger, gouverneur de cette place, ayant protégé la fuite de Raoul, comte de Mantes, Guillaume-le-Conquérant lui retira aussitôt la châtellenie de Mortemer et la donna, avec tous les domaines, droits et prérogatives qui s'y trouvaient attachés, à Guillaume de Varenne, l'un de ses fidèles. Roger de Mortemer se rendit religieux dans le prieuré de Saint-Victor-en-Caux. Ce fut même à sa prière que l'on érigea ce prieuré en abbaye, dans le concile tenu en 1074. Peu de temps après la donation qu'il lui en avait faite, Guillaume-le-Conquérant obtint de Guillaume de Varenne la résiliation de la châtellenie de Mortemer en faveur de Gui Ier, comte de Ponthieu, qui, après avoir été fait prisonnier à la bataille de Mortemer même et avoir passé à Bayeux deux ans de captivité, était devenu le vassal et l'ami de Guillaume. Cette cession eut lieu pour récompenser le comte Gui d'avoir livré au duc le fameux Harald, qui, venant exprès d'Angleterre en Normandie pour reprendre les otages donnés par Godwin, avait été jeté par une tempête sur les côtes du Ponthieu :

> E li dus li a fait aveir
> Lez l'ewe d'Alne un bel manoir,

dit le poète Robert Wace dans son *Roman de Rou*. Il paraît que le comte de Ponthieu, à son tour, ne demeura pas long-temps en possession du château de Mortemer, et qu'il s'en dessaisit bientôt en faveur d'un autre seigneur nommé Hugues. En effet, dans la liste des chevaliers normands qui combattirent à Hastings en 1066, nous trouvons un Hugues de Mortemer. Un autre sire de Mortemer, accompagné d'un de ses parents, nommé Jean, suivit, en 1096, le duc Robert II (Courte-Heuze) à la conquête de la Terre-Sainte. Prise dès 1202 par Philippe-Auguste, cette châtellenie, comme celle de Gaillefontaine, fut réunie au domaine de la Couronne en 1204. Bientôt démembrée de ce domaine, pour être donnée à la maison de la Heuze, elle y fut de nouveau réunie en 1309,

de Quevilly, Herbeville, etc. En 1222, ce Henri de la Heuze était aussi seigneur de Trouville.

Robert de la Heuze laissa Pierre de la Heuze, chevalier, lequel fut sire de Bellencombre et vivait en 1320.

Pierre de la Heuze laissa trois fils et une fille. L'aîné des fils, nommé Robert, fut seigneur des Ventes et de Bellencombre; nous en parlerons ci-après. Le deuxième, nommé Jehan, et surnommé *le Baudran* ou *le Baudrain*, fut chevalier, chambellan du roi, *amiral de la mer*, etc [1]. Le troisième, appelé Guillaume, et connu sous le nom de *Le Gallois*, servit en Flandre sous les ordres du connétable de Guines, pendant les années 1337, 1338 et 1339; il est qualifié, dans différents actes des années 1349 et 1350, *chevalier, seigneur de Goy, capitaine souverain pour le roi en la vicomté de Thouars, gouverneur des terres de Belleville et de Cliçon*, etc.

comme nous venons de le voir. Dans la suite, cette châtellenie partagea presque toujours les destinées de la vicomté de Neufchâtel. En 1420, les Anglais occupaient le château de Mortemer-sur-Eaulne, et c'est probablement en 1472 que ce château, comme ceux de Blangy, de Monchaux, de Torcy-le-Grand, etc., aura été détruit par Charles-le-Téméraire, duc de Bourgogne, lorsque ce prince s'en alla piller et brûler Neufchâtel. Cependant, en 1603, et même postérieurement, la châtellenie de Mortemer jouissait encore d'une juridiction fort étendue. (Voir, pour plus de détails, notre *Description de l'arrondissement de Neufchâtel*).

[1] Il avait fait ses premières armes sous les ordres du comte d'Eu, connétable de France. Créé amiral au mois de juin 1359, il mourut sans laisser de postérité, le 7 septembre 1386.

Quant à la fille de Pierre de la Heuze, elle se nommait Alix; elle fut mariée à Georges de Clères, baron de Clères, etc.

Robert de la Heuze, deuxième du nom, seigneur des Ventes et de Bellencombre, était *maréchal des gens d'armes du connestable de Guisnes en la guerre de Guyenne et Languedocq* pendant les années 1337 et suivantes. Par acte du mois de mars de cette dernière année, le duc de Normandie lui fit don à perpétuité de quatre-vingt-deux acres de terre dans la forêt d'Eawy, *déchargez de toutes redevances*. Il laissa: 1°, Pierre de la Heuze, II° du nom, dont l'article suit; et 2°, Jehan de la Heuze, sire de Quevilly.

Pierre de la Heuze, deuxième du nom, surnommé *Hector*, fut chevalier, seigneur des Ventes, de Bellecombre, etc. En 1356, il était de garnison dans le château de Pont-Audemer, avec six écuyers sous ses ordres. Charles, dauphin de Viennois, lui donna, le 27 décembre 1360, *quatre cens royaux d'or* à titre de récompense militaire. Pierre de la Heuze vivait encore en 1397. Il avait eu deux fils de Jeanne de Tournebu, sa femme, fille du baron Jean de Tournebu et de Jehanne Commin. L'aîné de ces fils se nommait Robert, et le deuxième Jacques.

Robert de la Heuze, troisième du nom, surnommé le *Borgne*, fut seigneur des Ventes et de Bellencombre, chevalier, conseiller et chambellan du roi, prévôt de Paris, gouverneur de la province de Normandie, etc. Il rendit de nombreux services aux rois Charles V et Charles VI, depuis 1378 jusqu'en 1413. Il défendit Dieppe contre les entreprises des Anglais, à une époque où presque tout le reste de la Normandie leur était déjà soumis par la force des armes. Sa fidélité à son roi et sa résistance aux ennemis de sa patrie attirèrent sur ce brave et loyal chevalier toute la fureur des insulaires conquérants. Tous ses domaines furent ou confisqués, ou pillés, ou livrés aux flammes. C'était sans doute pour le dédommager d'une partie de ces pertes, que le roi Charles VI lui donna, le 13 août 1389, *la somme de deux cens francs d'or à prendre sur les deux mille esquels Estienne de la Fontaine, elu à Gisors, avait été condamné.* « Il est, dit le père Anselme, dans son *Histoire des grands officiers de la Couronne* (tome VII, page 756), qualifié chatelain de Bellencombre dans un certificat qu'il donna le 15 novembre 1404, au sujet des revenus des prevostez de Bellencombre. Le roi l'établit capitaine et garde des ville, chastel et chastellenie de Pontorson, par lettres du 24 novembre 1407. Son père avait acheté de Jean Crespin, seigneur de Magny, les terres de Cressy, de Saint-Ellier, et les prez de Saint-Martin-sous-Bellencombre, et devoit au roi 180 livres tournois 13 sols 3 deniers pour les treizième et relief de ce fief noble... » En 1408, Charles VI, qui l'aimait beaucoup, lui fit remise de cette somme, assez considérable pour l'époque; peu de temps auparavant, ce même prince lui avait déjà donné mille livres de rente.

Robert III de la Heuze fit hommage au roi de ses terres des Ventes et de Bellencombre, le 16 mars 1411. Il en donna le dénombrement en 1413. Ses biens étaient tellement considérables, qu'il fallut plus d'une année pour procéder à ce dénombrement. Ce seigneur étant mort sans enfants, toutes ses terres et châtellenies de Bellencombre, la Mailleraye, etc., retournèrent à Jacques de la Heuze, son frère, surnommé *le Petit Baudran*.

Jacques de la Heuze, seigneur de Heuditot et de Rupière, fut un des plus braves chevaliers de son temps. Après avoir fait les guerres de Flandre, il fut pris par les Anglais, et retenu long-temps prisonnier loin de sa patrie. En récompense de ses services, le roi de France lui donna plusieurs gratifications importantes en 1385, 1389 et 1397. Jacques de la Heuze avait épousé Jeanne de Brionne de Heuditot, fille aînée de Raoul Morel-de-Brionne, seigneur de Heuditot et de Perronnelle d'Auvricher (aujourd'hui *Orcher*, près Harfleur). Il ne laissa qu'une fille nommée Marguerite.

Marguerite de la Heuze, dame de Heuditot, de

Bellencombre et de la Mailleraye, épousa Charles le Brun de Néville, chevalier, chambellan du Roi, etc. Différentes pièces de cette époque nous prouvent qu'en 1415, ce seigneur était occupé à guerroyer contre les Anglais. Il est probable qu'il perdit la vie sur le champ de bataille d'Azincourt, car Marguerite de la Heuze se remaria, vers 1453, à Gui de Moy, seigneur de Chin, auquel elle porta en dot les terres de Bellencombre et de la Mailleraye.

Jacques de Moy, baron de Moy et châtelain de Bellencombre, fut grand-maître des eaux et forêts dans les provinces de Normandie et de Picardie, gouverneur de Saint-Quentin, etc. Il mourut le 12 février 1519. Son corps fut enterré dans l'église collégiale de Moy, mais ses entrailles furent déposées dans celle de Bellencombre, sous une petite tombe de cuivre que l'on voit encore et dont nous parlerons plus bas. Il avait épousé Jacqueline d'Estouteville, dame châtelaine de Charlesmesnil, de Saint-Denis-le Thiboust, de Beauvais, etc.

Charles de Moy, son fils, seigneur de la Mailleraye et châtelain de Bellencombre, fut vice-amiral de France et gouverneur du pays de Caux. Il épousa Charlotte de Dreux, dame de Pierrecourt, dont il eut : 1°, Charles de Moy, dont l'article suit; et 2°, Jacques de Moy, chevalier de l'ordre du Saint-Esprit, conseiller-d'état et capitaine de cinquante hommes d'armes, qui fit la branche des seigneurs de Pierrecourt [1].

Charles de Moy, marquis de Moy, châtelain héréditaire de Bellencombre et de Charmeul, devint successivement capitaine de 50 hommes d'armes, comme son frère; puis chevalier des ordres du roi, et enfin vice-amiral de Picardie. Il épousa Catherine de Susanne, dont il n'eut qu'une fille nommée Claude.

Claude de Moy fut fiancée, le 16 février 1583, à Georges de Joyeuse, vicomte de Saint-Didier, et son père lui donna en dot : 1º, les terres et seigneuries de Saint-Denis-le-Thiboust, Grainville, Ry, Vascœuil, etc.; et 2º, six mille écus de rente (somme énorme pour le temps) à prendre sur tous ses biens en général, et en particulier sur la châtellenie de Beauvais et les terres de Bassigny, Bosmeslet et Amfreville. Malheureusement, le jeune vicomte de Joyeuse, âgé seulement de seize à dix-sept ans, mourut d'une attaque d'apoplexie à Paris, le 16 avril 1584, avant la consommation de son mariage. Sa riche et belle fiancée épousa quelque

---

[1] Jacques de Moy épousa Françoise de Betheville, et en eut six enfants, savoir : 1º, Louis de Moy, seigneur de la Mailleraye, créé chevalier du Saint-Esprit en 1633 ; 2º, Charles de Moy, seigneur de Betheville ; 3º, Charles de Moy, seigneur de Pierrecourt ; 4º, Antoine de Moy, seigneur de Heuditot et gouverneur d'Honfleur ; 5º, Charlotte de Moy, mariée à Jacques de Grémonville, seigneur des Marest ; et 6º, Françoise de Moy, alliée à Henri d'Anquetil, seigneur de Saint-Vaast.

temps après Henri de Lorraine, comte de Chaligny, et la terre de Bellencombre, sortie de la maison de Moy, passa dans celle des comtes de Clare, puis dans celle des Martels, seigneurs de Clères et de Fontaine.

Charles Martel, baron de Clères et châtelain de Bellencombre, épousa Suzanne d'Orléans-Rothelin. Il mourut sans enfants, et sa veuve vendit Bellencombre, vers l'an 1775, à M. Godard de Belbeuf.

Depuis quelques années, deux dames, héritières de cette dernière maison, ont revendu Bellencombre à divers particuliers, qui, aujourd'hui, se sont partagé les terres, après avoir démoli le château.

Ce château, fort important dans l'origine, mais dont on ne voit plus aujourd'hui que les dernières traces, avait été pris par les Anglais en 1418, repris par les Français en 1449, et brûlé en 1472 par Charles-le-Téméraire, duc de Bourgogne. Reconstruit dans les premières années du XVIe siècle, il joue encore un certain rôle dans les guerres de Henri IV avec les Ligueurs. Le mamelon sur le sommet duquel s'élevait le donjon domine à une grande distance la vallée de Bellencombre. L'enceinte de ce château était très-vaste, et d'immenses fossés, de près de quarante pieds de profondeur, le défendaient sur tous les points où l'escarpement du coteau n'offrait pas une défense naturelle. Ce n'est guère que depuis quatre ans, que ce curieux monument des siècles passés a été attaqué par la main des hommes. En 1833, il était encore dans un état complet de conservation [1].

Au pied même et à l'abri du coteau où s'élevait

[1] A peu de distance du château de Bellencombre, dans la cour d'une ferme, sur la hauteur, il a été découvert, il y a environ deux ans, plusieurs restes de constructions romaines, entr'autres une aire entièrement pavée de grands carreaux de pierre, semblables à ceux de Caen ou de Quilly. Parmi les décombres on trouva quelques médailles gauloises fort grossières, plusieurs monnaies du Haut et du Bas-Empire, et trois hachettes celtiques, dont deux en silex et une en bronze.

Le terrain compris dans le vaste cercle des murs du château, terrain qui comprend tout-à-la-fois l'église, le cimetière, et une grande partie du bourg de Bellencombre, est également fécond en antiquités, et notamment en objets du moyen-âge. En défrichant le cimetière, il a été trouvé différentes monnaies de Henri V, roi d'Angleterre et soi-disant roi de France. Ces monnaies sont un alliage de cuivre et d'argent. D'un côté, on voit l'écusson de France aux trois fleurs de lis, puis une grande croix, puis l'écusson écartelé de France et d'Angleterre (trois fleurs de lis et trois léopards). Au-dessus de ces écussons, on lit en lettres gothiques *Hēricvs*, et autour *Francorvm : et : Anglie : Rex*. De l'autre côté, est une croix, accostée d'une fleur de lis et d'un léopard. Au-dessous de cette croix, on lit : *Hēricvs*, et autour : *sit nomen Dni : Benedictū*. Il a été également trouvé sur ce point : 1°, différentes médailles d'abbés et de seigneurs ou princes particuliers, en argent ; 2°, une pièce de François Ier portant, d'un côté, cette inscription : *Franciscvs Dei G. Francorvm rex*, et de l'autre : *sit nomen Domini benedictum;* 3°, une médaille de Henri II, roi de France, offrant de chaque côté de l'écusson royal le croissant couronné de la célèbre Diane de Poitiers, et portant sur une face cette légende : *Henricvs D. G. Francorum Rex*, et sur l'autre face : *sit nomen Dni benedictvm;* 4°, enfin, un cachet en cuivre, du XIIIe ou du XIVe siècle. Ce cachet, en forme de navette, présente une femme vêtue d'une longue robe, ayant la tête couverte d'une espèce de coiffe ou capuchon. La robe, mi-partie, est d'un côté semée de couronnes ou de châteaux, et, de

cette féodale demeure des la Heuze et des de Moy, se trouve l'église paroissiale de Bellencombre, dédiée à *saint Pierre* et à *saint Paul*. La construction de cette église appartient en majeure partie au style de transition du XIe siècle au XIIe. La tour du clocher, carrée comme tous les édifices analogues qui datent de la même époque, est percée de fenêtres à plein-cintre qui, à l'intérieur, présentent quatre ressauts. Les murs de la nef sont également percés de fenêtres romanes, dont la plupart ont été bouchées ou remplacées par des fenêtres modernes. Quelques parties des deux murailles extérieures offrent des assises de cailloux rangés en épi ou feuille de fougère. On remarque, au bas de la nef, de curieux fonts baptismaux en pierre, portés sur quatre petits pilastres, et appartenant soit au XIIIe siècle, soit au XIVe. L'église renferme beaucoup de boiseries sculptées. Quelques-unes de ces boiseries sont décorées d'ar-

---

l'autre de fleurs de lis. Cette haute et puissante dame tient de la main gauche une fleur de lis, et de la main droite le faucon féodal. Autour est gravée en gothique l'inscription suivante : S. DNE IOHE DE SCO MARTINO LEGALLARI (*sigillum dominæ Johannæ de Sancto Martino Le Gallari* ou *Le Gallart*). Il est donc certain que ce sceau est celui de noble dame Jehanne de Ferrières, dame de Saint-Martin-le-Gaillard, vivant vers 1265. Isabelle de Ferrières, sa fille, dame de Saint-Martin-le-Gaillard, était mariée à Nicolas de Hautot, seigneur de Hautot près Dieppe, de Berneval, de Vascœuil (*terre qui passa depuis aux châtelains de Bellencombre*), etc. Marguerite de Hautot, issue de ce mariage, épousa vers 1312 Robert V d'Estouteville, sire de Valmont, baron de Cleuville, etc., etc.

moiries [1]. Au milieu du chœur, on trouve une espèce de petite tombe en cuivre offrant les armes de la maison de Moy, gravées au trait, sans indication de couleurs ni de métaux [2]. Sur cette tombe de cuivre, on lit, en lettres gothiques, l'inscription suivante : *Cy dessoubz reposent les visceres et intestines de feu noble et puissant sieur Monsieur Jacques de Moy, en son vivāt cheualier, baron dudict lieu de Moy, et chastellain heridital de ceste terre, sieurie et chastellenye de Bellencōbre; cueur et corps duquel est inhume en l'eglise collegial dud: lieu de Moy; et trespassa le Dymēce XIIe iour de feburier lan de grace mil ciq cens dix neuf. Priez Dieu po^r. lame de luy.*

D'après une déclaration du mois de janvier 1695, c'était à l'abbaye de Saint-Victor-en-Caux qu'appartenaient le patronage et les dîmes de l'église Saint-Pierre de Bellencombre. Ce patronage était venu à l'abbaye de Saint-Victor à cause de certain fief que ce monastère possédait sur la paroisse de Saint-Ouen.

Outre l'église paroissiale, il y avait à Bellencombre une chapelle dite de *Saint-Vimer*. Cette chapelle, dont le patronage appartenait également à l'abbaye de Saint-Victor-en-Caux, existait encore en

---

[1] Un de ces écussons offre un champ *d'azur à un chevron d'or, ayant deux étoiles d'argent en chef*, et, *en pointe, une rose feuillée de même*. Un autre de ces écussons présente *d'azur à une bande d'or surmontée d'un lion d'argent*.

[2] Les sires de Moy portaient *de gueules fretté d'or, de six pièces*.

1660. Elle était située dans l'enceinte du manoir seigneurial [1].

En 1382, il y avait à Bellencombre des mines de fer, dont les habitants de la contrée ont conservé jusqu'à ce jour le souvenir. On sait qu'à cette même époque Saint-Saëns exploitait aussi le minerai. Divers articles d'une charte du roi Charles VI nous prouvent qu'à Bellencombre le fer était converti en acier, et que cet acier était alors plus estimé que celui provenant de l'Allemagne. C'est en 1416 que ces mines, sans doute mal dirigées, cessèrent de fournir du minerai.

A l'époque du rétablissement du culte, on réunit à Bellencombre les anciennes paroisses des Authieux, de Saint-Martin et de Saint-Ouen : ce n'est que longtemps après qu'on y a réuni celle de la Grande-Heuze.

Les Authieux devaient remonter à la première ou à la seconde race de nos rois. Le véritable nom de cet endroit était *Autils* ou *Autels,* que l'on a d'abord orthographié *Autieux,* et ce nom, si nous en croyons quelques savants, appartient à l'époque du Bas-Empire. En 1259, c'était le roi de France qui nommait les curés de l'église Notre-Dame des Authieux. En

---

[1] Une petite prairie, située au bord de la Varenne, est encore connue de nos jours sous le nom de *Pré-Saint-Vimer.* C'était le revenu de cette prairie qui servait de dot au prêtre chargé de desservir la chapelle dont nous parlons.

1495, ce patronage était passé aux comtes de Longueville; mais, après l'extinction du duché de ce même nom, il retourna au domaine de la Couronne; avant la révolution, c'était encore le roi qui nommait les curés de cette paroisse.

Quant à celle de Saint-Martin, c'était originairement une léproserie qui, quoique située de l'autre côté (rive droite) de la rivière, ne s'en trouvait pas moins de temps immémorial sur le territoire de Bellencombre. En 1177, la chapelle de cette léproserie, dédiée à *saint Martin*, appartenait au prieuré de Longueville. Vers l'an 1234, il se forma autour de cette chapelle une espèce de village, que l'on dota d'une véritable église, et qui devint bientôt une paroisse distincte de celle de Bellencombre. L'administration de cette nouvelle paroisse fut confiée à des chanoines réguliers, auxquels on donna en même temps tous les biens et revenus de l'ancienne léproserie. Ces chanoines s'établirent alors dans les bâtiments du vieil asile des lépreux, et donnèrent ainsi naissance à un prieuré de l'ordre de saint Augustin, lequel fut richement doté par la famille de la Heuze, dont la plupart des membres choisirent ce lieu pour leur sépulture [1]. La cure étant réunie à ce monas-

---

[1] Parmi les membres de la maison de la Heuze, enterrés dans le prieuré de Saint-Martin-sous-Bellencombre, on remarquait les suivants :

tère, ce fut le prieur qui en posséda toujours le patronage. L'église, tout à-la-fois prioriale et paroissiale, possédait deux nefs. L'un des autels, dédié à *saint Martin*, était celui des habitants; l'autre, dédié à *tous les saints*, était celui des religieux : c'est pourquoi on appelait cette maison tantôt *le prieuré de Saint-Martin*, et tantôt *le prieuré de Toussains*. Cette première église, qui était fort belle, ayant été ruinée par les guerres, les moines d'un côté, et les habitants de l'autre, s'en reconstruisirent chacun une pour leur usage particulier. En 1484, 1507 et 1648, il y avait encore des religieux dans le prieuré de Saint-Martin-sous-Bellencombre; en 1668, cette communauté n'existait plus, et le prieuré était en commande. Cependant, il s'y trouvait encore un prêtre, *qu'on y a posé*, dit une HISTOIRE DE LA VILLE DE ROUEN, *pour y dire tous les jours la messe, et reciter son office*

1°, Jehan de la Heuze, surnommé *le Baudran*, chambellan du roi et amiral de France, mort le 7 septembre 1386.

2°, Marie de Barrelu, sa femme, morte le 24 aout 1368.

3°, Jehan de la Heuze, chevalier, seigneur de la Heuze et de Bailleul, baron d'Ecotigny, conseiller et chambellan du roi, capitaine des gentilshommes du bailliage de Caux, mort le 17 septembre 1480.

4°, Dame Jacqueline Martel, sa première femme, fille du sire de Bacqueville, morte le 13 novembre 1472.

5°, Marie d'Estouteville, sa deuxième femme, fille du sire d'Auzebosc, morte le 17 septembre 1483.

6°, Richard du Quesnoy, seigneur du Quesnoy, de la Heuze, de Beaumont, etc., mort le 9 septembre 1521.

7°, Marie Malet de Cramesnil, sa femme, morte en 1500, etc., etc.

en la présence du Saint-Sacrement, qui est gardé dans le tabernacle [1]. Suivant un aveu, ce prieuré possédait le fief dudit Saint-Martin, et, en cette qualité, était seigneur et patron de ladite paroisse. Plusieurs autres aveux nous apprennent que c'était le roi qui nommait les prieurs de Bellencombre. Dans les derniers temps, la mense conventuelle de cette maison avait été réunie partie à la cure du lieu et partie au collége des Jésuites de la ville de Rouen; cependant, le titre de prieur subsistait toujours. Outre le fief de Saint-Martin proprement dit, il y avait encore sur cette paroisse deux autres fiefs, appelés l'un le *Camp Paturel*, et l'autre *Grigneuseville* ou *Greigneureville*. Sur le premier se trouvait un antique manoir, et, dans la cour de ce manoir, une chapelle dite *de*

Quant aux anciens sires de la Heuze, bienfaiteurs du prieuré, ils étaient enterrés, non pas avec les précédents, mais dans un caveau, pratiqué à part, sous le sanctuaire de l'église.

Suivant les anciens titres, les religieux du prieuré de Saint-Martin-sous-Bellencombre étaient *obligez d'envoyer querir une fois par mois, sur une haquenée blanche, le seigneur du lieu de la Heuze*, dont la maison était éloignée d'environ une demi-lieue. Cette obligation était de rigueur; elle était encore exécutée de point en point au commencement du XVIIe siècle.

[1] A cette même époque, on voyait encore la place du cloître. Le chœur de l'église était garni d'un double rang de petites chaires ou stalles, et était orné de beaux vitraux. Derrière l'autel se trouvait une grande verrière où étaient peintes les armes de la maison de la Heuze (*trois houseaux* ou *bottes de sable sur un champ d'or*). On retrouvait également ces armes brodées sur une ancienne tunique; elles y étaient mi-parties avec celles des Martels de Bacqueville.

sainte Barbe, qui existe encore. Quant à *Grigneuseville*, c'était un plein fief de Haubert, qui donnait à ses possesseurs le droit de nommer les curés de la paroisse du même nom, située près de Bosc-le-Hard. Il y a quarante ans, on voyait encore sur Saint-Martin de Bellencombre l'immense motte ou chef-mois de ce riche et antique fief.

Pour ce qui est de la paroisse Saint-Ouen, elle se trouvait au-dessus de Bellencombre, au bord de la plaine. Outre son église communale, cette paroisse possédait autrefois une très-antique chapelle dite *du Bos-Hue* (de Bosco Hugonis). En 1495, le patronage de cette chapelle, qui était encore en titre en 1608, appartenait aux comtes de Longueville. En 1695, c'étaient les moines de Saint-Victor-en-Caux qui possédaient le fief seigneurial de Saint-Ouen-sur-Bellencombre, et c'était ce même fief qui donnait à cette abbaye le droit de nommer les curés de la paroisse dont nous parlons, ainsi que ceux du bourg de Bellencombre. En 1787, le patronage de la paroisse de Saint-Ouen, comme celui de Saint-Remy-en-Rivière, qui appartenait aussi à l'abbaye de Saint-Victor, était passé à la maison de Bigars de la Londe, et réuni à la baronnie de la Heuze.

Enfin, la terre de la Heuze, qui a fourni si long-temps des seigneurs au bourg de Bellencombre, n'était originairement qu'un désert de la forêt d'Eawy, laquelle fut en grande partie donnée par Rollon, vers l'an 912, à l'un des guerriers qui avaient partagé ses périlleux exploits. Le nom de la Heuze était fort commun au moyen-âge ; Dom Toussaint Duplessis prétend que ce nom dérive du mot teutonique *Hausse*, qui signifie maison, établissement domestique ; mais nous ne partageons nullement cette opinion. Le mot *Heuze*, dont on a fait *Houze* ou *Houseaux*, désigne littéralement de fortes bottes en cuir. La maison de la Heuze, comme nous venons de le voir, portait pour armes *trois houzes* ou *trois bottes de sable sur un champ d'or*. Il est donc probable que le compagnon de Rollon, qui avait reçu cette terre en récompense de ses services, avait été surnommé *Grande-Heuze* à cause de ses longues bottes, de même que plus tard Robert II, duc de Normandie, fils aîné de Guillaume-le-Conquérant, fut appelé *Courte-Heuze*, c'est-à-dire *petite botte*. C'est donc ce guerrier qui a transmis son nom au fief dont nous parlons, et non pas le fief qui l'a donné à la famille de la Heuze. Dans la liste des gentilshommes qui s'enrôlèrent pour la première croisade en 1096, on voit que Pierre de la Grande-Heuze accompagna, à la conquête de la Terre-Sainte, Robert Courte-Heuze, duc de Normandie. La Grande-Heuze portait le titre de paroisse en 1266 ; mais, ayant été ruinée par les guerres des anglais, dans les XIVe et

XVᵉ siècles, cette paroisse, devenue simple hameau, n'eut long-temps pour église qu'une chétive chapelle. Ce n'est qu'en 1531 que le cardinal d'Amboise, archevêque de Rouen, cédant aux sollicitations de Louis du Quesnoy, alors possesseur de cette terre, lui rendit, par décret daté du 20 septembre, son ancien titre de paroisse. Suivant un aveu du 12 août 1484, il y avait aussi à la Grande-Heuze, dans l'enceinte du manoir seigneurial, une chapelle dont les possesseurs du fief avaient seuls le droit de nommer les titulaires, *sans ce que personne ecclesiastique ne seculiere y ait que veoir*, dit ce même aveu. La seigneurie de la Heuze était encore un plein-fief de Haubert en 1615, époque où elle faisait partie du duché de Longueville. En 1694, après la mort de l'abbé Louis-Charles d'Orléans, duc de Longueville, la terre de la Heuze, comme Gournay, la Ferté, etc., etc., retourna à la princesse Marie d'Orléans, sœur de ce même duc, et veuve de Henri de Savoie, duc de Nemours. Cette dernière étant morte à son tour, en 1707, sans laisser d'enfants, Jacques III de Matignon, comte de Thorigny, son héritier, vendit la terre de la Heuze, le 9 mai 1715, à Jacques de Saint-Ouen, écuyer, capitaine au régiment de Piémont, etc [1]. Ce Jacques de Saint-

---

[1] Dans un aveu rendu par Jacques de Saint-Ouen, il est dit que le *plein-fief de Haubert de la Heuze relève directement du roi;* que

Ouen laissa Yves de Saint-Ouen, seigneur et patron de la Heuze. François-Alexandre-Barthélemy de Saint-Ouen, chevalier, héritier de Yves de Saint-Ouen, vendit la Heuze, le 8 janvier 1760, à Aimable Theroulde de Bellefosse, lequel revendit cette terre, le 19 décembre 1766, à un sieur Devalliers. Ce dernier la revendit à son tour le 26 février 1783, à M. de Saint-Ouen d'Ernemont. Quatre ans après, la baronnie haute-justicière de la Heuze, à laquelle étaient alors réunis les fiefs de Virville, des Grandes-Ventes et des Petites-Ventes, ainsi que le patronage des chapelles de la Frenaye, d'Orival-sur-Varenne, de Saint-Ouen-sur-Bellencombre, de Saint-Remi-en-Rivière, etc., etc., appartenait à messire François le Cordier de Bigars, chevalier, conseiller du roi en la chambre des Comptes de Normandie, marquis de la Londe, baron du Bourg-Theroulde, seigneur et patron de Saint-Ouen de la Londe, d'Amfreville-la-Campagne, de Montaure, de Saint-Aubin d'Écrosville, etc., etc. Ce fut le dernier seigneur

ce fief est composé d'un château entouré de fossés, avec cours, colombier à pied, terres labourables fieffées et non fieffées, ayant les premières une contenance d'environ deux cent soixante-quinze acres (mesure ancienne); que est attaché à ladite seigneurie le droit de haute justice à deux piliers; plus, celui de prendre, tant pour le seigneur que pour ses vassaux, du bois, pour leur usage, aux forêts d'Arques et des Ventes d'Eawy; et, enfin, celui de nommer à la cure de l'église de la Heuze, qui, comme chapelle, faisoit anciennement partie de ladite seigneurie.

de la Heuze. Lors du rétablissement du culte, l'église de la Heuze ne fut pas comprise au nombre des paroissiales. On voulut plus tard réparer cet oubli, et un décret fut publié à ce sujet, au nom de l'empereur Napoléon, le 2 octobre 1813. « Ce décret, rendu à une époque où le grand colosse commençait à trembler sur sa base, est signé *Marie-Louise.* » Bientôt, néanmoins, la Grande-Heuze, définitivement rayée du nombre des paroisses, fut réunie à Bellencombre.

Quant à ce bourg, il s'y tient un marché le lundi de chaque semaine, une foire le premier lundi d'avril, et une autre foire le deuxième lundi d'octobre.

En 1726, il n'y avait à Bellencombre que 39 feux taillables; aujourd'hui la population de cette vaste commune n'est encore que de 956 habitants.

Canton de Bellencombre.

Ce canton se compose de 15 communes, et renferme 9,599 habitants.

Ardouval, à 6 lieues (sud-est) de Dieppe, et 1 lieue 1/4 (nord-nord-est) de Bellencombre, possédait anciennement un prieuré. Plusieurs fois ruiné par les guerres, ce prieuré était cependant encore, en 1738, un bénéfice régulier, dont le principal titulaire remplissait en même temps les fonctions de curé de la paroisse. Cet établissement était de l'ordre de Citeaux; il dépendait de l'abbaye de Notre-Dame de Bonport près Pont-de-l'Arche. La population d'Ardouval est de 402 habitants. — Pommerval, à 1/2 lieue (est) d'Ardouval, sur la grande route de Dieppe à Beauvais, est appelé, dans quelques anciens titres, Saint-Nicolas de *Pomeraieval* (en latin *Pomorum* ou *Pomarii Vallis*, dit Dom Toussaint Duplessis). On a recueilli sur cette commune quelques médailles romaines et de nombreux fragments de tuiles antiques. Pommerval possède un relais de poste aux chevaux, et renferme 587 habitants. — Le Mesnil-Follemprise, à 1 lieue (nord-nord-ouest) de Pommerval, était appelé anciennement *le Mesnil-aux-Moines*. C'était originairement une succursale de la paroisse de Bures. L'église du Mesnil fut fondée vers l'an 1560, sous le simple titre de chapelle, par Jean du Busc, curé de Quillebeuf. Tous les ans, le jour de la Dédicace, le chapelain ou desservant du Mesnil était obligé d'aller à Bures assister à l'office divin. L'abbaye de Fécamp lui accordait quelques revenus. Enfin, la chapelle du Mesnil ayant été à son tour érigée en paroisse, on lui annexa, comme succursale, une nouvelle chapelle connue sous le nom de *Notre-Dame de Follemprise* (c'est-à-dire *Folle-Entreprise*), située sur le hameau du même nom. Suivant

18

les registres de l'archevêché de Rouen, cette chapelle avait été fondée en l'honneur de l'*Annonciation de la sainte Vierge* par Jean Toussains, docteur en théologie, fondation qui avait été approuvée le 16 février 1538. D'autres registres, des années 1560 et 1669, nous apprennent que cette chapelle avait changé son nom primitif en celui *de Notre-Dame de Pitié*. En 1738, c'était au petit couvent des dames de la Visitation de la ville de Rouen qu'appartenait le droit de nommer les chapelains de Follemprise. La commune du Mesnil renferme 317 habitants.

LES GRANDES-VENTES. Situé à 5 lieues (sud-est) de Dieppe, et 2 lieues 1/4 (nord) de Bellencombre, ce bourg se trouve à peu de distance de la forêt d'Eawy, sur la grande route de Dieppe à Beauvais. L'ancien nom de ce lieu était *Notre-Dame des Ventes d'Eawy*, nom qui, comme on le voit, lui avait été donné à cause des *ventes* ou coupes annuelles de la forêt voisine. « Plusieurs, dit Duplessis, ont appelé ce lieu en latin de *Ventis Aquaticis* ou *Aquosis*. » Cette traduction, suivant cet auteur, est on ne peut plus ridicule; mais lui, de son côté, prétend que le mot *Eaui* ou *Eawy* doit être une altération de celui d'*Eu*. Dans l'origine, les forêts d'Eu et d'Eawy n'ont dû en faire qu'une seule. Quant au mot *Ventes*, le savant Huet, évêque d'Avranches, prétend, dans ses *Ori-*

gines *de la ville de Caen* (chapitre 21), qu'il dérive de celui de *Wend*, lequel est purement teutonique, et sert à désigner une grande étendue de terre. « Cela posé, ajoute Duplessis, les *Ventes d'Eaui* ne signifient point *des Vents aquatiques*, mais *de grands terrains de la forêt d'Eu*, et, pour traduire ce mot en latin, il eût fallu dire *Latifundium silvæ Augi.* » Sans faire tant d'érudition en pure perte, il eut été beaucoup plus simple et plus sûr de laisser au mot *Ventes* sa signification ordinaire et naturelle, laquelle, comme tout le monde le sait, est de désigner les coupes de bois que l'on vend et fait abattre alternativement chaque année. Du reste, le mot *Eawy* nous paraît fort ancien; nous pensons qu'il doit remonter soit à l'époque celtique, soit au temps où les barbares vinrent ravager cette partie des Gaules. Quoi qu'il en soit, il est certain que cette contrée n'a pas été inconnue aux fils de Romulus. Le nombre considérable de débris que l'on découvre journellement sur l'ancienne paroisse d'Équiqueville, à très-peu de distance des Grandes-Ventes; l'énorme quantité de tuiles romaines qui ont été recueillies sur cette dernière commune elle-même, au hameau du *Chatelet*, près la forêt, en voilà, certes, plus qu'il n'en faut pour ne laisser aucune espèce de doute à ce sujet. — Suivant le pouillé d'Eudes Rigault, archevêque de Rouen, la cure des Grandes-Ventes fut érigée du temps de ce prélat, sous le nom de *Beaubecquet*. Ce nom était venu de ce que le terrain sur lequel on construisit l'église appartenait à l'abbaye de Beaubec. Ce fut le directeur de cette abbaye qui nomma le premier curé des Grandes-Ventes, en 1263. Deux cent vingt-quatre ans après, en 1487, cette abbaye céda aux chanoines de la cathédrale de Rouen, en échange des dîmes de Saint-Saire-en-Bray *(arrondissement de Neufchâtel)*, le patronage de l'église des Grandes-Ventes. C'est aussi de cette époque que date la construction de cette église. Peu d'années avant la révolution, c'était encore le chapitre métropolitain qui nommait les desservants de cette paroisse, en s'en réservant toutefois les grosses dîmes. — Outre cette église, il y avait encore autrefois une chapelle sur la paroisse des Grandes-Ventes, au hameau de *la Haye le-Comte (*de Haya Comitis, dit un titre de l'an 1392). Suivant un aveu du 24 mai 1669, c'était au fief seigneurial des Grandes-Ventes qu'était attaché le droit de nommer les desservants de cette chapelle, qui existe encore en partie. La seigneurie des Grandes-Ventes portait le nom de *fief des Ventes d'Eawy* : elle comprenait non-seulement la commune qui fait le sujet de cette notice, mais encore les terres des Petites-Ventes et de la Petite-Heuze. Cette seigneurie faisait partie de la châtellenie de Bellencombre, et appartenait à la maison de la Heuze.

— Aujourd'hui, le bourg des Grandes-Ventes est rayonnant de jeunesse et de vie. Situé sur l'une des principales routes du département, il voit s'accroître chaque année le nombre de ses habitants. Les maisons sont neuves, bien bâties, bien alignées. Il se fait aux Grandes-Ventes un commerce considérable en bois et charbon. Il se tient en ce bourg un marché tous les dimanches, et des foires le 6 mars, le 1er mai et le 8 décembre. La population des Grandes-Ventes est de 2,100 habitants.

Le Rosay, à 7 lieues (sud-sud-est) de Dieppe, et 1/2 lieue (sud-est) de Bellencombre, se trouve sur

---

1 A 2 lieues (sud-sud-ouest) des Grandes-Ventes, sur la rivière de Varenne, et à une lieue (nord-ouest) de Bellencombre, on trouve la commune de Saint-Hellier, que nos anciennes archives appellent indistinctement *Saint-Elier* et *Saint-Delié*. Le patronage, les dîmes et le fief seigneurial de cette paroisse appartenaient à l'abbaye de Saint-Victor-en-Caux. La population actuelle de Saint-Hellier est de 664 habitants. — Orival, aujourd'hui supprimé, possédait anciennement une église dédiée sous la triple invocation de *saint Paul*, *saint Paër* et *saint Patrice*. En 1648, c'étaient les barons de Moy, châtelains de Bellencombre et seigneurs d'Orival, qui possédaient le patronage de cette église. En 1787, ce patronage était passé à François de Bigars, marquis de la Londe. La terre d'Orival avait été érigée en demi-fief de Haubert par lettres-patentes de Henri IV, données, au mois de janvier 1603, en faveur de Claude Groulard, premier président du parlement de Normandie. — Cropus, à 1/2 lieue (nord-ouest) de Saint-Hellier, est un lieu fort ancien. Son véritable nom est *Croix-Puy* : ce nom rappelle ces croix ou potences romaines qui, placées toujours sur une hauteur, servaient au supplice des criminels et effrayaient les passants. Le mot *Puy* ou *Poix*, que l'on a si grossièrement al-

la rive droite de la Varenne, dans une charmante vallée, en face d'un vallon, qu'arrosent des eaux limpides et qu'environnent de toutes parts de hautes collines et des bois mystérieux. Ce lieu est appelé, dans les anciens titres, *Saint-Étienne du Rosai-sur-Bellencombre*. « En 1341, dit le bénédictin Duplessis, il y avait procès, pour le patronage de cette cure, entre l'archevêque de Rouen et Mahaud de Saint-Paul, comtesse d'Artois (apparemment comme dame de Gaille-Fontaine)... » Ce fut l'archevêque qui gagna. La commune du Rosay renferme 415 habitants. — Les Innocents, à 1/2 lieue (sud-ouest) du Rosay. Ce lieu n'était encore, en 1154, qu'un très-simple hameau, qui prit bientôt le nom d'une chapelle qu'un seigneur y avait fait bâtir; mais, en 1256, ce hameau avait été érigé en paroisse; c'était le roi qui en nommait alors les curés. En 1495, ce patro-

téré, se retrouve dans *Etaimpuis*, le *Puy-de-Dôme*, le *Puy-en-Veslay*, *Hurepoix*, *Mirepoix*, etc.; il désigne toujours une hauteur, un coteau, un mamelon, un tertre; on le traduit originairement en latin par *Podium*. En 1256, le seigneur de Cropus et l'archevêque de Rouen se disputaient le droit de nommer les curés de cette paroisse. Le seigneur l'emporta, et, en 1347, ce patronage était attaché au fief connu sous le nom de *Cropus-Bosc-Guillaume*, lequel appartenait alors aux chanoines de Blainville. Suivant un aveu du 14 décembre 1459, ce *fief de Bosc-Guillaume* s'étendait sur les paroisses d'Arques, de Bosc-Guillaume, de Cropus, de Derchigny, etc. La paroisse de Bosc-Guillaume n'existait plus depuis longtemps; mais son fief subsistait toujours sur Cropus. Les chanoines de Blainville cédèrent ce fief, en 1682, à M. Colbert, marquis de Seignelay. La population de Cropus est de 343 habitants.

nage appartenait aux comtes de Longueville; après l'extinction du duché de ce nom, le droit de nommer les curés de la paroisse des Innocents retourna au domaine de la Couronne; le roi l'exerçait encore en 1738. La population de cette commune est de 211 habitants. — La Crique, dont le nom signifie *Hauteur*, avait, en 1418, une église paroissiale dédiée à la *Sainte-Trinité*. La population de cette commune est de 207 habitants. — Beaumont-le-Hareng doit son nom à sa position géographique, et son surnom à la noble et ancienne famille de Harenc ou Hareng, seigneurs de Glisolles près Évreux, etc., etc., laquelle possédait encore en 1393 la terre dont nous parlons. Cette paroisse est souvent appelée, sur les vieux registres de l'archevêché de Rouen, *Bellusmons Alectis*; il eût fallu au moins *Halecis*. La population de Beaumont-le-Hareng est de 321 habitants. — Louvetot, aujourd'hui supprimé, doit son nom à l'un de ses seigneurs, nommé *Louvel* ou *Louvet* : cette famille était très-ancienne et fort répandue en Normandie. L'église de cette paroisse était dédiée à *sainte Madeleine*. En 1202, le comte Guillaume de Varenne donna au prieuré de Bonne-Nouvelle près Rouen le patronage et les deux tiers de la dîme de Louvetot, et le fameux Gaultier de Coutances, archevêque de Rouen, confirma cette donation au mois de décembre de la même année. En 1521, le fief priorial de Bonne-Nouvelle donnait encore à ses propriétaires le droit de nommer les curés de Louvetot ; mais, en 1740, ce droit était passé aux moines de l'abbaye du Bec.

Cottévrard, à 8 lieues 1/4 (sud-est) de Dieppe, et 2 lieues (sud) de Bellencombre, est appelé en latin *Costis Ebrardi* ou *Collis Evrardi*. Cette dénomination et l'existence de plusieurs églises sur le territoire de Cottévrard sembleraient indiquer que c'était là, et non sur le Bourg-Dun, comme nous l'avons dit d'après quelques auteurs, que s'élevait l'antique monastère bâti par Évrard sous la première race de nos rois. Cette circonstance serait d'autant plus probable, qu'il passait à Cottévrard une voie romaine, et que la tradition du pays place une ancienne ville au hameau de *Druol* ou *Druelles*, aujourd'hui *Dreules*. Il y a peu d'années, on a recueilli sur Cottévrard un nombre considérable de médailles romaines, presque toutes en grand bronze et de petit module. Quelques-unes de ces médailles sont à l'effigie de Néron et de Commode ; vingt-sept sont de Titus ; mais le plus grand nombre sont de Trajan-Dèce. Ces dernières portent l'inscription suivante : imp. romq. traianvs decivs avg : et sur le revers : abvndantia avg. Entre Cottévrard et Bosc-le-Hard, au bord du bois de la Motte, et sur l'ancien chemin de Neufchâtel à Yvetot, on rencontre une énorme butte ronde, fort élevée, laquelle paraît correspondre avec plusieurs autres mottes semblables, situées à des distances plus ou moins éloignées. On prétend qu'il existe sous cette butte un souterrain voûté en pierres de taille. Le chemin d'Yvetot présente aussi beaucoup de *cavées* ou *coupures*, qui, suivant les récits populaires, ont dû être faites *par César, pour dresser des embûches à ses ennemis*. En voilà, certes, plus qu'il n'en faut pour prouver la haute antiquité de Cottévrard. En 1141, il existait encore, sur le vaste territoire qui portait alors ce nom, quatre églises ou chapelles, savoir : 1°, *Saint-Nicolas*, à Cottévrard même; 2°, *Saint-Martin*, à Dreules ou Druelle; 3°, *la Sainte-Trinité*, au Bosc-Bérenger; et 4°, *Saint-Georges*, à Grosmesnil. Quoique toute cette étendue de terrain portât alors le nom de Cottévrard, c'était l'église *de la ville* de Dreules qui en était le centre, le chef-lieu, la véritable paroisse : les trois autres églises n'étaient que succursales. En 1147, le pape Eugène III confirma aux religieux de l'abbaye de Jumièges la possession du patronage et des dîmes des quatre établissements religieux *sis en la terre de Cottévrard*. C'est probablement cette dénomination, *originaire et complexe*, qui fit que plus tard, l'église *de la ville* de Dreules ayant probablement été ruinée par les guerres, on transféra à celle *du hameau* de Cottévrard le titre de la paroisse. De son côté, la chapelle du Bosc-Bérenger est devenue paroissiale aussi, tandis que Grosmesnil, comme Dreules ou Druelle, a dégénéré en simple village. Suivant un aveu du 28 mars 1526, c'était au fief seigneurial de Cottévrard qu'était attaché, dans l'origine, le droit de nommer les desservants ou titulaires des quatre églises ou chapelles dont nous venons de parler; c'est donc parcequ'elle était propriétaire de ce fief, que cette abbaye jouissait de ce quadruple patronage. Cette circonstance prouve de nouveau que la terre de Cottévrard était bien réellement *ecclésiastique*, et qu'elle devait provenir d'un de ces établissements religieux, nommés *abbayes*, qui étaient si riches en domaines sous les deux premières races de nos rois. Il est vrai que, suivant le même aveu, Saint-Georges de Grosmesnil, que nos anciennes archives appellent quelquefois *Saint-Grégoire*, avait cessé, à cette époque, d'appartenir au monastère dont nous parlons. Pourtant, ce n'est que vers 1732 que la chapelle de ce hameau a dû être détruite. Quant à la chapelle de Dreules, elle était encore en titre en 1676, mais elle n'existait plus en 1740. — Aujourd'hui, la population de Cottévrard est de 381 habitants [1].

---

[1] A 1/2 lieue (sud) de Cottévrard, entre cette commune et Motteville, on trouve Touffreville, appelé en latin *Turulfi Villa*. Cette terre comprenait anciennement deux paroisses, Etteville,

Bosc-le-Hard, à 8 lieues (sud) de Dieppe, et 2 lieues 1/4 (sud-sud-ouest) de Bellencombre, a été successivement appelé *Bosc-Rohard, Bosleard, Bolhard* : mais son véritable nom est *Bosc-Rohard* ; toutes nos vieilles chartes latines portent *Boscus Rohardi*. En 1113, ce bourg possédait une église paroissiale dédiée sous la double invocation de *saint Jean-Baptiste* et de *saint Jean l'Évangéliste*. C'est indubitablement cette circonstance qui faisait dire d'un mari trompé par sa femme : *cocu, comme Bosc-le-Hard, il est deux fois Jean-Jean.* — Suivant un aveu du 25 avril 1419, le patronage de l'église de Bosc-le-Hard appartenait alors au prieuré de Longueville. En 1597, il était attaché à la seigneurie de Bosc-le-Hard ; mais, en 1684, il était retourné au prieuré de Longueville. Outre cette église qui, du reste, n'offre rien d'intéressant, il y avait autrefois à Bosc-le-Hard : 1°, une maladrerie ou hospice pour les lépreux ; et 2°, une chapelle proprement dite. La léproserie se trouvait sur un hameau appelé *le Mesnil-Hallot*, et sur le

appelé à tort *Edeville* sur quelques vieux titres, était sa succursale. Etteville était alors un fief, dans l'enceinte duquel existait une chapelle dite *de Sainte-Clotilde*. C'étaient les seigneurs de ce fief, relevant de celui de Touffreville, qui possédaient le patronage de cet oratoire, que bientôt ils firent ériger en église succursale, puis en église paroissiale. Etteville fait aujourd'hui partie du canton de Clères. Quant à Touffreville, son église, dédiée à *saint Sulpice*, n'offre rien d'intéressant. La population de cette commune est de 286 habitants.

bord du chemin de Claville-Motteville ; son emplacement est encore connu aujourd'hui sous le nom de *la Maladrerie*. Quant à la chapelle, elle était fort ancienne. Elle se trouvait sur le hameau de *Réel* ou *Réthel*, et était dédiée sous le vocable de *saint François*. Elle était encore en titre en 1684 et 1749 : c'étaient les seigneurs de Bosc-le-Hard qui en nommaient les desservants. — Le terre de Bosc-le-Hard était un plein-fief de Haubert, que Henri IV, par lettres-patentes du mois de février 1607, érigea en baronnie, en faveur d'Osias Boniface, gentilhomme ordinaire de la chambre du roi, mestre de camp, etc. Henri IV y réunit en même temps les terres d'Hyquebeuf et de Colmare. C'était encore au marquis de Boniface qu'appartenait cette baronnie à l'époque de la révolution. — On a réuni à Bosc-le-Hard l'ancienne paroisse d'Augeville, autrefois *Osgeville*, et antérieurement *Saint-Éloi d'Osgierville* (de Osgerii Villa). Depuis la conquête de la Normandie par Philippe-Auguste, en 1204, jusqu'au commencement de la révolution, en 1789, le droit de nommer les curés d'Augeville appartint toujours au domaine de la Couronne. A Augeville, il y a environ seize ans, sur la propriété d'un nommé Pierre Roussel, on a trouvé, en labourant, plusieurs antiquités romaines, et notamment un vase de terre contenant un grand nombre de médailles de différents modules. — Cette découverte nous fait souvenir qu'il a été trouvé aussi, et sur plusieurs points, dans l'enceinte du bourg de Bosc-le-Hard, une quantité assez considérable de tuiles romaines, confondues pêle-mêle avec des scories de fer. La réunion de ces objets en masses considérables prouvent qu'à Bosc-le-Hard, dont la première moitié du nom indique une forêt, le minerai a été exploité du temps des Romains, comme on sait qu'il le fut depuis à Bellencombre, à Saint-Saëns et en plusieurs localités du voisinage. C'est incontestablement à ces forges antiques que Bosc-le-Hard, ainsi que Forges-les-Eaux, est redevable de son origine. En effet, près de l'église de ce bourg, le sol est encombré d'énormes blocs de chiasse de fer; les rues en sont encaissées à une profondeur de plusieurs pieds. Tout au bord du chemin de Saint-Saëns, à l'est et à quelques pas seulement de l'église de Bosc-le-Hard, on rencontre une très-forte motte ronde, destinée, selon toute vraisemblance, à correspondre avec celle de Claville-Motteville du côté du midi, et, du côté de l'orient, avec les mottes de Cottévrard, de la Prée ou de Saint-Martin le Blanc, et enfin celle de Monterollier. Cette butte de Bosc-le-Hard, entourée autrefois d'un assez vaste fossé, lequel est aujourd'hui comblé en partie, est formée moitié de terres rapportées et moitié de scories de fer. A peu de distance de cette motte, on trouve, dans la campagne, plusieurs fondements de murailles antiques qui, du reste, paraissent peu importants. — On remarque aussi sur Bosc-le-Hard la belle propriété de madame veuve Aprix, naguère le domaine de madame Le Poultier : c'était avant la révolution le château seigneurial de Bosc-le-Hard. — Il se tient en ce bourg un marché le mercredi de chaque semaine, et des foires le 24 juin et le 4 novembre. Le principal commerce de ce marché et de ces foires consiste en merceries, grains et bestiaux. — La population de Bosc-le-Hard, en y comprenant la réunion d'Augeville, est de 817 habitants.

Table des Matières

CONTENUES DANS CE VOLUME.

Ailly (phare de l')... 136.
Aliermont... 220.
Alliquerville........................ 122, 148, 149, 217, 222.
Ancourt.................. 154, 163, 217, 218, 231, 232, 244.
Andely............................... 128, 148, 199, 222.
Angerville-la-Martel.. 68.
Anglesqueville-sur-Sáane........................ 41, 70, 169.
Anneville-sur-Scie................................... 23, 111.
Appeville-le-Petit............................ 147, 169, 174.
Archelles.. 184.
Ardouval.. 272.
Arelaunum... 250.
Arques....................... 5, 13, 19, 27, 69, 72, 147,
   162, 163, 167, 220, 222, 224, 226, 234, 251, 271, 278.
Auberville-sur-Eaulne......................... 217, 219, 244.
Auffay............................ 7, 13, 20, 21, 24, 43, 69.
Augeville.. 284, 286.
Aumale.. .... 38, 173, 179, 186, 193.

TABLE DES MATIÈRES.

Auppegard. . . . . 93, 112, 115.
Autels ou Authieux (les) près Clères. . . . . 19.
Authieux (les) près Bellencombre . . . . 264.
Auzebosc près Yvetot. . . . . 97, 266.
Auzouville-sur-Sâane. . . . . 83.
Avesnes. . . . . 29, 235, 236.
Avremesnil . . . . 83, 93, 94, 116.

Bacqueville-en-C. 13, 22, 29, 51, 82, 88, 89, 105, 108, 126, 266, 267.
Bacqueville-en-Vexin. . . . . 75.
Bailleul-sur-Eaulne. . . . . 97, 98, 99, 217, 220, 238, 266.
Baillolet. . . . . 238.
Bailly-en-Rivière. . . . . 238, 246.
Beaubec. . . . . 276.
Beaumont-le-Hareng. . . . . 279.
Beaumont-le-Roger. . . . . 25, 179.
Beaunay. . . . . 45.
Beaussault. . . . . 222.
Bec-aux-Cauchois (le). . . . . 106, 138.
Bec-Hellouin (le). 8, 125, 162, 212, 213, 215, 218, 219, 235, 240.
Bec-de-Mortagne (le). . . . . 106, 138.
Bellefosse. . . . . 274.
Bellemare (château de) . . . . 29.
Bellencombre. . . . . . 13, 17, 29, 39, 69, 201, 249, 276, 277, 285.
Bellengreville. 165, 217, 229, 231.
Belleville-sur-Mer. . . . . 161.
Bénesville. . . . . 83, 115.
Bermonville. . . . . 115.
Berneval (les deux). 101, 102, 103, 106, 115, 137, 232, 233, 262.
Bertreville-Saint-Ouen. . . . . 21, 86.
Bethencourt . . . . 21, 103.
Betheville . . . . 259.
Beuzeville. . . . . 120.
Bival. . . . . 222.
Biville-la-Baignarde 44, 83, 112
Biville-sur-Mer. . . . . 233.
Blainville. . . . . 23, 27, 28, 72, 278.

TABLE DES MATIÈRES.

Blangy... 179, 254.
Blosseville-en-Caux................................ 120.
Bocquencey.. 52.
Bois-Hulin (le).................................... 19.
Boissay-sur-Eaulne................................ 244.
Boissière (la)..................................... 9.
Bolbec... 3, 178.
Bondeville.. 96.
Bonne-Nouvelle près Dieppe..... 131, 152, 156, 164, 165, 168.
Bonne-Nouvelle près Rouen........................ 279, 280.
Bonnetot.. 35, 36, 74, 75, 76.
Bonport près Pont-de-l'Arche..................... 273.
Bornambusc.. 24.
Bosc-Bérenger (le)................................ 281, 282.
Bosc-Guillaume.................................... 162, 278.
Bosc-le-Hard (ou Bosc-Robard)......... 19, 55, 268, 280, 283.
Bosmeslet... 45, 46, 259.
Boudeville (le) près Tancarville................. 157, 159.
Bourg-Dun........................ 88, 94, 116, 148, 280.
Bouteilles........................ 115, 148, 171, 222.
Brachy............................ 69, 87, 97, 115.
Bracquemont....................... 115, 150, 247.
Brendiancourt..................................... 21.
Brenmulle ou Brémulle près Ecouis................ 184.
Brionne........................... 25, 52, 155, 159, 179.
Brotonne.. 250.
Bures............................. 69, 181, 208, 220, 273.

Cailly.. 19.
Canteleu.. 93, 94.
Cany.. 72.
Capval.. 240.
Caprimont... 131.
Catelier-Pelletot (le)............................ 19, 20, 30.
Caudebec.. 13, 136, 164.
Caudecôte près Dieppe............................. 152, 164, 174.
Caudecôte-Sucé.................................... 236, 237, 238.

19

TABLE DES MATIÈRES.

Caule (le)... 240.
Cent-Acres (les).................................. 16, 20, 45.
Chapelle-sur-Dun (la)....................................... 18.
Charlesmesnil .... 22, 23, 29, 69, 111, 112, 258.
Château-Gaillard (le)............................ 65, 66, 148.
Chaussée (la) près Longueville....................... 19, 22.
Clères.. 255, 260, 283.
Cleuville.................................... 25, 106, 126, 262.
Colbosc... 169.
Colmare .... 284.
Colmesnil-Manneville...................... 90, 112, 115.
Conches .... 145.
Conteville.. 165.
Corocotinum (Oudales ou le port de Lheure) .... 167.
Cottévrard.................................. 74, 75, 280, 285.
Cramesnil.. 266.
Crâville-la-Rocquefort .... 54, 91.
Crétot... 33.
Criel près Eu .... 201, 234.
Crique (la)... 279.
Criquiers.. 165.
Croixdalles ou Crosdale .... 150, 222, 223.
Cropus.................................. 19, 150, 277, 278.
Crôville ou Crosville .... 150.

Dampierre .... 43, 44, 203, 204, 240.
Dancourt... 39.
Derchigny........................... 162, 198, 232, 278.
Dieppe...10, 17,
    18, 23, 35, 38, 48, 69, 73, 74, 81, 91, 92, 93, 106, 108, 109,
    110, 111, 123, 130, 138, 139, 140, 141, 143, 144, 146, 147,
    148, 149, 150, 151, 152, 158, 164, 165, 168, 172, 173, 179,
    180, 188, 189, 190, 191, 192, 193, 194, 196, 197, 200, 202,
    204, 205, 207, 208, 213, 217, 222, 229, 244, 246, 256.
Doudeville .... 82, 83, 115.
Douvrend... 165, 241.
Duclair... 135.

TABLE DES MATIÈRES.

Éclavelles.. 21.
Ecotigny................................... 68 , 97, 99 , 266.
Ecultot.. 223.
Envermeu............... 161 , 162 , 165 , 211 , 217, 240 , 243.
Epaignes près Cormeilles................................. 226.
Epinay (l') près Dieppe...................... 115 , 165 , 175.
Equiqueville.................... 171 , 223 , 224 , 225 , 275
Ernemont.. 271.
Eslettes.. 175.
Estoutemont........................... 22 , 25 , 26 , 27.
Estouteville.. 8 , 22 , 23 , 25 , 26 , 27, 28 , 29 , 68 , 97, 103 , 106,
    112, 115, 120, 137, 138 , 139, 145, 147, 224, 226, 258, 262, 266.
Estrépagny... 7.
Etaimpuis... 278.
Etretat... 164.
Etteville...................................... 282 , 283.
Etran...................................... 150 , 164 , 168 , 217.
Eu .. 19, 39, 163, 173, 187, 194, 229, 233, 234, 235, 254, 274, 275.
Evreux .... 5 , 88 , 118 , 127, 163 , 225.

Falaise... 184.
Fauville-en-Caux...................... 106 , 115 , 138.
Fay (le)... 6.
Fécamp. 28, 121, 163, 169, 171, 176, 179, 201, 207, 208, 232, 273.
Ferrières... 262.
Ferté (la)... 270.
Fesques... 165.
Flainville.. 120 , 121.
Flamanville-l'Esneval.................................... 169.
Fontaine-en-Bray... 21.
Fontaine-le-Dun.. 88.
Fontaine-Martel...................... 73 , 108 , 109 , 200.
Fontaines... 30.
Forges-les-Eaux... 285.
Frenaye (la)... 271.
Freneuse-sur-Rille...................................... 155.
Fresquienne... 175.

TABLE DES MATIÈRES.

Freulleville... 225.

Gacé... 106.
Gaillarde (la)... 94, 95.
Gaillefontaine...................................... 7, 253, 278.
Gaillon... 42, 147.
Gamaches.. 150, 163.
Génetuit-Colmesnil..................................... 112.
Gerponville... 72.
Gisors... 128, 199, 256.
Glisolles... 68, 279.
Goderville.. 95.
Gonnetot...................................... 85, 86, 125, 126.
Gonneville.. 21.
Gouchaupré.. 217.
Gourel (le).................................... 83, 96, 97, 115.
Gournay... 7, 163, 186, 270.
Graincourt.............................. 103, 162, 217, 231, 232.
Grainville-la-Teinturière................... 13, 21, 119, 259.
Gráville-la-Malet (aujourd'hui Gráville-Lheure).... 69, 72, 75.
Grèges... 150, 217, 231.
Grémonville... 259.
Greny.. 235.
Greuville.. 87, 89.
Grigneuseville..................................... 267, 268.
Grosmesnil... 281, 282.
Gruchet-Saint-Siméon..................................... 9.
Gueures... 83, 96, 122.
Guilmecourt... 233.

Harcourt... 149.
Harfleur.. 28, 104, 169.
Hautot-sur-Dieppe....................................... 69.
   88, 103, 104, 105, 106, 107, 115, 137, 138, 139, 147, 262.
Hâvre (le).. 11, 71.
Herbeville.. 254.
Herbouville... 83, 84.

TABLE DES MATIÈRES.

Héricourt .... 106, 115.
Hermanville .... 72.
Heugleville-sur-Scie .... 20.
Heuze (la) .... 68, 97, 98, 99, 252 (et suivantes), 276.
Houdenc .... 102.
Hybouville 165, 217, 218
Hyquebeuf .... 284.

Imbleville .... 42, 43, 44.
Innocents (les) .... 278.
Intraville .... 208, 218, 231.

Janval .... 208.
Jumièges .... 284.

Lamberville .... 83.
Lammerville .... 69, 93, 97.
Lanquetot .... 86, 126.
Lillebonne Juliobona) .... 146, 169.
Limes (Cité de) .... 151, 163, 164.
Limésy .... 160.
Lindebeuf .... 43, 68, 69, 72.
Lintot .... 94, 167.
Lions-la-Forêt .... 102.
Lisieux .... 27, 118.
Loges (les) .... 106, 137.
Londinières .... 244.
Longueil .... 69, 86, 88, 124, 139.
Longueville.. 1, 20, 22, 23, 32, 69, 88, 112, 115, 122, 124,
    126, 127, 128, 139, 163, 179, 221, 230, 265, 268, 270, 279, 283.
Louvetot près Bosc-le-Hard 279
Louviers .... 148, 149, 222.
Luneray .... 88, 89, 97.

Mailleraye (la) .... 13, 21, 119, 257, 258, 259.
Maintru .... 208.
Malaunay .... 175.

Manéhouville .... 22 , 23 , 69 , 111 , 174 , 230.
Maniquerville... 201.
Manneville... 23.
Manneville-la-Goupil .... 87.
Marbeuf .... 105.
Martin-Église............... 161 , 163 , 164 , 195.
Maucomble.. 240.
Mauquenchy .... 27.
Meslerault (le) .... 106.
Mesnil-Follemprise (le) .... 273.
Mesnil-Mauger (le) .... 99.
Meulan... 25 , 229.
Miromesnil (Château de)............................... 209.
Monchaux... 254.
Montaure .... 271.
Monterollier... 106 , 285.
Montivilliers .... 13 , 39.
Monville... 7, 175, 180.
Motteville-Claville................... 19 , 282 , 284 , 285.
Motteville-les-Deux-Clochers........................... 169.
Mortemer-en-Lions...................................... 230.
Mortemer-sur-Eaulne........... 37, 165 , 244 , 252 , 253 , 254.
Muchedent.. 20 , 175.

Neubourg... 25.
Neufchâtel-en-B. 6, 13, 69, 163, 179, 186, 187, 194, 222, 239, 254, 280.
Neuville près Dieppe........................... 165 , 195, 217.
Néville .... 258.
Norville... 21.
Notre-Dame-d'Aliermont................................ 221.
Notre-Dame-du-Parc .... 20 , 45.
Noyers (les) .... 240.

Offranville .... 23 , 88 , 101 , 137, 208.
Omonville près Bacqueville............................ 169.
Orcher près Harfleur .... 257.
Orléans... 8.

TABLE DES MATIÈRES.

Orival-sur-Varenne........................... 271, 277.
Ormesnil..................................... 251.
Osmoy-sur-Varenne........................... 208.
Ouville-la-Rivière............................ 121.

Padeville.................................... 112.
Penly.. 333.
Pierrecourt.................................. 258, 259.
Pierrepont................................... 240.
Pierreval.................................... 19.
Pîtres près Pont-de-l'Arche................... 1.
Pommerval................................... 273.
Pont-Audemer....................... 25, 47, 56, 179, 255.
Pourville.................................... 138.
Prée (la).................................... 285.
Preuseville.................................. 39.

Quevilly............................. 98, 254, 255.
Quevremont................................ 131, 133.
Quiberville........................... 126, 131, 146.

Raffetot..................................... 33.
Rames.................................. 68, 72, 74.
Reuville..................................... 85.
Rocque-sur-Rille (la)............ 155, 157, 159, 179.
Ronchay (le)................................. 90.
Ronchervolles................................ 86.
Rosay (le)................................... 277.
Rouville..................................... 112.
Rouvray (le)................................. 24.
Rouxmesnil-Bouteilles....................... 120, 147.
Rue-Saint-Pierre (la)......................... 19.
Ry...................................... 13, 260.

Sâane-Saint-Just.............................. 82.
Saint-Aignan.............................. 236, 240.
Saint-Aubin-sur-Arques (ou le Cauf)...... 48, 171, 178, 226.

Sain-Aubin-sur-Gournay.....	204.
Saint-Aubin-sur-Mer......................	131, 146.
Saint-Aubin-sur-Scie..... .... 111, 207, 208, 209.
Saint-Clair...............................	66.
Saint-Crespin............................	16, 20.
Saint-Denis-d'Aclou......................	123, 124.
Saint-Denis du Val.......................	120, 121.
Saint-Denis le Vaast......................	72.
Saint-Denis le Thiboust........·........ 29, 258, 259.
Saint-Denis sur Auffay...................	45.
Saint-Didier.............................	259.
Saint-Etienne près Arques..,....... 185, 194, 195, 196, 203.
Saint-Evroult...........................	21, 44, 45.
Saint-Georges de Boscherville............. 42, 51, 135, 176.
Saint-Hellier...........................	39, 256, 277.
Saint-Jacques d'Aliermont....................,.........	221,
Saint-Laurent-en-Caux...................	83, 84, 115.
Saint-Laurent-en-Lions...................	31.
Saint-Laurent près Envermeu.............. 212, 213, 217.
Saint-Maclou de Folleville................	39.
Saint-Martin-sous-Bellencombre... 256, 264, 265, 266, 267, 268.
Saint-Martin-en-Campagne................. 103, 163, 231.
Saint-Martin-le-Blanc.....................	285.
Saint-Martin-le-Gaillard.................. 247, 248, 262.
Saint-Nicolas d'Aliermont................. 122, 220, 223.
Saint-Omer en Chaussée...................	165.
Saint-Ouen-Bren-en-Bourse...............	23.
Saint-Ouen-le-Mauger....................	83.
Saint-Ouen-sous-Bailly....................	240, 241.
Saint-Ouen-sur-Bellencombre.... 39, 263, 264, 268, 270, 271.
Saint-Ouen-sur-Brachy...................	83, 89.
Saint-Pierre-de-Longueville près Vernon..................	4.
Saint-Pierre-des-Jonquières................	248.
Saint-Quentin en Vermandois..... 40, 117, 118, 149, 120, 258.
Saint-Quentin des Prés................	235.
Saint-Remy-en-Rivière............, ... 39, 268, 274.
Saint-Ricquier-sur-Yères.., , ... 39.

TABLE DES MATIÈRES.

Saint-Saëns. . . . . 17, 181, 182, 183, 264, 285.
Saint-Saire-en-Bray . . . . 179, 276.
Saint-Sulpice. . . . . 248, 230.
Saint-Thomas-sur-Scie . . . . 39.
Saint-Vaast-d'Equiqueville. . . . . 222, 259.
Saint-Valery-en-Bray. . . . . 208.
Saint-Valery-en-Caux. . . . . 123.
Saint-Victor-l'Abbaye. . . . . . . 36, 133, 153, 263, 268, 277.
Saint-Vigor. . . . . 56, 57.
Saint-Wandrille. 24, 42, 53, 124, 149, 170, 171, 204, 228, 234, 238.
Sainte-Agathe-d'Aliermont. . . . . 221, 222.
Sainte-Beuve . . . . 97, 99.
Sainte-Foy . . . . 19, 32.
Sainte-Marguerite-sur-Sâane. . . . . . . 105, 130, 154, 156.
Sandouville. . . . . 157, 159.
Sauchay-le-Bas. . . . . 164, 217, 231.
Sauchay-le-Haut . . . . 217, 230.
Sauqueville . . . . 23, 111, 112, 207.
Septmeules. . . . . 237, 247.
Sery près Blangy . . . . 231.
Sévis . . . . 39.
Sotteville-sur-Mer . . . . 117, 118.

Tancarville. . . 6, 7, 8, 9, 10, 11, 12, 22, 47, 181, 199, 230.
Thibermesnil . . . . 240.
Tibermont près Dieppe . . . . 158, 164, 195.
Tiberville près Dieppe. . . . . 158, 164.
Thiédeville . . . . 83.
Thil (le) . . . . 93.
Thorigny . . . . 270.
Tocqueville-du-Petit-Caux . . . . 85, 86.
Torcy (le Grand et le Petit) . 13, 17, 22, 23, 24, 31, 69, 254.
Tôtes. . . . . 13, 33.
Touffreville. . . . . 282, 283.
Tourville-la-Chapelle . . . . 208, 232.
Toussaints. . . . . 43.
Tréport (le) . . . . 233, 234, 235, 236, 237.

TABLE DES MATIÈRES.

Trouville . . . . 254.

Valliquerville . . . . 224.
Valmont 10, 25, 103, 104, 106, 115, 126, 137, 138, 145, 226, 262.
Varengeville. . . . . 104 , 105 , 115 , 136 , 137, 145 , 156.
Varenne. . . . . 29 , 41 , 169 , 138 , 253 , 279.
Varvanes . . . . 82.
Vascœuil . . . . 13 , 259 , 262.
Vassonville . . . . 39.
Vaudreville. . . . . 16 , 17.
Vaupillière (la) . . . . 72 , 73.
Ventes (les Grandes et Petites). 217, 224, 254, 255, 257, 271, 274.
Verclives près Ecouis. . . . . 17.
Verneuil. . . . . 188, 189.
Vernon . . . . 128, 155.
Veules . . . . 118.
Veulettes. . . . . 155.
Vibeuf . . . . 167.
Vicquemare-Prétot . . . . 83.
Vieux-Rue (la) . . . . 19.
Villequier . . . . 68.
Wanchy-Capval . . . . 165 , 241 , 247.

Yvetot . . . . 33 , 95 , 124 , 280 , 281.

Corrections.

Page 23. — Suite de la note, Ligne 7. — *Au lieu de* : en 1422 par Talbot, *lisez* : en 1442 par Talbot.

Page 32. — Note 1re, Ligne 5. — *Au lieu de :* ce village ou ce bourg, *lisez :* ce village ou le bourg.

Page 39. — Note 1re, Lignes 8 et 9. — *Au lieu de* : Saint-Ouen-sous-Bellencombre, *lisez* : Saint-Ouen-sur-Bellencombre.

Page 41. — Lignes 25 et 26. — *Au lieu de :* l'église, le patronage et les dîmes de l'église, *lisez :* le patronage et les dîmes de l'église.

Page 49. — Ligne 6. — *Au lieu de* : de côté du midi, *lisez* : du côté du midi

Page 85. — Ligne 17. — *Au lieu de :* Reuville, de Bonnetot, *lisez :* Reuville, de Gonnetot.

Page 93. — Ligne 12. — *Au lieu de :* Gruchet-Saint-Simon, *lisez :* Gruchet-Saint-Siméon.

Page 146. — Lignes 12 et 13. — *Au lieu de* : mosaïque de sainte Marguerite, *lisez :* mosaïque de Sainte-Marguerite.

Page 153. — Ligne 19. — *Au lieu de* : aucune masse, ni soit de, *lisez* : aucune masse, soit de.

Page 203. — Lignes 2 et 3. — *Au lieu de* : est maintenant assuré, *lisez* : est maintenant assurée.

Page 214. — Note 1re, Ligne 11. — *Au lieu de* : nestre q̄. cedre, *lisez* : nestre q̄. cedre.

CORRECTIONS.

PAGE 115. — SUITE DE LA NOTE, SIXIÈME VERS. — *Au lieu de* demade sepulture, *lisez* : demaõe sepulture.

PAGE 226. — SUITE DE LA NOTE, LIGNE 6. — *Au lieu de* : baronnie de Cleville, *lisez* : baronnie de Cleuville.

PAGE 228. — LIGNE 12. *Au lieu de* : sur Pierre-le-Vieux, *lisez* : sur Saint-Pierre-le-Vieux.

PAGE 230. — LIGNE 2. — Au lieu de : *la Veauvois* ou *Vaux-Veie*, lisez : *Vauxveie* ou *la Vaux-Voie*.

PAGE 238. LIGNES 17 et 18. — *Au lieu de* : attachée à la présentation du fief, *lisez*, attachée à la possession du fief.

FIN.

www.ingramcontent.com/pod-product-compliance
Lightning Source LLC
Chambersburg PA
CBHW071347150426
43191CB00007B/878